TOEIC is a
registered trademark of
Educational
Testing Service (ETS).
This publication
is not endorsed or
approved by ETS

新TOEIC®テスト
スーパー
トレーニング

文法・語彙問題編

木村哲也
クリストファー・ベルトン
水嶋いづみ

まえがき

　TOEIC (Test of English for International Communication) は、1979年12月に第1回の公開テストが実施されて以来、一定の問題フォーマットを保ちつつ、Equating (スコアの同一化) という手法を用いて、実用的な英語のコミュニケーション能力を数値化して評価するという画期的な英語力のテストとして、学生・ビジネスマンは言うに及ばず、広く英語学習者のあいだで完全に定着しました。本書の旧版は第1回以来のフォーマットによる文法・語法問題 (Part 5) および誤文訂正問題 (Part 6) に対応する参考書として出版され、幸いにも多くの読者を得て版を重ねてきました。その TOEIC が2006年にリニューアルされ、問題フォーマットが大幅に変更されたのを受け、ここに改訂新版をお送りすることができるようになったのは著者として大きな喜びです。

　新 TOEIC でも、リスニングセクションが45分間・100問、リーディングセクションが75分間・100問で、休憩なしの2時間で合計7パート200問のテストが行なわれるという大枠は変わっていませんが、リスニングセクションでは音声面での多様化 (とくに英米以外の発音の採用) が図られ、リーディングセクションでは誤文訂正問題がなくなり、Part 5・6がそれぞれ単文・長文の穴埋め問題に変更されました。Part 7 でも2つの文書を読んで設問に答えるという、従来にないフォーマットが採用されています。

　本書は、新 TOEIC の Part 5 (Incomplete Sentences、単文穴埋め問題40問) と Part 6 (Cloze Passages、長文穴埋め問題12問) で高得点を達成するために必要な実戦的ノウハウを習得してもらうこと

を目的に書かれました。TOEIC スコアを効率的にアップさせるためには、ただやみくもに模擬問題を解いてみても、期待するほどの効果はあがりません。本書の問題は、読解力という屋根を支える文法・語法・語彙の三本の柱をがっちりと強化するために、周到な分析に基づいてシステマティックに作成されているので、必ずや読者のスコアアップに直結するものと信じます。

　今回の新版では、Part 1 ポイント別戦略編で TOEIC に必要な文法知識を概括し、Part 2 実力養成編で単文穴埋め問題の学習ができるように豊富な問題を収録しました。Part 3 単語補充問題編は新 TOEIC で新たに採用された長文穴埋め問題です。ここは問題英文全体をしっかり学習することで、さらにハイスコアを狙うために必要な語彙や語法の重要項目がたくさん散りばめてありますから、穴埋めの問題部分を解いたあとも繰り返し学んでほしいと思います。新 TOEIC では出題形式が変わったといっても、問われている本質的な英語力は同じです。目先の変化に惑わされることなく、視点の定まった学習を続けていくことが大切なのです。本書は問題の質の高さと、解説の的確さが評価されてロングセラーになったわけですが、たいへん残念なことに、旧版の問題作成を担当してくださったジョセフ・ラペンタさんが 2004 年に急逝されてしまいました。改訂版に向けて作業が始まっていた矢先の悲しい出来事でしたが、新たな共著者としてクリストファー・ベルトンさんが新作問題の執筆を引き受けてくださり、ようやく上梓にこぎ着けることができました。イギリス英語・アメリカ英語のどちらにも精通しているベルトンさんならではの練習問題は、類書とはひと味違う内容の濃さと確かさを実感させてくれるものに仕上がりました。解説は今回も水嶋いづみさんに担当していただき、私は問題・解説全般にわたって加筆修正を行な

い、本書のクオリティを高めるべく最善の努力をしました。旧版同様、この改訂新版が多くの読者に活用され、TOEIC スコアアップの強力なパートナーとなることを念願しています。

　研究社編集部の佐藤陽二さんには、いつもながら企画の段階からあらゆる面でお世話になり、厚くお礼を申し上げます。初版の出版以来、読者からのさまざまな質問を丹念に取り次ぎしてくださり、内容充実の大きな推進力になってくれたことに心から感謝します。読者のみなさんが本書に盛り込まれた情報を十分に消化して、目標スコアを達成されると同時に、いっそう高い英語運用能力を獲得されることを願ってやみません。

2007 年 5 月
木村哲也

パート	Name of each part	パート名	問題数
新 TOEIC テストの構成			
リスニングセクション (45 分間)			
1	Photographs	写真描写問題	10
2	Question-Response	応答問題	30
3	Short Conversations	会話問題	30
4	Short Talks	説明文問題	30
リーディングセクション (75 分間)			
5	Incomplete Sentences	短文穴埋め問題	40
6	Text Completion（新）	長文穴埋め問題	12
7	Reading Comprehension • Single passage • Double passage（新）	読解問題 1 つの文書 2 つの文書	28 20

目　次

Part 1　ポイント別戦略編　　　　　　　　　　1
　1. 品詞　　　　　　　　　　　　　　　　　　2
　2. 動詞　　　　　　　　　　　　　　　　　　6
　3. 時制　　　　　　　　　　　　　　　　　　9
　4. 名詞・代名詞　　　　　　　　　　　　　　13
　5. 比較　　　　　　　　　　　　　　　　　　17
　6. 前置詞　　　　　　　　　　　　　　　　　21
　7. 疑問詞・関係詞　　　　　　　　　　　　　24
　8. 形容詞・副詞　　　　　　　　　　　　　　27
　9. 接続詞　　　　　　　　　　　　　　　　　30
　10. 類義語(名詞)　　　　　　　　　　　　　　33
　11. 類義語(動詞)　　　　　　　　　　　　　　36
　12. 類義語・形容詞と副詞　　　　　　　　　　39

Part 2　実力養成編　　　　　　　　　　　　43
　実力問題1　　　　　　　　　　　　　　　　　44
　実力問題2　　　　　　　　　　　　　　　　　54
　実力問題3　　　　　　　　　　　　　　　　　64
　実力問題4　　　　　　　　　　　　　　　　　74
　実力問題5　　　　　　　　　　　　　　　　　84

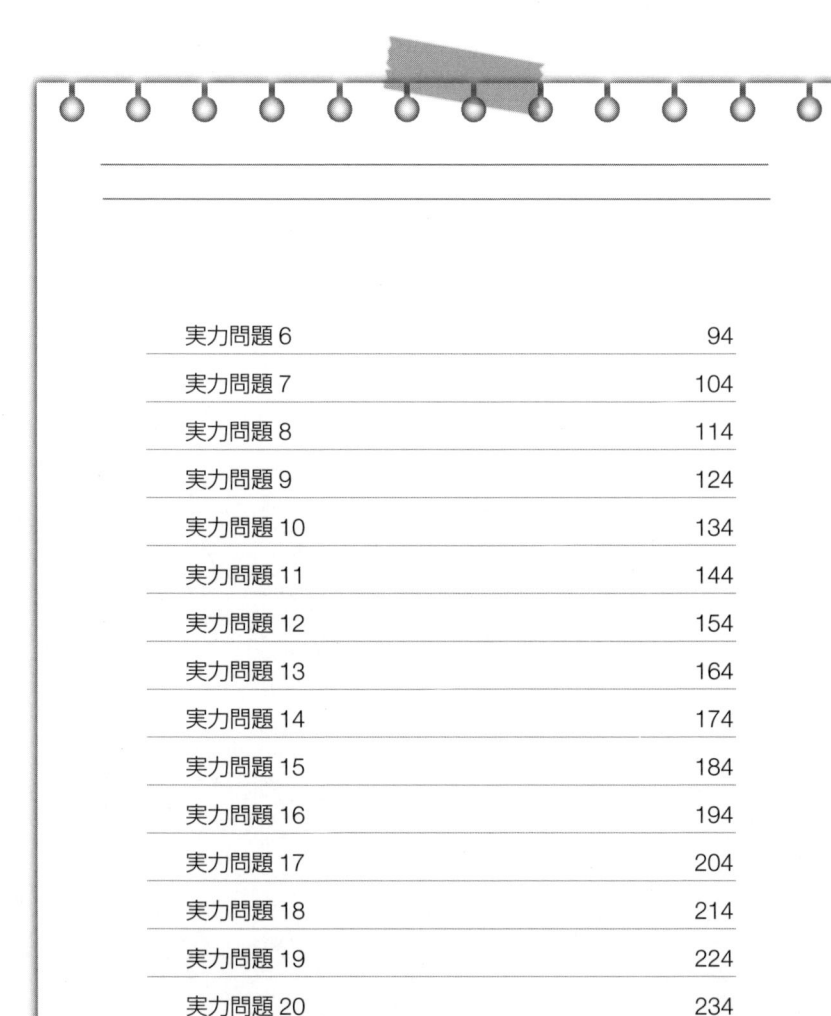

実力問題 6	94
実力問題 7	104
実力問題 8	114
実力問題 9	124
実力問題 10	134
実力問題 11	144
実力問題 12	154
実力問題 13	164
実力問題 14	174
実力問題 15	184
実力問題 16	194
実力問題 17	204
実力問題 18	214
実力問題 19	224
実力問題 20	234
実力問題 21	244
実力問題 22	254
実力問題 23	264

Part 3　単語補充問題編　　　275

part 1
ポイント別戦略編

TOEICを攻略する上で重要な12テーマについて、典型的な例題と攻略ポイントを解説しています。解説では、どのように問題に取り組み、今度どのような方針で学習していけばいいかを具体的にまとめています。まだ学習法が固まっていない方のために辞書や参考書の使い方にも言及しています。TOEICで高スコアをとるためには、1つもおろそかにできない情報ばかりですので、繰り返し学習し自分なりに整理して、完全に自分のものにしあげて、ここで土台をしっかりつくりあげてください。

01 品　詞
parts of speech

　正解の選択肢を絞るためには、まず**空所に入るべき品詞とその形を絞り込むこと**が大切です。とくに大切なのは、空所の前後にある単語の働きから、どの品詞が入るかをすばやく決めること。名詞と動詞の問題に関して言えば、意味よりも品詞の判断が優先すると言っても過言ではありません。とくに、文の主語となる名詞であると判断できた場合は、動詞が単数呼応しているか複数呼応しているかにも注目しましょう。逆に、be 動詞なら is/was なのか、are/were なのか、一般動詞なら 3 単現（＝三人称単数現在）の s がついているかどうか、have か has かといったことから、主語をおのずと絞り込める場合も多いのです。

例題 1

Her ……… exceeded even her own expectations.

(A) happy
(B) enjoyment
(C) enjoy
(D) pleasuring

解答 (B)

意味 その楽しさは、彼女自身の期待さえも上回るほどのものだった。

解説 空所の前が所有格で後ろが動詞なので、空所には主語になる名詞が入るとわかる。happy は形容詞、enjoy は動詞なので入らない。pleasuring は動名詞なので品詞的には可能だが、これは to give (sexual) pleasure to (someone)「人を（性的に）楽しませること」の意味なので不適切（名詞 pleasure ならば正しい）。ここでは enjoy の名詞形 enjoyment が正解。her enjoyment「彼女の楽しみ」という名詞句は、She enjoyed (herself).「彼女は楽しんだ」という文と意味的にも語彙的にも対応していることを直感的につかめるようにしておきたい。pleasuring も迷いやすいが、pleasure は何よりも名詞として使われることをしっかり覚えておくことが重要である。

例題 2

His ……… in system design helped him get the job.
- (A) knowledge
- (B) studying
- (C) understanding
- (D) experience

解答 (D)

意味 彼のシステム設計における経験が、職を得る上で役立った。

解説 空所の前が所有格、後ろが前置詞なので名詞が入るとわかる。(A) (D) は名詞、(B) (C) は動名詞であるから、品詞的にはすべての選択肢が入りうる。ここでは続く前置詞が in である点が決め手。knowledge は「〜の知識」で of か about が続く。studying を「システム設計を学ぶこと」という意味の動名詞と考えるなら、前置詞 in は不要。understanding は「〜を理解すること」の意味の動名詞ならば前置詞は不要、「理解」の意味の名詞ならば of が続く。「〜の(分野での)経験」の意味で experience in ... となる (D) が正解。experience を「経験」とだけ覚えているのではだめで、続く前置詞が in であることまで覚えたときに、実戦的な英語力となるのである。

例題 3

Their ……… were enough to purchase the house when combined.
- (A) money
- (B) savings
- (C) salary
- (D) saving

解答 (B)

意味 彼らの貯金は、合計すれば、その家を買うのに十分な額であった。

解説 空所には名詞が入るが、続く動詞が were であるから、複数形の名詞が入ることがわかる。選択肢で複数形になっているのは savings だけ(ただし police「警察」のような複数扱いする集合名詞は要注意)。こういった問題は 5 秒以内で正解を導き出せなければ、TOEIC で高スコアをとるのは難しい。トレーニングを積むことで、空所の前後から選択肢を絞り込むための品詞・語法・文法情報を即座に把握できるようにしておきたい。

> **例題 4**
>
> She was ……… to be invited to the concert.
> (A) delighted
> (B) regret
> (C) unexpected
> (D) hope

解答 (A)

意味 彼女はコンサートに招待されてうれしかった。

解説 空所の前が be 動詞なので、形容詞、動詞の現在分詞または過去分詞、あるいは名詞が続くことを瞬間的に予測することが第一だが、その条件ではすべての選択肢が入りうる。そこで、あとに to 不定詞が続いていることに注目する。regret が「後悔」の意味の名詞ならば、続くのは前置詞 for か over であるし、×She was regret.「彼女は後悔だった」とは言えない(形容詞を使って She was regretful.「彼女は後悔していた」となるはず)。同様に hope も候補から落とせる。unexpected は expected の否定形だが、be expected to do「〜することになっている」と言えるのに対して、×be unexpected to do という形はない。(unexpected は「意外な」の意味の形容詞用法のみ)。be delighted to do は「〜してうれしい」の意味で、これが正解。

More Grammar Knowledge

expected は動詞 expect の過去分詞であると同時に、「期待されている」の意味の形容詞でもある (the expected question「予期された質問」など)。一方、unexpected は「予期しない、思いがけない」の意味の形容詞であって、過去分詞ではない。過去分詞ならば対応する原形動詞が存在するはずだが、unexpect などという動詞は存在しない。つまり、unexpected に含まれている expected は形容詞であって、過去分詞ではないのである。He was not expected to do …「彼は〜するとは期待されていなかった」を ×He was unexpected to do … と言い換えることができないのは、前者が We did not expect him to do … を受動態にしたものであるのに対して、後者には ×We unexpected him to do … という、もとになる形が存在しないからである。

> **例題 5**
>
> I luckily bought an ……… ticket from Tokyo to Hong Kong at a bargain price.
>
>   (A) opened
>   (B) opening
>   (C) openly
>   (D) open

解答 (D)

意味 幸運なことに、東京発香港行きのオープンチケットをかなり安く買えた。

解説 空所が冠詞と名詞にはさまれているので、空所には形容詞が入るとわかる。したがって、副詞の openly はすぐに候補から落とせる。また、opening は動詞 open の現在分詞で形容詞的に用いられるが、「開きつつあるチケット」「開始のチケット」では意味をなさない。同様に過去分詞 opened も形容詞的に用いられるが、「開かれたチケット」も意味をなさない。close「閉じる」の形容詞形が closed「閉じている」なので迷いやすいが (s の音がにごらない形容詞 close は「近接した、親しい」の意味)、動詞 open の形容詞形は opening や opened ではなく open。したがって、open が正解。open ticket は「期日指定のないチケット」のこと。とくに、「帰りの日時が決まっていない往復航空チケット」を指すことが多い。at a bargain price は「安価に」の意味で、1語で言えば cheaply。口語なら buy A cheap「Aを安く買う」でもよい。

02

動　詞
verb

動詞に関する問題では、**動詞が主動詞（述語動詞）として使われているのか、準動詞（不定詞、動名詞、分詞）として使われているのか**の区別がまず必要です。主動詞の「主」とは「第一の (primary)」、準動詞の「準」とは「第二の (secondary)」といった意味であることを知っておくと理解が深まるでしょう（「主役」「準優勝」といった言葉にもその意味が生きている）。主動詞では時制 (tense) に関する出題が圧倒的に多く、準動詞では不定詞か動名詞かの区別が最重要です。また、get, put, run といった基本動詞は（超）多義語なので、普段から学習辞書を引いて、中核的な意味と、その派生義を確認しておきましょう。準動詞に関する基本事項も折に触れて文法書で復習し、理解を深めていってください。

例題 1

My dream is to …… how to play the piano.

　(A) learn
　(B) learning
　(C) learned
　(D) have learned

解答　**(A)**

意味　私の夢はピアノを習うことです。

解説　be 動詞の後ろに to が続いているので、「～すること」の意味の不定詞になることが直ちに予測できなければならない。My dream is to do ... で「私の夢は～することだ」の意味。「夢」のようにまだ実現されていない行為は不定詞を使って表すのが基本である。to have learned は完了形の不定詞で、「～してしまったこと」か、主節の時制よりさらにさかのぼって過去であることも表す。なお、前置詞の to に動名詞が続く場合もあるので、混同しないように。ex. There is no royal road to learning.「学習に王道はない」

例題 2

She went to work after ……… breakfast.

(A) to eat
(B) eat
(C) eating
(D) ate

解答 (C)

意味 彼女は朝食を食べてから仕事に出かけた。

解説 前置詞に続く動詞が必ず動名詞形になることは基本事項。前置詞に to 不定詞を続けることはできない。

More Grammar Knowledge

前置詞に to 不定詞を続けることができないのは、不定詞の to も本来は前置詞であったという英語史における事実に由来する。前置詞 to は「〜に向かって」と到達地点を表すのが根本的な意味で、そこから方向・目的・達成・結果などを表すようになった。前置詞には名詞が続かなければならないのが英語の文法だが、例外的に動詞の原形を前置詞 to に続けて用いるようになった破格語法が現在の to 不定詞の始まりである。そのため、名詞用法の不定詞 (to study English「英語を勉強すること」など) には、「これから向かう方向」といったニュアンスが残っており、intend「意図する」、expect「期待する」といった「未来志向の動詞」と組み合わさって使われる一方、stop「やめる」、avoid「避ける」など、未来志向ではない動詞の目的語にはならないことが説明できる。また副詞用法の不定詞は目的 (to improve your score「スコアを伸ばすために」) や結果 (be disappointed to find out「知ってがっかりする」) を表す場合がほとんどだが、これも前置詞 to が持つ意味と並行していることがわかるだろう。

例題 3

He ……… down the hill at top speed.
- (A) run
- (B) running
- (C) to run
- (D) ran

解答 (D)

意味 彼は山を全速力で駆け下りた。

解説 主動詞の時制の問題。現在時制ならば3単現のsが必要だし、進行形ならばbe動詞が不足している。to runは準動詞だから、He began to run … 「走り始めた」のように主動詞がないと文が成立しない。過去時制のranならばこれだけで文が成立する。run downは「～を走って降りる」の意味の句動詞。電池などが「切れる」（= lose power）、機械などが「動かなくなる」（= stop working）の意味も覚えておくこと。

例題 4

To play golf properly, you must ……… the club correctly.
- (A) gripped
- (B) grip
- (C) gripping
- (D) to grip

解答 (B)

意味 しかるべくゴルフを行なうためには、クラブを正しく握る必要があります。

解説 助動詞mustのあとなので、動詞は原形でなければならない。瞬間的に判断して次の問題に進むことが高スコア獲得には必須である。なお、gripは「～をしっかり握る」の意味で、副詞がなくても「しっかり」の意味が含まれている。grip the audienceならば「聴衆の心をつかんではなさない」ということである。

03 時 制
tense

主 動詞の時制には、直説法での時制と仮定法での時制とがあり、特に**助動詞が過去形で使われている場合は直説法なのか仮定法なのかを判断することが大切**です。I could ... が「私は〜できた（直説法の過去）」なのか、「（もしできるなら）私は〜したい（仮定法の過去）」なのかは、たいてい文脈から判断できますが、文法問題では前後の脈絡がないので、文の意味だけから判断しなければなりません。直説法の時制については、時を表す副詞要素がどこかに含まれて（もしくは暗示されて）いるはずなので、それを見逃さないようにしましょう。

例題1

I .... by the time you arrive.
 (A) have left
 (B) will leaving
 (C) had left
 (D) will have left

解答 (D)

意味 あなたが着くころには、私は出発してしまっているでしょう。

解説 まず、by（〜までには）[完了]と until（〜までずっと）[継続]の意味の違いを基本事項としてしっかり区別すること。なお、until には接続詞と前置詞の2用法があるのに対して、by には接続詞用法がないことも、ぜひおさえておこう。そのため、SV という節構造を続ける場合には by the time when SV「SがVするときまでには」という形にする必要がある。この when が省略された結果、by the time が接続詞の働きをするようになった。時を表す副詞節になるので、「あなたが到着する」のが未来のことであっても、you arrive と現在時制を用いるのもポイント。副詞節が未来を表しているので主動詞も、will have left「（ある時点で）出発してしまっている（だろう）」という未来完了形にするのが文法的にも意味的にもふさわしいと判断できる。

More Grammar Knowledge

英語の動詞には厳密な意味での「未来形」というものはない。いわゆる「現在形」は現在のことも未来のことも表せるのだが、他に時制の手がかりがないと意味が区別できないので、通常は助動詞 will (もしくは準助動詞 be going to) の助けを借りて「時制が未来である」ことを明示しているのである(助動詞という言葉の意味も味わってほしい)。しかし、when ... や if ... という形で用いられていれば、それが「現在」を指すのではないことが含意されているので、「未来」だからといってわざわざ will を使う必要がないのである。しかし、「意志」を表す will は、たとえ when や if 節の中でも省略できない。I will help you. は「私はあなたを助けるでしょう」という未来ではなく、「助けます」という意志を表している。したがって、「もし助けようという意志があるならば」は if you will help me であって、この will を省略することはできない。それに対して、It will rain tomorrow.「明日は雨が降るでしょう」は意志ではありえない。単純に未来を表しているので、「もし明日雨が降るならば」は if it rains tomorrow が正しいのであって、これを will rain にすると「降る意志」があることになり、かえっておかしい。したがって「誤り」なのだ。

例題2

If only I ‥‥‥ harder in school.

    (A) had studied
    (B) have study
    (C) study
    (D) was studying

解答 (A)

意味 学生のときにもっとちゃんと勉強しておけばよかったなあ。

解説 If only SV は「S が V でありさえすればいいのに」という願望を表す表現で、I wish SV. とほぼ同義である。願望というのは現実に反する事柄であるから、動詞は仮定法が用いられることになり、現在の事実に反する願望なら仮定法過去、過去の事実に反する願望ならば仮定法過去完了を用いる。本問では in school「学校にいたときに(＝学生時代に)」で過去であることがわかるので、仮定法過去完了になっている had studied が正解。「あなたを手伝ってあげることができればいいのだけれど」ならば If only I could help you. となる。この could が「～できた」という直説法の過

去ではなく、仮定法の過去(すなわち現在に関する仮定)であることを肌で感じ取れるようにトレーニングしてほしい。

例題 3

I ······· to my office later.
- (A) will returned
- (B) have returned
- (C) will be returning
- (D) will returning

解答 (C)

意味 あとで会社に戻るつもりです。

解説 助動詞のあとには動詞の原形が続かなければならないので、will returned と will returning はすぐに除外できる。have returned という現在完了形は later「あとで」という副詞と意味的に矛盾する。ここでは単純未来の I will return … ももちろん正しいが、will be returning と進行形を用いることで、何年先かわからない遠い未来ではなく、「まもなく、もう少ししたら」というニュアンスを伝えることができる。近い未来であることによって、より確実性の高い予定であることも含意されている。

例題 4

We ······· further had the train been cancelled.
- (A) would be delay
- (B) would have been delayed
- (C) will be delayed
- (D) have been delayed

解答 (B)

意味 もし電車が運休になっていたら、私たちはもっと遅れていただろう。

解説 後半の had the train been という語順に注目。疑問文の語順(「電車は〜か?」)を用いることで、if が使われていないが「もし電車が〜ならば」という仮定の意味を表しているのである(倒置による if 省略)。したがって、問題文の had the train been cancelled は if the train had been cancelled「もし電車(の運行)がキャンセ

ルされていたならば」の意味である。当然、主節の動詞も時制は仮定法になり、ここでは過去の事実に反する仮定なので、「助動詞の過去形＋have done」の形になるのが正しい。選択肢でこの形に当てはまるのは would have been delayed だけ。

04 名詞・代名詞

noun & pronoun

　代名詞を問う問題で基本となるのは、それがどの名詞を指しているのかを正確に把握することです。とりわけ、その名詞の人称・数・格をはっきりと見極めることが必須です。また、TOEIC においては再帰代名詞（-self/-selves の形になるもの）がよく出題されます。再帰代名詞の用法には**再帰用法と強調用法**の２つがあります。両者の違いがわからない人は、文法書か、『ルミナス英和辞典』（研究社）など文法説明のくわしい学習英和辞典でしっかり学び直しておくことをお勧めします。

例題 1

He liked the style of the shoes, but ……… were not the color he wanted.

　　(A) it
　　(B) its
　　(C) they
　　(D) he

解答　(C)

意味　彼は靴の形は気に入ったが、ほしかった色ではなかった。

解説　空所に続く動詞が were であるから、主語は複数形の名詞のはず。数の一致が決め手になる問題で、迷うことなく they を選べなければならない。この they が指しているのは shoes であり、左右２つの靴で１足であるから複数形にする（「私の靴はどこだ」なら Where are my shoes?）。片方だけを指すのなら shoe となる。「１足の靴」は a pair of shoes と a pair of を用いる感覚を身につけることが大切である。

> **例題 2**

I would do it ……, but I don't have the time.
  (A) myself
  (B) me
  (C) herself
  (D) himself

解答 (A)

意味 自分でやりたいのですが、時間がないんです。

解説 主語は I であり、I を強調できるのは myself だけ。これは強調用法の再帰代名詞で、副詞的に用いられている。I myself would do it のように、強調する名詞の直後に置くのが基本だが、本問のように I [would do it] myself と分離して動詞句の後ろに置くこともできる。

More Grammar Knowledge

再帰代名詞は一人称・二人称では myself / yourself / ourselves / yourselves と「所有格＋self/selves」の形であるが、三人称では himself / herself / themselves と「目的格＋self/selves」の形になっている（herself の her は所有格・目的格が同じだが、him / them とのパラレルで目的格と判断できる）。self は本来は形容詞で、名詞または代名詞を強める働きをしていた。to him self「彼その人に」や for me self「私自身に」のように目的格代名詞を強めるのがもともとの形で、him self はつながって himself になり、me self は miself という語になったのだが [mi がミーともマイとも読める点に注目]、一人称については「私の self」という所有格の感覚があったのか、myself という新しい語形が生まれ、二人称の yourself はその類推から形が整えられたものである。したがって、三人称の himself / herself / themselves という目的格＋self の組み合わせが本来の形で、一人称・二人称の myself / yourself / ourselves は 13 世紀以降に確立した、新しい形式の再帰代名詞なのである。

例題 3

I am attracted to the car ……., but it is far too expensive.

    (A) himself
    (B) itself
    (C) it
    (D) its

解答 (B)

意味 その車自体には惹かれているのだが、値段があまりにも高すぎる。

解説 空所に入りうる再帰代名詞は2つある。I … myself「私自身は（その車に惹かれている）」と、the car itself「その車自体には（惹かれている）」の2つであり、どちらも強調用法の再帰代名詞である。ここでは選択肢に myself がないので、itself が正解となる。この場合、「車それ自体」には魅力を感じるが、値段という別の要因のせいで買うことができないという含みである。be attracted to ～ は「～に魅力を感じる」の意味。

例題 4

I couldn't understand his speech, because he used too …….

    (A) many jargons
    (B) much jargon
    (C) little jargon
    (D) a lot of jargons

解答 (B)

意味 私は彼の講演が理解できなかった。彼があまりにも多くの専門用語を使ったからだ。

解説 名詞の可算・不可算に関する問題。jargon「専門用語」は不可算名詞（数えられない名詞）なので、×jargons と複数形にはならない。「多・少」を表す形容詞は much（多い）と little（少ない）だが、講演の内容が理解できないのは too much jargon が原因だと考えるほうが自然。したがって (B) が正解。なお、too は何かがある基準を上回る状態にあることを示すので、It's too hot.「今日は暑すぎる」のように基準が不明である文では不自然。It's too hot to go jogging.「ジョギングするには暑すぎる」のように何かの基準になるものをつけるか、比較基準の不要な very を使って

4 名詞・代名詞

It's very hot. とするのが自然。

> **例題 5**
>
> This book is very inspiring for medical students. If you don't have a copy, I strongly recommend you buy ……..
> 　(A)　it
> 　(B)　that
> 　(C)　another
> 　(D)　one

解答　(D)

意味　この本は医学生にとって非常に刺激的な本だ。もし持っていないなら、1 冊購入することを強くお勧めする。

解説　話し手は本を手に持つなり本の写真を示すなりして「この本」を買うように勧めているわけだが、聞き手が買うとすれば、話し手が持っている本そのものではなく、書店で販売されている 1 冊を購入することになる。このように、前に出てきた可算名詞と同じ種類のものが複数あり、その中で任意(不特定)の 1 つを指す場合は one を用いる。one は可算名詞の繰り返しを避けるために用いられる代名詞(不定代名詞という)。可算名詞であれば、人の代わりにも事物の代わりにも使える。また、指すものが複数であれば ones と複数になり、前置詞句などで修飾されると the one(s) … と the がつくこともある。ちなみに、この one の否定形が none (＝no＋名詞)。another も不定代名詞だが、同じ種類のものがいくつかあり、そのうちの 1 つが one だとすれば、「もう 1 つ」というときに用いる。an＋other と分解すれば、この考え方はわかるはず。不定代名詞が不特定のものを指すのに対し、it は人称代名詞、that は指示代名詞といい、特定の人・事物を指す。話し手が持っている本そのものを「貸しましょうか？」というような場合は、Would you like to borrow this/it? となる。this/that/it の使い分けだが、this/that は目に見えているものを指す。this は話し手の近くにあるもの、that は話し手から離れているものを指すのに用い、it は文中に出てきた名詞を言い換えるのに使う。したがって、目の前のものを指して「それ」という意味では it を使うことはできない。

比較

comparison

日本語と比べると、英語は比較構文が非常に多用される言語です。比較対象を表すthanが使われている場合は明快ですが、**明示されずに含意されているだけの場合も多い**ので、それを見抜ける目を養いましょう。比較の問題であることを見抜いたら、次にその文が何と何とを比較しているのかを正確に判断することが必要です。比較できるものは、AとBといった別の存在だけではなく、今のAと10年前のAのように、同じものが別々の時間軸に置かれた場合なども含まれます。as ... as（原級比較）と more ... than（比較級比較）の2つの比較形式を混同しないことも大切です。

例題 1

The river gets ……… as it moves towards the ocean.

　(A) widest
　(B) wider
　(C) the wider
　(D) more wider

解答　**(B)**

意味　その川は海に近づくにつれて川幅が広くなっている。

解説　接続詞の as は「〜とき」（時）、「〜ので」（原因・理由）、「〜ように」（様態・対比）、「〜につれて」（時・比例）などさまざまな意味を持つ多義語なので、辞書の用例をよく読んで、できるだけ幅広くマスターしておく必要がある。ここでは「〜につれて」の意味。as 以下の変化に応じて主節の主語も変化するという比例関係を表す。「〜になる」は get＋形容詞で表せるが、この場合、川が海に近づくにつれて川幅もより広くなるということで、形容詞を比較級にする必要がある。したがって、**get wider** が正解。wide は単音節の語なので、more wide は誤り。more wider は比較級が二重になっているので、これも誤りである。通常、比較級には the はつかないが、the＋比較級の特殊用法がいくつかあるので文法書で確認しておくこと。

More Grammar Knowledge

日本語では「大きくなったね(子どもに向かって)」とか、「(ものの値段が)安くなった」など、比較を意識せずに「～になる」を使う場合が多い。その結果、You became tall. / The gasoline got cheap. など、原級の形容詞を使って表現してしまいがちだが、これは英語としてはたいへん不自然である。いずれも「以前と比較すると」が前提とされている表現なので、than ... はなくても You've become <u>taller</u>. / The gasoline is getting <u>cheaper</u>. など、形容詞を比較級にして使うのが英語らしい表現のポイントである。この問題を突き詰めていくと、日本語の形容詞・副詞にはそもそも比較級という語形変化がないという根本的相違に行き着く。「より美しい」といった表現にどことなくぎこちなさがあるのは、これが本来の日本語ではなく、more beautiful の訳としてつくられた表現だからだ。than のない比較級に注目して英文を読むと、英語的な比較の感覚が<u>鋭くなる</u> (become sharper)。

例題 2

I have never seen the sky ……. than it is today.

    (A) bluer
    (B) blue
    (C) as bluer
    (D) bluest

解答 (A)

意味 空が今日ほど青いのをこれまでに見たことがない。

解説 than があることから比較構文であることを見抜き、比較級の bluer を選ぶ。文字どおりには「空が今日青いのよりも、空がもっと青いのを私はこれまで一度も見たことがない」という意味。比較しているのは「今日の空の青さ」と「これまで見てきた空すべての青さ」。

例題 3

Your daughter is ……. than the last time I saw her.
   (A) beautifuller
   (B) as beautiful
   (C) most beautiful
   (D) more beautiful

解答 (D)

意味 お嬢さんは以前お会いしたときより美しくなりましたね。

解説 than があることから比較構文であると見抜く。比較されているのは「現時点での娘さん (your daughter now)」と「最後に会ったときの娘さん (your daughter the last time I saw her)」。比較級は形容詞や副詞に -er をつけてつくるが、3 音節以上の単語の場合、more をつけ、-er はつけない。なお、音節は母音の数で決まるものであり、綴り字の長さとは必ずしも一致しない。funny「おもしろい」は 2 音節だが、strength は 1 音節である。

例題 4

You need to study ……. if you want to pass the examination.
   (A) most
   (B) many
   (C) more
   (D) the most

解答 (C)

意味 試験に受かりたいなら、もっと勉強する必要があります。

解説 「今勉強しているよりも、もっとたくさん勉強する必要がある」の意味なので、比較級を用いる。この more は study much「たくさん勉強する」の副詞 much が比較級になったもの。study more enthusiastically「もっと熱心に勉強する」の more は原級の副詞 enthusiastically を比較級にしている more で、study more の more とは働きが違うことを理解しておこう。

例題 5

That was the ……. meal I have ever tasted.

- (A) most delicious
- (B) very delicious
- (C) more delicious
- (D) delicious

解答 (A)

意味 それはこれまで味わった中で、もっともおいしい料理だった。

解説 空所の前の the と the ……. meal を修飾する関係節の ever がヒントになる。ここでは最上級の most delicious が正解。meal と I のあいだには関係詞 that が省略されている。ever は「これまでに、かつて」の意味で、完了形の中で用いられると「今まで経験した〜(のすべて)」といった意味になる。問題文のような最上級を含んだ形は英語ではよく使われるので、定型表現として覚えておくとよい。なお、delicious は「とてもおいしい」という意味なので、原級で使う場合は very をつけないのが普通。

More Grammar Knowledge

比較級を強調するときは very ではなく much を用いるのは基本事項だが、比較級の前に much ではなく many がくる場合があるので注意しよう。My sister has read [much / many] more books than I have. 「妹は私よりもずっと多くの本を読んでいる」では、many を用いるのが正しく、much は誤りである。ただし、この many は比較級 more を強調しているというよりは、more に続く複数名詞 (この場合は books) を修飾していると考えたほうがわかりやすい。「(あと) 2 冊多くの本」は two more books である。「10 冊多く」なら ten more books となり、「たくさん多く」なら many more books になる、ということである。〈more + 複数名詞〉の前には many がくると覚えておけばよい。「(予想よりも) ずっと多くの人」は ×much more people ではなく、many more people (than expected) である。

前置詞
preposition

前置詞は多くの学習者が頭を痛める分野の1つでしょう。TOEICで問われる前置詞の数はさほど多くありませんが、どちらを使ってもよさそうな前置詞が複数個ある場合に、より適切なものを見抜けるようにするのはなかなかたいへんです。普段から前置詞に注目して英文を読み、**どの語がどの前置詞と結びつくのかを体得していくこと**が肝要です。前置詞を含むイディオムを積極的に覚えるとともに、前置詞の持つニュアンスを理解しておくことも有効です。『ネイティブスピーカーの前置詞』(研究社) のように前置詞のイメージを解説した参考書もためになります。なお、語の結びつきのことをコロケーション (collocation) といいますが、コロケーションを調べるためには『新編・英和活用大辞典』(研究社) が強力な武器になります。この辞書を収録した電子辞書も多数ありますから、ぜひ活用してください。

例題1

I'm afraid I'm not very interested ……… classical music.
- (A) at
- (B) on
- (C) in
- (D) with

解答 (C)

意味 残念ながら、クラシック音楽にはあまり興味がありません。

解説 話者や聞き手にとってマイナスになることについて「～だと思う」と述べる場合は I am afraid (that) SV を使う。ここでは、主張を婉曲的に述べるために付加されている。**be interested in ～** が「～に興味がある」の意味になるのは基本中の基本。なお、細かいことではあるが、「クラシック音楽」が classic music ではなく、classical music になる点もハイスコアを目指す学習者ならおさえておくべき知識である。

例題 2

Turn left ……… the traffic light and the library is on the left.

　　(A) in
　　(B) at
　　(C) on
　　(D) by

解答 (B)

意味 信号を左に曲がると、左手に図書館があります。

解説 「命令文 and …」で「～しなさい。そうすれば …」の意味になる。日本語では「信号を曲がる」と言うが、英語ではより論理的に「信号機の地点で左に折れる」と表現する。「信号機のある地点で」が at the traffic light である。この at は空間の一点を表す用法。by は「～のそばで」の意味で、角の一点を指すことはできない。in は「～の中で」、on は「～に接触して」を表し、いずれも文脈に合わない。なお、どこを左折［右折］するのかが自明な場合には、単に turn left [right] だけで十分。

例題 3

She wrote a very interesting essay ……… life in Eastern Africa.

　　(A) on
　　(B) with
　　(C) in
　　(D) at

解答 (A)

意味 彼女はアフリカ東部の生活に関する、とても興味深い論文を書いた。

解説 「アフリカ東部について」の意味であるから、第一に about が思い浮かぶだろうが、論文など、より専門性の高いトピックに関しては on を使うことが多い（選択肢に on がなく about があれば、もちろん about が正解になる）。on の基本概念は「接触」であり、この場合は特定トピックとの接触を表していると理解すればよい。about は「周辺」が基本概念なので、「～について」といっても「～に関連した」といった意味であり、より一般的な内容を暗示する場合が多い。a book about English grammar「英文法に関する本」と an article on English grammar「英文法についての論文」では、about だと「英文法の周辺」ということから、一般読者向けの啓蒙的

な内容であることを暗示するのに対して、on だと「英文法（そのもの）との接触」なので、専門家向けだというニュアンスである。なお、essay は文学の文脈では「エッセイ、随筆」だが、学問の文脈では「論文」の意味になる。

例題4

He was presented ……. the award for his work in fighting poverty.
　(A) by
　(B) for
　(C) at
　(D) with

解答　(D)

意味　彼は貧困との闘いに関する業績に対して賞を授与された。

解説　present A with B で「A に B を与える」の意味。この with は「所有」を表す前置詞で、同じ構文をとる動詞に provide や supply があり、A には授与される「人」が、B には与えられる「物」がくる。受動態にして A を主語にすると A is presented with B（A が B を与えられる）となり、問題文の形になる。

More Grammar Knowledge

put on a hat「帽子をかぶる」の a hat が代名詞 it になると、×put on it ではなく put it on という語順になる。これを「目的語が代名詞のときは動詞 (put) と前置詞 (on) の間に割り込む」と考えている人が多いが、これはさかさまである。帽子は頭の上に乗せるものであるから、本来的には put a hat on the head という形であった。しかし帽子を頭にかぶることは自明であるから、いちいち言うまでもない the head が省略されて put a hat on になったのである。つまり、もともと〈put ＋目的語＋ on〉の語順であったものが、目的語が 2 語以上の語群になったときに限り、リズムの関係で後置されて〈put on ＋目的語〉という語順になったのである。代名詞は 1 語だから、put it on という本来の語順が守られているのにすぎないのだ。「put on イコール "身に付ける"」という覚え方は、この意味から言っても実用的（すなわち TOEIC 的）ではない。

07

疑問詞・関係詞

interrogative & relative

関係詞の問題で注意すべきは、① **関係詞の先行詞は何であるか**、② **その語は関係詞を含む節の中で何の働きをしているか**、の2点です。また、-ever のついた複合関係詞は、関係詞の強調形であるばかりでなく、普通の関係詞にはない譲歩の副詞節を作るというプラスαの機能もあります(逆に、複合関係詞には、他の関係詞のように代名詞兼接続詞的に文と文をつなぐ機能がありません)。複合関係詞は訳だけで覚えても理解するのに時間がかかるので、わかりにくい場合は、まずは -ever をはずした形で機能を考え、次にプラスαになるのはどんな機能かを考えるようにするといいでしょう。

例題 1

She teaches economics at the university, ... is a very prestigious job.

(A) who
(B) however
(C) whichever
(D) which

解答 (D)

意味 彼女は大学で経済学を教えており、それはとても名誉な職である。

解説 カンマのあとに which を置いて、前の文の内容を指す用法がある(関係代名詞の非制限用法)。and it と言い換えて(代名詞 it が先行する文の内容を受ける)、意味を理解する。that にはこの用法がないことに注意しよう。prestigious は prestige (名声、威信)の形容詞形で、社会的に高い評価を得ていることを表す語。

例題 2

I want to introduce to you a friend ······· works in my company.

 (A) who
 (B) whose
 (C) which
 (D) what

解答 (A)

意味 うちの会社で働いている友人をあなたに紹介したいのです。

解説 空所の後ろの動詞 works に 3 単現の s がついていることからも、空所には a friend を指す who が入ることがわかる。A friend works in my company.「友人が私の会社で働いている」が関係詞に先行詞を代入したときの文になるはず。関係詞 which の主格用法は人を先行詞にすることができず、whose は所有格なので名詞が続いていなければおかしい。what は先行詞を含む関係代名詞であり、ここでは a friend という先行詞があるので不可。

例題 3

I will still be waiting ······· time you get here.

 (A) whenever
 (B) however
 (C) whatever
 (D) whichever

解答 (C)

意味 あなたの到着が何時になろうとも、私はずっと待っています。

解説 -ever のついた関係詞を「複合関係詞」と呼び、no matter WH- の形で書き換えることができる。no matter what time you get here「あなたがここに着くのがたとえ何時であっても」とすれば意味が通じるので、no matter what を 1 語にした whatever が正解である。これも時の副詞節になっているので、節内部の動詞は未来のことであっても get と現在形でよい。

> 例題 4

……. did you manage to complete the work so quickly?
(A) Whatever
(B) However
(C) Whenever
(D) Whoever

解答 (B)

意味 いったいどうやってそんなに速く仕事を終わらせられたの？

解説 同じ -ever の形でも、no matter WH- には書き換えられない用法がある。この ever は「いったい (on earth / in the world)」と強調・驚きを表すもので、whatever「いったい何を(が)」、however「いったいどうやって」、whenever「いったいいつ」、whoever「いったい誰が(を)」の意味である。わかりにくければ、-ever をとった形で考えればよい。did you manage to …. で文の要素に欠けるものがないので、名詞として機能する whatever と whoever は入らないはず (「文の要素」とは主語、動詞、目的語、補語のことで、これらの要素になれる品詞は名詞・動詞・形容詞かそれに類する語句のみ)。so quickly「そんなに速く」が焦点なのだから、「(いったい)いつ」ではなく「(いったい)どうやって」と、その方法を聞いているはず。したがって正解は However「いったいどうやって(終わらせたのか)」。

08 形容詞・副詞
adjective & adverb

形容詞・副詞を問う問題では、まず空所に形容詞と副詞のどちらが入るかを決定します。次に、選択肢のうち形容詞はどれか、副詞はどれかを見分けることも大切です。-ly がついているかどうかが副詞を見分ける目安になりますが、friendly「親切な」やcowardly「臆病な」のように、**形容詞であっても -ly で終わる単語がある**ので注意が必要です。また hard には形容詞用法(「固い」)と副詞用法(「一生懸命に」)があり、さらに副詞 hardly は意味がまったく異なる(「ほとんど〜ない」)ので、しっかり区別できるようにしておくことが必須です。so, too, as など、少し変わった語順の構文を生み出す単語は一度きちんと復習しておきましょう。

例題1

She gave the most ⋯⋯⋯ speech on modern fashion trends.
(A) amazingly
(B) amazing
(C) incredibly
(D) long

解答 (B)

意味 彼女は現代ファッションのトレンドについてもっとも驚くべきスピーチをした。

解説 the most ⋯⋯⋯ speech となっているので、speech を修飾できる形容詞が入るはず。amazingly と incredibly は副詞なので不適切。long は単音節語なので、最上級は ×most long ではなく longest になる。amazing「驚くべき、すばらしい」が正解。

例題 2

The weather was nice, but it was ······· hot for me.

(A) much
(B) too
(C) just
(D) uncomfortable

解答 (B)

意味 天気はよかったが、私には暑すぎた。

解説 it は特定の名詞を指すのではなく、天候・時間・寒暖などを表す文の形式上の主語となる用法で、日本語に訳すと消えてしまう。本問では空所に何も入れなくても it was hot for me「私にとっては暑かった」となって文が成立していることからも、空所には副詞が入ることがわかる。uncomfortable は形容詞なので、hot を形容することはできない（副詞形にすれば uncomfortably hot「不快なほどに暑い」で正しい用法）。他の３つの選択肢はいずれも副詞であるが、much は比較級・最上級の強調に用い、原級には使わない (much hotter / much the hottest なら可)。just は「ちょうど、正確に」の意味であるから、just hot「正確に暑い」は意味をなさず、誤り。for me「私にとっては」という基準が示されているので too hot（私が快適と感じるには暑すぎる）が正解。

More Grammar Knowledge

副詞の too はそれ自体で「あまりにも〜すぎる」の意味だから、これをさらに強調する必要などなさそうなものだが、実際には a little too big「少しだけ大きすぎる」や rather too difficult「やや難しすぎる」などのように、「どの程度」すぎているのかを表す副詞をつけることができる。そして単純に強調する場合は、much too expensive「あまりに高価すぎる」、far too high「あまりに高すぎる」、way too short「あまりに短すぎる」といった表現が用いられる。very を使うことはできない。

例題 3

Chicago is the ……… largest city in the United States and has a beautiful lakefront.
- (A) three
- (B) third
- (C) three of
- (D) three times

解答 (B)

意味 シカゴはアメリカで3番目に大きな都市で、美しい湖岸がある。

解説 one, two, three のような基数詞（数を表す語）と first, second, third のような序数詞（順番を表す語）の使い分けをしっかりマスターしておくこと。問題文のように最上級を修飾して「○番目に〜な」といった場合には序数詞を使うので、third が正解。three largest cities「三大都市」と the third largest city「第3の大都市」の違いをはっきり区別すること。three times は「3倍（の）」の意味。

例題 4

You must ……… check to make sure no cars are coming before crossing the road.
- (A) before
- (B) never
- (C) ever
- (D) always

解答 (D)

意味 道路を横断する前には、車が来ていないことを必ず確かめるように。

解説 make sure (that) SV で「SがVであることを確かめる」の意味。ここでは動詞 check「確認する」を修飾する副詞を入れる。意味がいちばん合うのは always「いつも、必ず」。ever にも「いつでも」の意味があるが、肯定文では使わないことに注意（否定文か疑問文で使う）。before「以前に」と never「決して〜ない」は意味的に合わない。

09

接続詞

conjunction

接続詞の基本的な機能は2つの要素(名詞と名詞、動詞と動詞、文と文など)をつないで、ひとまとまりの要素にすることです(接続副詞と呼ばれる副詞との区別が大切)。TOEICで接続詞自体を問われることはさほど多くありませんが、文をつなぐという文法的な機能に加えて、**文どうしの論理関係を明らかにする働き**を持っている点に留意すべきです。また、while と during、until と by の違いなど、意味的・語法的におさえておくべき情報もあります。

例題 1

I haven't been skiing ……… I was in university.

(A) after
(B) before
(C) since
(D) until

解答 (C)

意味 大学生のとき以来、スキーをしていない。

解説 主節に現在完了形が使われているので、since「〜のとき以来(ずっと)」で文を接続する。after と before は過去完了・未来完了では可能だが、現在完了では用いない。

例題 2

I really hate tomatoes, ……… I can eat them on pizza.

(A) because
(B) although
(C) whether
(D) until

解答 (B)

意味 トマトは本当に嫌いだが、ピザにのっているものなら食べられる。

解説 though SV と although SV は「S が V だけれど」のように逆接を表すのが基本であるが、「ただし」の意味で付加的に譲歩の内容を表すこともできる。because「…なので」は直接的な因果関係を表すのでここでは不適切。whether SV「S が V かどうか（ということ）」は名詞節なので文法的にも意味的にも不可。until「…までずっと」は主節も従属節も現在なので時制的にかみ合わない。

More Grammar Knowledge

例題2の文は、よりやさしく書くと I really hate tomatoes, but I can eat them on pizza. となる。but も接続詞であるから、このように文と文をつないでひとまとまりにするのが本来の役目であり、I really hate tomatoes. But I can eat them on pizza. のように文をつないでいない、つまり接続詞として機能していない用法は避けるべきとされている（副詞の however を使うのがベター[とされる]）。and も同様だが、実際にはこのような副詞用法の and / but は書き言葉でもよく見かける。一方、従属接続詞である although や because には副詞用法がなく、接続詞として使われていないものは誤りである。日本語では「トマトは嫌いです。ただ、ピザにのっているやつなら食べられますが」のように文を切ることができるが、これを ×I hate tomatoes. Although I can eat them on pizza. のように分けて書くことはできないので注意が必要である。同様に、「きのうは何も食べないで寝た。仕事で疲れ切っていたからだ」も ×I went to bed straight without eating anything. Because I was exhausted from work. とするのは非常によくある誤り。

例題3

Would you like to go out for dinner ……… I have finished the laundry?

 (A) while
 (B) until
 (C) before
 (D) after

解答 (D)

意味 私が洗濯を終えたら、夕食を食べに出かけませんか？

> **解説** 空所の前の Would you like to do ...? 「〜しませんか」という勧誘文と、空所のあとの現在完了形の文「私は洗濯を終えている」との関係を考える。選択肢はいずれも時の副詞節をつくるので、意味から考えるしかない。「洗濯」→「外出」の順番になると考えるのが自然であるから、after が適切である。while は同時性（〜している間に）を表すので不可（when なら可）。until は継続して行なわれる動作（〜までずっと…する）でないとおかしい。「外出する」という動作は継続できないので不可。before では順序が逆になってしまうので誤り。

例題 4

She asked him ……… he wanted more coffee.

(A) if
(B) that
(C) which
(D) who

> **解答** (A)

> **意味** 彼女は彼にもっとコーヒーがほしいかどうかを聞いた。

> **解説** ask A B で「A に B を尋ねる」の意味になるが、B の部分には名詞（a question など）のほか、WH- 節（名詞節）がくることも多い。when I will leave「いつ私が出発するつもりなのか」、where she should put the book back「本をどこに戻せばよいのか」、whether I wanted more tea「私がもっとお茶を飲みたいのか」など。この whether の代わりに、if を使うことができる。if he wanted more coffee「彼がもっとコーヒーをほしいかどうか」は名詞節であり、この if を「もし」と訳すのは誤りである。また、副詞節ではないので、未来の事柄であれば現在時制ではなく未来時制にする必要がある。if it will be nice weather tomorrow「明日は天気がよいかどうか（ということ）」の will be を is にするのは誤りである。

10

類義語（名詞）

the right words (noun)

TOEICで問われる名詞の類義語の種類はさほど多くありませんが、綴りが似ていて混同しやすい単語がしばしば出題されます。話し言葉においてはスペリングは問題になりませんが、書き言葉においては**正確な綴り字を覚えておく**ことが必要です。綴りが長い単語は、接頭辞・語根・接尾辞といった語源の要素ごとに分けると覚えやすくなります。

> **例題1**
>
> She loves to spend hours wandering around ……. stores.
> (A) statutory
> (B) station
> (C) stationary
> (D) stationery

解答　(D)

意味　彼女は文具店をあちこち見て回りながら時間を過ごすのが大好きだ。

解説　spend A doing で「〜をして A を過ごす」の意味。wander は特定の目的なしに歩き回ること。選択肢の単語はいずれも stat- を含んでいるが、これは「動かない、止まっている」の意味の語根。station「駅」は列車が止まるところ、statutory は「(法で)定まった」→「法定の」の意味の形容詞で、statutory tariff「法定関税率」のように使う。stationary は「静止した」の意味の形容詞で、stationary satellite「静止衛星」のように使う。これと1文字違いの stationery が「文房具」の意味の名詞で、これが正解。昔、行商人と対比して「動かない店舗」を持つ商人の意味で stationer という語が用いられたのがその起源である。現在でも stationer は「文房具店」（= stationery store）の意味で使われる。

例題 2

The menu includes a selection of ……..
　　(A) desserts
　　(B) deserts
　　(C) desertion
　　(D) desertification

解答 (A)

意味 メニューにはデザートのリストが載っている。

解説 menu「メニュー」はフランス語由来の単語だが、本来は「(食事の内容を) 細かく記したもの」を意味し、mini-「小～」と兄弟の語である。「メニュー」との関連性をヒントに「デザート」にあたる単語はどれかを考える。dessert (食後のデザート) の複数形 desserts が正解。アクセントは日本語と同じく、第 2 音節の -ser- にある。s が 1 つの desert は「砂漠」の意味で、アクセントは第 1 音節の de- にある。desertification は「砂漠化」の意味の名詞。desertion は動詞 desert「見捨てる」の名詞形で (アクセントは第 2 音節の -ser- にある)、「捨て去ること、遺棄」の意味。

例題 3

The newspaper called the construction of the highway a ……. of public money.
　　(A) waist
　　(B) wasting
　　(C) waste
　　(D) lot

解答 (C)

意味 その新聞は高速道路建設を公費の無駄遣いと呼んだ。

解説 call A B で「A を B と呼ぶ」の意味。A is B と be 動詞で結べる関係になっている。この場合、the construction of the highway is a ……. of public money のように the construction … = a ……. …. とイコールでつながる意味にならなければならない。waist はいわゆる「ウエスト」で、腰のくびれの部分を指す単語 (日本語の「腰」との違いを一度辞書でチェックしておきたい)。lot を入れて a lot of public money (たくさんの公費) にすると、意味的に不自然。「公費の無駄」の意味にするのに wasting

034　part 1　ポイント別戦略編

がいいか waste がいいかの選択になる。wasting は動詞 waste「無駄にする」の動名詞であり、waste は他動詞なので、wasting public money「公金を浪費すること」のように前置詞なしに目的語をとるのが正しい。名詞 waste を使って、a waste of money「お金の無駄（遣い）」がもっとも適している。waste は本来、不可算名詞だが、本問のように a をつけて用いることもある。wastes という複数形になると「排泄物」の意味。

例題 4

She finally obtained a job with a ······· agency but soon gave it up for another one because of her child.

(A) travel
(B) traveling
(C) trip
(D) tour

解答 (A)

意味 彼女はついに旅行代理店の仕事を手に入れたが、まもなくそれを諦めて、子どものために別の仕事についた。

解説 この問題で見るべきは a ······· agency の部分のみ。ほかの部分の意味をとって、いたずらに時間を使う必要はない。選択肢には「旅行」を意味する単語が並んでいるので、「旅行会社」「旅行代理店」の意味になるものを選ぶ。ここで解答となるのは travel agency のみ。traveling はもともと travel（旅行する）に ing がついたものなので「旅行すること」（名詞）、「旅行している」（形容詞）が本来の意味。そのほかに、形容詞としては「旅行用の」の意味で使う。trip は短い旅行のこと。tour は観光旅行や商用旅行全般に使うが、日本語の「ツアー（＝団体旅行）」とは必ずしも一致しないことに注意。「（劇団の）巡業」や「視察」の意味もある。

11

類義語（動詞）

the right words (verb)

動詞の類義語問題でもっとも注意すべきなのは、その動詞が**自動詞なのか他動詞なのか**という点です。とくに意味的に選択肢が絞れない場合には自動詞と他動詞の区別が決定的要素になることがよくあります。自他の区別をする場合には、それが受動的に使われているか能動的に使われているか、後ろに前置詞があるかどうか、目的語の名詞のあとに形容詞や名詞がもう1つないかどうかなどを見極めることも重要です。基本的な動詞の文法・語法情報については、『英語基本動詞辞典』（研究社）が網羅的です。

例題 1

Animals find it very difficult to …… to new environments.
- (A) adopt
- (B) adept
- (C) adapt
- (D) accept

解答　(C)

意味　動物が新しい環境に適応するのはかなり困難である。

解説　find it difficult to do「～するのが難しいとわかる」の構文で、it は to do 以下を指す形式目的語。adopt は「～を採用する」の意味の他動詞、adept は「熟達した」の意味の形容詞、adapt は「適応する」の意味の自動詞または「～を(…に)適合させる」の意味の他動詞、accept は「～を受け入れる」の意味の他動詞である。正解は adapt で、この単語には adapt oneself to A「自分自身を A に適合させる」のように再帰代名詞を目的語にする用法があり、この再帰代名詞が省略されて adapt to A「A に適応する」という自動詞用法が生まれた。adapt と adopt は綴りも発音も似ているので混同されがちであるが、adapt に含まれる apt は「ふさわしい、適した (suitable)」の意味で、aptitude「適性」とともに覚えるとよい。一方、adopt に含ま

れる opt は「選ぶ (choose)」の意味で、option「選択(肢)」や optional「選択可能な」とともに覚えておこう。

> **例題 2**
>
> The sudden drop in temperature was ……… by a defective thermostat.
>   (A) caused
>   (B) happened
>   (C) occurred
>   (D) committed

解答 (A)

意味 温度が突然低下したのは、サーモスタットの故障が原因であった。

解説 「引き起こす」の意味の類義語を選ぶ問題。cause は「～の原因になる」が原義の他動詞。A caused B. = B was caused by A. 「A は B を引き起こした＝B は A が原因で引き起こされた」という受動態による書き換えが可能であり、これが正解。happen と occur は「起こる、発生する」の意味の自動詞なので、×be happened by / be occurred by のように受動態では用いられない点が重要。commit は「(過失や罪を)犯す」の意味の他動詞で、単に何かを引き起こす意味では用いられない。

> **例題 3**
>
> He drove home after ……… the tank with gasoline.
>   (A) putting
>   (B) flowing
>   (C) inserting
>   (D) filling

解答 (D)

意味 彼はガソリンを満タンにしてから、車で家に向かった。

解説 後ろに前置詞 with があることに注目する。put は put A on / in / at B「A を B に置く」の形で場所を表す前置詞がくる。flow は自動詞で flow to / into A「A へ(向かって)流れる」の形で用いる。fill は fill A with B「A を B で満たす」の形で用いるので、これが正解。ガソリンスタンド (gas station) のことを filling station とも呼ぶことを覚えておこう。insert は insert A into B「A を B に差し込む」の形で用いる。

例題 4

The committee ……… his application, but decided he was not suitable.

   (A) apprised
   (B) appraised
   (C) allocated
   (D) assigned

解答 (B)

意味 委員会は彼の応募書類を査定したが、彼はふさわしくないと判断した。

解説 apprise は「～に通知する」、appraise は「～を評価する、査定する」、allocate は「～を分配する」、assign は「～を割り当てる」の意味。ここで his application「彼の応募書類」を目的語としてとりうるのは意味から言って appraise だけ。appraise に含まれる praise は「賞賛」の意味の名詞であり、さらにさかのぼると price「値段、価値」や prize「賞品、褒美」と同系の単語である。

例題 5

The newspaper article ……… him on his work in cancer research.

   (A) complimented
   (B) complemented
   (C) compliment
   (D) complement

解答 (A)

意味 その新聞記事はがん研究における業績に関して彼をほめ称えていた。

解説 compliment と complement は発音が同じうえに、意味的にも関連しているので非常に紛らわしい(かつてはどちらも complement と綴られて区別がつかなかった)。名詞の compliment は「賛辞、ほめ言葉」の意味で、動詞として compliment 〈人〉on〈事柄〉の形で用いると「ほめる、ほめそやす」の意味になる。「お世辞を言う」の意味でも用いられるが、flatter「おべっかを使う」と違って、積極的にほめるという意味である。名詞の complement は「補完するもの」の意味で、文法用語としては「補語」の意味 (SVOC の C)。動詞用法では「～を完全にする、補足する」という意味になる。

12 類義語（形容詞・副詞）

the right words (adjective & adverb)

形容詞・副詞の類義語を学習するのにもっとも有効なのは学習和英辞典です。学習和英辞典では、ある日本語に対応する英単語を複数載せているだけでなく、ニュアンスや用法の違いが説明されている場合も多く、非常に参考になります。**形容詞はなるべく類義語とともに覚える**ことが重要で、最近の学習英和辞典には「類義語」の欄を設けているものが増えてきましたから、ぜひとも活用してください。ただし、TOEICにおいてはニュアンスの観点から適切な形容詞・副詞を選ばせる問題はほとんどありません。動詞と同様に、語法における用法の差がある場合や、日本語に訳すと同じでも、英語では使う場面が明確に異なる単語の違いを判断させる問題がほとんどです。

例題1

His new book is ……. popular than his last book.
　(A) much
　(B) very
　(C) greatly
　(D) more

解答 (D)

意味 彼の新刊は前作より人気がある。

解説 than があることから、比較級になる more を選ぶ。popular は3音節語なので比較級は popularer ではなく more popular になる。last は「最近の」（＝most recent）の意味。

> **例題 2**
>
> Have you read the ……. edition of the monthly magazine yet?
>   (A) latest
>   (B) newly
>   (C) novel
>   (D) up-to-date

解答 (A)

意味 その月刊誌の最新号をもう読みましたか？

解説 edition は雑誌や新聞の「号」のことで、number を使うこともできる。冠詞と名詞にはさまれているので、空所には形容詞が入る。newly「新しく、再び」は new「新しい」の副詞形なので、候補から落とせる。new なら可能。novel は「新奇な」の意味で、これまでにない新しさをプラスに評価して述べるときの形容詞なので、ここではふさわしくない。up-to-date は「最新の、現在の」（＝時代や流行に遅れていない）の意味で、空所に入れると文意が不自然。新しさを述べる際に、「もっとも新しい」（＝過去において一番現在に近い）ことを表すには the latest か the most recent を使う。したがって、latest が正解。

> **例題 3**
>
> She was ……. enough to lend me some money.
>   (A) please
>   (B) kind
>   (C) gladly
>   (D) well

解答 (B)

意味 彼女は親切にも私にお金を貸してくれた。

解説 直訳は「彼女は私にいくらかお金を貸してくれるほど十分に親切だった」。please は「喜ばせる」の意味の他動詞で、「〈人〉が喜んで」の意味の形容詞は pleased となる。gladly「喜んで」も well「よく」も副詞なので、ここでは不適切。形容詞の kind「親切な」が正解。なお、副詞の enough はこのように形容詞の後ろに置いて後置修飾の形になるのが基本。lend A B で「A に B を貸す」の意味。

> **例題 4**
>
> An ⋯⋯ edition of the newspaper was distributed when the news broke.
>   (A) additional
>   (B) optional
>   (C) another
>   (D) extra

解答　(D)

意味　そのニュースが報じられたとき、新聞の号外が配られた。

解説　新聞の「号外」は an extra edition と言う。extra は形容詞 extraordinary の省略形で、本来は「通常 (ordinary) 以外の (extra)、特別の」の意味だった。additional は動詞 add「加える」の形容詞形で「追加の、付加的な」の意味。optional は「選択できる、オプションの」の意味。another は「(もう1つ)別の」。なお問題文で使われている break は「(ニュースが)報じられる、発表される」の意味の自動詞。break the bad news「悪い知らせを告げる」のように他動詞としても用いられる。

More Grammar Knowledge

副詞の多くは形容詞に -ly を付加した形だが、-ly をつけずに形容詞と同形で副詞として用いられる語があり、さらに -ly 形も共存している場合があるので注意が必要である。たとえば Don't speak so loud.「そんなに大声でしゃべるな」の loud は副詞であり、loudly としなくてもこのままで正しい (これを単純形副詞 [flat adverb] と呼ぶ)。loudly という副詞もあり、He always plays his music loudly.「彼はいつも音楽をやかましくかける」のように、どちらを用いてもよいケースも多い。一方、late「遅く」と lately「最近」のように意味が明確に異なる場合もあり、正確に使い分ける必要がある。The trains are running 5 minutes [late / lately].「電車は5分遅れて走っている」と、I haven't seen him [late / lately].「最近、彼に会っていない」のペアでは、前者は late、後者は lately を使うのが正しい。同様に、high / highly, wide / widely, right / rightly, near / nearly などの使い分けを調べておこう。

part 2
実力養成編

24問ずつ学習できるよう構成されています。文法セクションは、正解率を高めるだけでなく、短時間で解ききって、解答時間をできるだけ読解セクションに回すようにしなければなりません。文法問題はじっくり考えれば答えがわかるというものではないので、高スコアをとるには、条件反射的に正解がわかるレベルにまで文法知識を充実させていくことと、豊富に練習を積んでおくことがカギになります。Part 1で培った力をもとにここでしっかりトレーニングを積んで、盤石の実力を養成してください。

実力問題 1

01. His ······ with the town was pretty limited.
  (A) familiarity
  (B) familiar
  (C) familiarize
  (D) family

  Check! ➡ ☐☐☐

02. I am not allowed to describe the officers or refer ······ them by name.
  (A) in
  (B) on
  (C) to
  (D) for

  Check! ➡ ☐☐☐

03. Tom was warned ······ more punctual by his teacher.
  (A) be
  (B) to be
  (C) being
  (D) to being

  Check! ➡ ☐☐☐

04. It seems Mark wishes he ······ for the job.
  (A) applied
  (B) had applied
  (C) will apply
  (D) has applied

  Check! ➡ ☐☐☐

解答 (A) **分類** 品詞

意味 彼はその町のことについてはたいしてくわしくなかった。

解説 述語動詞 was に注目すると His から town までが文の主語であることがわかる。したがって His ... town 全体が名詞の働きをしているはず。familiar が形容詞、familiarize が動詞であることは、語尾の形から判断できる。名詞は family「家族」と familiarity「よく知っていること」の 2 つ。あとは文意からどちらが適切かを選ぶことになる。

解答 (C) **分類** 前置詞

意味 私がその警官たちを描写したり、氏名で言及したりすることは禁じられている。

解説 refer「言及する」という動詞を見たらただちに to を予測できなければならない。これは、refer という動詞がどのような前置詞を要求するかという問題で、to の用法を調べてもあまり意味がない。逆に言えば、本問で to が選べない人は refer という動詞が半分しかわかっていないということ。同様に、impose なら on、seek なら after か for ということまで覚えて初めてこれらの動詞を学んだことになる。

解答 (B) **分類** 動詞

意味 トムは先生からもっと時間に正確にならなければいけないと注意を受けた。

解説 受動態の問題のように見えるが、実は warn という動詞がどのような文型(動詞パターン)で使われるかを問う問題。他動詞の中には、I expect you all to be at the station on time.「全員、時間どおりに駅に集合するように」のように、〈動詞＋目的語＋to 不定詞〉のパターンをとるものが多くあるので、どの動詞がこの形で使えるのかを覚えていく必要がある。warn も、The teacher warned Tom to be more punctual.「先生はトムにもっと時間を守るようにと注意した」のように〈動詞＋目的語＋to 不定詞〉の形で使うことができる動詞で、これを受動態にすると本問の文になる。

解答 (B) **分類** 時制

意味 マークはその仕事に応募すればよかったと思っているらしい。

解説 仮定法の問題。TOEIC では仮定法過去よりも仮定法過去完了のほうが圧倒的に多く取り上げられるので、仮定法が苦手な人はまず仮定法過去完了の復習から始めるとよいだろう。事実を事実として述べるには、「現在［事実］→現在時制［表現］」「過去［事実］→過去時制［表現］」と時制もストレートに使えばよいが、仮定法は事実を頭の中で反転させて表現するため、ワンステップ増える。これが時制のズレになって現れる。マークが現実には「応募しなかった(＝He didn't apply for the job.)」ということがわかれば、それに対する仮定法の表現は「応募した(とすれば)＝he had applied for the job.」となる。

05. The forest grew ······ as we went deeper in.
   (A) thicker
   (B) the thicker
   (C) more thick
   (D) thickest

06. The boat is anchored in place ······ steel cables.
   (A) for the sake of
   (B) in terms of
   (C) in view of
   (D) by means of

07. It's not ······ to wear brown shoes with a morning coat.
   (A) precise
   (B) correct
   (C) accurate
   (D) exact

08. We must provide the ······ with parking facilities.
   (A) disable
   (B) disabled
   (C) disability
   (D) disablement

09. Pain can be quite severe ······ an injured limb recovers.
   (A) that
   (B) during
   (C) while
   (D) because

解答 (A) **分類** 比較
意味 奥に進むにつれて、森はますます深くなっていった。
解説 比較級といえば more ... than とすぐに思い浮かび、than が含まれていれば、それほど難しくないはず。問題なのは than なしの比較級のほう。Tom has grown stronger. 「トムは体力がついてきた」のように、「以前と比べて」の意味を含意する用法は簡単なように見えて意外に難しいもの。本問では thick の比較級が thicker か more thick かもポイント（正解は thicker）。形容詞の中には pleasanter/more pleasant や unhappiest/most unhappy のように -er/-est と more/most の両方の変化をするものもあるのでいっそう面倒になる。自信のない語については辞書で確認するほかない。

解答 (D) **分類** 前置詞
意味 そのボートは鋼鉄の綱を使って停泊地に固定されている。
解説 TOEIC ではこのような「群前置詞」（＝全体で1つの前置詞の働きをしている語句のこと）がよく出題される。大別すると本問のような〈前置詞＋名詞＋前置詞〉、because of / but for のような〈接続詞＋前置詞〉、away from / up to のような〈副詞＋前置詞〉の3つになるが、第1のパターンがもっともよく出題される。正解は by means of で「～を使って」の意味。in spite of ～「～にもかかわらず」/ with regard to ～「～に関して」/ in addition to ～「～に加えて」など代表的なものを例文とともに覚えていってほしい。

解答 (B) **分類** 類義語（形容詞・副詞）
意味 モーニングコートに茶色の靴を履くのは礼儀にかなっていない。
解説 名詞・動詞・形容詞の類義語の中でマスターがもっとも難しいのが形容詞。His answer was ……. なら選択肢はすべて使うことができるが、それぞれのニュアンスは異なる。また、本問の文脈、すなわち「礼儀にかなった、その場に適切な (suitable and right for a particular situation)」の意味で使えるのは correct のみ。類義語の辞典ももちろん役に立つが、TOEIC でよく取り上げられる基本的な形容詞とその類義語については、ひとつひとつ（なるべく英英辞典で）調べながらマスターしてしまったほうが、意外と近道だ。

解答 (B) **分類** 品詞
意味 障がいのある人々のために駐車用施設を設ける必要がある。
解説 述語動詞 must provide の直後で空所は目的語になるので、名詞か名詞に相当する語句が必要。しかし、語形だけから名詞である disability や disablement を選ぶと失敗する。disabled は動詞の過去形のように見えるが、実は「身体障がいのある」という意味の形容詞であり、the disabled の形で「身体障がいのある人々→障がい者」という名詞の働きをしている。これは定冠詞の特殊用法に属すが、使われる頻度は低くない。

解答 (C) **分類** 接続詞
意味 負傷した手足が回復していく過程では、激しい痛みがある場合がある。
解説 during と while はどちらも「～するあいだ」を意味するが、during は前置詞なので名詞句（述語動詞が含まれない）を従え、while は接続詞なので節（述語動詞が含まれる）を従える。本問では an injured limb recovers という節が続いているので、while が正解。during ＋名詞句の形に書き換えると during the recovery of an injured limb となる。during my stay / while I was staying「私の滞在中に」のようなパラフレイズを通して前置詞と接続詞の感覚の違いをしっかりつかみたい。

10. New laws relating to the period of liability for work are ······ being discussed.
    (A) currently
    (B) sufficiently
    (C) consequently
    (D) obediently

11. There are few people these days with ······ you can talk about a matter like this.
    (A) who
    (B) which
    (C) what
    (D) whom

12. ······ of you who would like to develop your driving skills should consider membership of your local GES Driving Association.
    (A) There
    (B) Theirs
    (C) These
    (D) Those

13. I ······ John recently.
    (A) am not seeing
    (B) didn't see
    (C) haven't seen
    (D) will be seeing

14. The child looked lost, ······ I asked him if I could help.
    (A) and so
    (B) therefore
    (C) that
    (D) for

解答 (A)　　　　　　　　　　**分類** 類義語（形容詞・副詞）
意味 業務責任を負うべき期間を決める新しい法律が討議されている。
解説 副詞と動詞のコロケーションだが、それぞれの語の意味がきちんとわかっていれば、たいていの場合は不適切な語は排除できる。currently「現在のところ」、sufficiently「十分に」、consequently「結果的に」、obediently「従順に」のうち、後者 2 語は意味的に合致せず、前者 2 語のうち sufficiently は discuss とのコロケーションに反する。

解答 (D)　　　　　　　　　　**分類** 疑問詞・関係詞
意味 最近ではこのような話題について話し合える人がほとんどいない。
解説 話し言葉では whom は絶滅寸前の関係代名詞だが、書き言葉ではしぶとく生き残っている。とりわけ、〈前置詞＋関係代名詞〉のパターンで頻繁に出題されるので、for whom / by which などの表現を、関係詞で結ばれる前の形に還元して理解できるようにしておくことが大切。本問は、talk about〈事〉with〈人〉という動詞型を知っていることが前提で、with〈人〉の部分が関係詞化されたもの。

解答 (D)　　　　　　　　　　**分類** 名詞・代名詞
意味 運転技術を向上させたい方は、お近くの GES 運転協会の会員になることをご検討ください。
解説 どれも同じように使えそうだが、of で限定をつけて「〜の人々」の意味になるのは those だけ。Those who ...「...である人々」や Those of you who ...「あなたたちの中で...な人」は格式ばった表現だが、フォーマルな文脈では多用される。

解答 (C)　　　　　　　　　　**分類** 時制
意味 最近、私はジョンに会っていない。
解説 for a long time が現在完了時制と結びつき、tomorrow が未来時制と結びつくように、特定の時制と結びつく副詞句がある。these days と recently はどちらも「最近」と訳せるが、前者は現在時制と結びつき、後者は現在完了と結びつくのが原則。よって (C) が正解。ex. I don't have much opportunity to go shopping these days.「近頃、買物に行く機会があまりない」

解答 (A)　　　　　　　　　　**分類** 接続詞
意味 その子どもは迷子になったようだったので、大丈夫ですかと私は尋ねた。
解説 独立した SV. というセンテンスどうしをカンマでつなげることはできない。×SV, SV. という文は run-on もしくは comma splice と呼ばれ、誤りとされる（ただし、小説などでは頻出する）。つなげるためには、SV 接続詞 SV. / 従位接続詞 SV, SV. のように接続詞を用いるか、SV; SV. のようにセミコロンを用いる（コロン (:) は不可）。順接の接続詞 and so が正解。therefore は副詞である。

15. ······ the quality of these wines is excellent, the quantity of each is too small for us to advertise in the normal way.
    (A) Despite
    (B) Despite of
    (C) Although
    (D) Because of

16. New building plans ······ at the moment by the construction company.
    (A) are preparing
    (B) prepared
    (C) have been prepared
    (D) are being prepared

17. ······ the government will have to give these people what they want immediately or it must take firm steps to end the strike.
    (A) Because
    (B) Either
    (C) Unless
    (D) So

18. We have ······ the appointments standard by offering more precise visiting times.
    (A) stronger
    (B) strength
    (C) strengthened
    (D) strongly

19. He landed a job in a well-known insurance ······.
    (A) office
    (B) business
    (C) company
    (D) corporation

解答 (C) **分類** 接続詞

意味 これらのワインは品質はすばらしいのだが、量が少なすぎて通常の形では宣伝できない。

解説 ×despite of は in spite of との混同で誤り。この誤用例は TOEIC でもよく出題される。despite は前置詞なので、本問のように節が続く形では使えない（Despite the fact that SV とすれば可能だが、まわりくどい）。接続詞の although もしくは even though を使う。続く語句が名詞句であれば、同じ意味で Despite the excellent quality of these wines と言うことができる。because についても、because 単独は接続詞で節が続き、because of は群前置詞で名詞句が続くという区別は基本事項。

解答 (D) **分類** 時制

意味 その建設会社によって、新しい建築計画が目下準備されつつある。

解説 文法学習において、受動態の進行形は「複雑な形式」として敬遠されがちだが、TOEIC においてはしばしば出題されるので注意が必要（ただし、主動詞の時制は単純現在か単純過去がほとんど）。at the moment「今現在、目下のところ」とあるので、本問のもとになった能動態の文は The construction company is preparing new building plans. まず動詞 prepare を受動態〈be＋過去分詞〉にすると be prepared となり、次にこの動詞 be を進行形〈be＋現在分詞〉にすると be being となる。両者を組み合わせたものが be being prepared で、これが受動態の進行形。「コピー機は今、修理中です」を The copy machine is being repaired now. とすぐに表現できるようにしてほしい。

解答 (B) **分類** 接続詞

意味 政府は彼らの要求に直ちに応じるか、ストを終結させるために断固たる措置をとるかのどちらかしかない。

解説 文後半の or に注目する。either X or Y は中学校で学習する語句だが、either SV1 or SV2.「SV1 するか、SV2 するかのどちらかしかない」のように文をつなぐ用法には慣れていない人が多い。Either say you're sorry or you'll be fired.「謝罪するか、さもなければクビになるかのどちらかを選びなさい」、Either Tim is at fault or Mary is.「ティムかメアリのどちらかが間違っている」のような構文は決してめずらしいものではない。

解答 (C) **分類** 品詞

意味 我が社では訪問時刻をより正確に提示し、面会基準を強化しました。

解説 have strength で「力がある」の意味になるが、それでは続く the appointments standard が浮いてしまう。また、have the stronger appointments standard という語順なら可能だが、×stronger the appointments … はありえない。この have は現在完了の have で、strengthen the appointments standard「面会の基準を強化する」という動詞 strengthen（の過去分詞）が必要になる。

解答 (C) **分類** 類義語（名詞）

意味 彼は有名な保険会社に就職した。

解説 名詞の類義語の使い分けを問う問題。選択肢の語はいずれも「会社」という意味で使うことができるが、「保険会社」という連結をなすのは insurance company のみ。このような観点から語彙を見直すためには、学習和英辞典を活用してほしい。「旅行」を引けば、travel/journey/trip/tour などの違いが用例とともに解説されているはず。

20. When the carpenter finished making the cabinet, he began ……… up his tools.
    (A) picking
    (B) taking
    (C) putting
    (D) setting

21. The board of directors has decided to pay ……… on its common stock in the fourth quarter of this year.
    (A) dividers
    (B) dividends
    (C) deliveries
    (D) duties

22. Ms. Chow is due to arrive at ……… ten o'clock tomorrow morning.
    (A) approximate
    (B) approximated
    (C) approximately
    (D) approximation

23. ……… the years, businesses have used various methods to rate employees.
    (A) Until
    (B) In
    (C) Across
    (D) Over

24. According to trademark law, a firm can ……… a trademark if it is not used for two years.
    (A) lose
    (B) lost
    (C) be lost
    (D) be losing

解答 (A)　　　**分類** 類義語（形容詞・副詞）
意味 大工さんはキャビネットを作り終えると、道具をまとめ始めた。
解説 句動詞は動詞のイメージを中心において理解していくことが大事であり基本だが、前置詞に焦点を当て、それと結びつく動詞をまとめて覚えてみるのも極めて効果的。つまり up を学ぼうとしたら、go up / get up / set up / take up / put up / pick up / come up のように列挙してみて、それらの共通イメージは何かを考えてみること。ここでは pick up「つまんで上げる」→「拾う」「片づけてまとめる」の意味。

解答 (B)　　　**分類** 類義語（名詞）
意味 取締役会は、同社の普通株に対する今年度第 4 四半期の配当金を支払うことを決定した。
解説 dividers は divide「分割する」に「～する人・物」を表す -er がついた形だから「仕切り」という意味。dividend は「（出資者に対する）配当金、利益」、delivery は deliver「配達する」の名詞形で「配達」、duty は「義務、任務」（複数形で「関税」という意味もある）。取締役会が決定したのは common stock「普通株」（⇔ preferred stock「優先株」）に対する dividends「配当金」を支払うこと。

解答 (C)　　　**分類** 品詞
意味 チャウさんは明日の朝 10 時頃に着くことになっています。
解説 空所は形容詞 ten にかかる語が入る。形容詞を修飾するのは副詞なので、(C) の approximately「おおよそ」が正解。approximate は形容詞では「近似の」という意味。動詞では「（数量が）～に近づく」という意味（-mate の発音の違いに注意）。be due to do は「～する予定である」。

解答 (D)　　　**分類** 前置詞
意味 長年にわたって、企業は従業員を査定するためにいろいろな方法を使ってきた。
解説 Over the years で「長年にわたって」という意味になる。over の基本の意味は「～を超えて」。until は「～まで（ずっと）」。in years という表現はあるが、否定の完了形や最上級と一緒に使われる。ex. They haven't used the machine in years.「彼らは何年もその機械を使っていない」。across は「～を横切って、～の向こう側に」で、時間を表す語句は目的語にとらない。

解答 (A)　　　**分類** 動詞
意味 商標登録法によると、企業は商標を 2 年間使わなければその商標を失うことがある。
解説 助動詞 can のあとなので原形が入る。(A) は lose「失う」の原形、(C) と (D) は be 動詞の原形なので、形だけ見れば 3 つの可能性があるが、空所のあとに a trademark という名詞があるので受け身形の (C) は不可 (lose は目的語を 1 つしかとらないので、受け身にしたとき、過去分詞の後ろに名詞が残ることはない）。また「法律では…と規定されている」と現在の事実を述べている文なので、(D) のように進行形にはならない。したがって (A) が正解。

実力問題 2

01. New software ……… that should reduce employee training time.
　　(A) to develop
　　(B) developing
　　(C) is being developed
　　(D) to be developed

02. On all city buses, passengers must pay the fare in ……… change.
　　(A) equal
　　(B) even
　　(C) exact
　　(D) existing

03. The stock market closed after a day of ……… trading in government bonds.
　　(A) actively
　　(B) activated
　　(C) activity
　　(D) active

04. Mr. Menotti's decision to retire did not have ……… at all to do with his health.
　　(A) anything
　　(B) nothing
　　(C) something
　　(D) everything

解答 (C)　　　　**分類** 動詞
意味 社員研修の時間が削減できる新しいソフトが開発されつつある。
解説 that 以下は主語が欠けているので that が関係代名詞だとわかる。本来は [New software] [that should ... time] +〈述語動詞〉という語順だったものを、主語が長くなってしまうため、関係詞節を述語動詞のあとに後置した形。述語動詞は is being developed という受動態の進行形。ソフトウェアは develop されるものなので受け身形になり、「現在、開発中」なので現在進行形になっている。

解答 (C)　　　　**分類** 類義語（形容詞・副詞）
意味 すべての市バスにおいて、乗客はお釣りのいらないようぴったりの小銭で料金を払わなければならない。
解説 fare は「（交通機関の）料金」、change はここでは「小銭、釣り銭」という意味の名詞（不可算用法）。in exact change で「ぴったりの小銭で」という意味。equal は「同等の、平等の」、even は形容詞では「偶数の、貸し借りのない、水平の、均一の」。existing は「既存の」という意味で限定用法（名詞を前から修飾する用法）のみに用いる。

解答 (D)　　　　**分類** 品詞
意味 株式市場は国債の取引が活況のうちに引けた。
解説 空所は、前置詞 of のあとであり、名詞 trading の前にあるので形容詞が入る。形容詞は active「活動的な。活発な」のみ。-tive は「～的な傾向・性質を持った」という意味の形容詞をつくる。actively は副詞で「活発に」。activate は動詞で「作動させる、活発にする」。activity は名詞で「活動」。

解答 (A)　　　　**分類** 名詞・代名詞
意味 メノッティ氏が引退の決意をしたことは、彼の健康状態とはまったく関係がなかった。
解説 have something to do with ～ で「～と（多少）関係がある」。at all は前にある否定語を強めて「まったく（～ない）」という意味。否定文では some を any に代える。したがって (A) anything が正解。have nothing to do with ～「～とまったく関係がない」、have little to do with ～「～とはほとんど関係がない」という言い方もある。

05. The issue of product liability is a very important one to companies ······ hazardous materials.
   (A) processed
   (B) processing
   (C) process
   (D) processes

06. After Mrs. Wilson returned from the negotiations in Mozambique, ······ was interviewed by a prominent business magazine.
   (A) she
   (B) it
   (C) her
   (D) their

07. Ms. Woo is ······ qualified for the job than any other candidate interviewed so far.
   (A) more
   (B) most
   (C) best
   (D) very

08. Professor Calvin's course deals with the chemistry of ······ pollution.
   (A) environment
   (B) environmental
   (C) environmentally
   (D) environmentalist

09. When I first met him, he seemed far ······ computer literate than the other trainees.
   (A) least
   (B) less
   (C) lesser
   (D) less than

解答 (B)　　**分類** 動詞

意味 危険物の処理を業務とする企業にとって、製造物責任の問題はとても重要である。

解説 liability は「責任・義務」の意。述語動詞が is の SVC 構文。代名詞 one は主語の issue を指し、「～は重要な問題だ」が文の要旨。to ～ 以下は「～にとって」。空所は companies を修飾する語が入ると推定できる。companies are processing という関係が成り立つので、(B) が正解。

解答 (A)　　**分類** 名詞・代名詞

意味 ウィルソンさんはモザンビークでの交渉を終えて戻ったあと、有力ビジネス誌のインタビューを受けた。

解説 After で始まる従節はカンマまでで完結しているので、空所には主節の主語が入る。ここも従節の主語と同じ Mrs. Wilson が主語なので、she が正解。negotiation は「交渉」、prominent は「著名な」。

解答 (A)　　**分類** 比較

意味 ウーさんはこれまで面接したどの候補者より、その仕事に適任である。

解説 空所のあとに than が出てくるので比較級になるとわかる。qualified は qualify 「資格を与える」の過去分詞の形容詞用法で「資格がある」の意味。「より資格がある、より適任である」という意味で more qualified とする。

解答 (B)　　**分類** 品詞

意味 カルヴィン教授の講座では環境汚染の化学を扱う。

解説 空所は前置詞 of と名詞 pollution「汚染」に挟まれているので、形容詞が入る。形容詞 is environmental「環境の」のみ。-al は「～に関連した」という意味の形容詞をつくる。environmentalist は「環境保護主義者」のこと。deal with ～ は「～を扱う」の意味。

解答 (B)　　**分類** 比較

意味 初めて彼に会ったとき、彼は他のどの研修受講者と比べても、はるかにコンピューター音痴であるように思われた。

解説 空所のあとに than があるので、比較級になる。literate はもともとは「識字能力がある」という意味の形容詞だが、前に名詞を伴って「～に通じている」という合成語をつくる。computer literate は「コンピューターが使える」という意味で、1語の形容詞と考えてよい（反対の「コンピューターが使えない」は computer illiterate）。ここは「～よりさらにコンピューターが使えない」という劣勢比較なので、less が正解。なお、far は比較級を強める副詞で、「ずっと、はるかに」の意味。

10. The shipment was refused ······ damaged containers.
    (A) according to
    (B) as a result of
    (C) because of
    (D) by reason

11. Psychologists are concerned with the many tensions ······ from overcrowding in cities.
    (A) are arisen
    (B) that arise
    (C) have arisen
    (D) that they arise

12. Mr. Ganz had to refer to the manual ······ he could run the copy machine.
    (A) how to
    (B) whatever
    (C) so that
    (D) as to

13. Wake Island is a natural stopping point for ships and planes ······ the Pacific Ocean.
    (A) cross
    (B) crosses
    (C) crossed
    (D) crossing

14. The factory's ······ has tripled since the introduction of the automated assembly line.
    (A) overturn
    (B) input
    (C) upturn
    (D) output

解答 (C)　　　　　　　　　　**分類** 前置詞
意味 コンテナが壊れているという理由で、船積みを拒否された。
解説 damaged containers「壊れたコンテナ」のせいで船積みを拒否されたというのが文意なので、空所には、理由・原因を表す表現が入る。理由・原因を表すのは、(C) の because of ～ と (D) の by reason だが、by reason はあとに of ～ や that SV が必要。したがって、because of が正解になる。according to ～ は「～にしたがって、～によると」、as a result of ～ は「～の結果として」。shipment は「船積み、出荷」

解答 (B)　　　　　　　　　　**分類** 疑問詞・関係詞
意味 心理学者たちは、都市の過密が生むさまざまな緊張状態について懸念している。
解説 be concerned with [about] ～ で「～を心配している」。overcrowding は「過密状態」という名詞。many tensions までで文が完結しているので、述語動詞になるような (A) are arisen や (C) have arisen は入りようがない。空所以下は many tensions を修飾する関係代名詞節。many tensions が arise「起こる、生じる」の主語になるので、(D) の they は不要。正解は (B) that arise。

解答 (C)　　　　　　　　　　**分類** 接続詞
意味 ギャンツ氏は、コピー機を始動させるのにマニュアルを参照しなければならなかった。
解説 refer to ～ は「～を参照する」、run はここでは他動詞で「(機械などを)作動させる」という意味。文意を考えれば「動かすために参照する」という因果関係がつかめる。空所の前後はそれぞれ完全な文になっているので、空所には文と文をつなぐ接続詞が必要。so that は、A so that B. で「B する [できる] ように A する」という意味で、これが正解。その他は接続詞としては使えない。

解答 (D)　　　　　　　　　　**分類** 動詞
意味 ウェイク島は太平洋を横断する船舶と航空機にとって天然の停泊中継地点になっている。
解説 cross は「～を横断する」という他動詞。この文の述語動詞は is だから、空所に入るのは述語動詞ではなく、ships and planes「船舶や飛行機」を修飾する分詞の形。船舶や飛行機は the Pacific Ocean「太平洋」を cross する（能動→現在分詞）のか cross される（受動→過去分詞）のかと考えれば、現在分詞の crossing が正解とわかる。

解答 (D)　　　　　　　　　　**分類** 類義語（名詞）
意味 その工場の生産高は、自動組立ラインの導入以来、以前の 3 倍に増えた。
解説 overturn は「転覆、(政府の)打倒」、upturn は「(待遇・状況などの)上昇、好転」という意味。input と output は「入力」「出力」というコンピューター用語であるが、そのほかに input には「助力、援助」、output には「生産高、作品数」などの意味がある。「自動化された組立ラインによって 3 倍になった」のは工場の「生産高」。したがって output が正解。

15. I sent a message by e-mail ...... just years ago I would have sent by fax.
    (A) which
    (B) why
    (C) when
    (D) who

16. ...... planning sessions usually take about an hour.
    (A) A
    (B) Ours
    (C) These
    (D) Theirs

17. An independent accounting company checks the firm's books ...... year.
    (A) the
    (B) each
    (C) alike
    (D) during

18. All shipments entering the country must be accompanied by an official ...... from the government.
    (A) agency
    (B) administration
    (C) document
    (D) freight

19. Campfires should be thoroughly ...... before campers leave the campsites.
    (A) exhausted
    (B) extinguished
    (C) distinguished
    (D) demolished

解答 (A)　　**分類** 疑問詞・関係詞
意味 電子メールでメッセージを送ったが、何年か前ならファックスで送っただろう。
解説 have sent のあとに目的語が欠けているので、空所には関係代名詞が入るはず。先行詞は e-mail ではなく、have sent の目的語になる a message。したがって、which が正解。

解答 (C)　　**分類** 名詞・代名詞
意味 このような企画会議は通常1時間ぐらいかかる。
解説 planning sessions と複数形になっているから、単数を示す不定冠詞 A は不可。Ours も Theirs も「～のもの」という独立所有格なので、名詞を従えることはない。したがって、These が正解。

解答 (B)　　**分類** 形容詞・副詞
意味 その会社の帳簿は毎年、独立系の会計事務所が監査を行なっている。
解説 選択肢の中で year の前に置けるのは the と each だけ。alike は限定用法(名詞を前から修飾する)では使えないし、year が during という前置詞のあとにくる場合は、a / the year と冠詞が必要。では、the と each のどちらかと言えば、the year では前の部分とつながらないので不可。each year は形の上では名詞句だが、「毎年」という副詞として使われている。this year「今年」、that month「その月」、next week「来週」などと同様、前置詞をつけずに使うことに注意。

解答 (C)　　**分類** 類義語 (名詞)
意味 輸入されるすべての積み荷には、政府の公文書が添付されていなければならない。
解説 agency は「代理店」。administration は「管理、運営」という抽象名詞で、the がつくと「経営者、政府、行政機関」という意味になる。document は「文書、書類」、freight は「貨物(輸送)」という意味。accompany は「～に伴う、～を添える」。shipment「積み荷」に添えられていなければならないのは official document「公文書」。

解答 (B)　　**分類** 類義語 (動詞)
意味 キャンパーは、キャンプファイアーの火を完全に消してからキャンプ場を出ること。
解説 exhaust は「疲れさせる、使い果たす」、extinguish は「(火・光を)消す」、distinguish は「区別する」、demolish は「(建物などを)取り壊す」という意味。キャンプファイアー、すなわち火は extinguish されなければならない (消火器は fire distinguisher という)。なお、extinguish は put out で言い換えられる。

20. Before we make final plans, we would like your opinion about this ······· schedule.
    (A) tenuous
    (B) talented
    (C) temperate
    (D) tentative

21. The lawyers need more time before they are ready to ······· their case to the jury.
    (A) study
    (B) discuss
    (C) present
    (D) talk

22. When the experiment was completed, the scientists were ······· by the results.
    (A) to surprise
    (B) surprises
    (C) surprised
    (D) surprising

23. The president's opening speech ······· the need for innovation and creativity in the workplace.
    (A) stressed on
    (B) stressed
    (C) was stressed
    (D) was stressed on

24. Airline fares are expected ······· down in response to declining fuel prices.
    (A) coming
    (B) to come
    (C) for coming
    (D) come

解答 (D)　　　　**分類** 類義語 (形容詞・副詞)
意味 最終プランをつくる前に、**仮日程**についてご意見をうかがいたいのですが。
解説 「final plans をつくる前に」と言っているのだから、まだ「仮のスケジュール」だということ。「仮の、試験的な、暫定的な」は tentative で表す (「控えめな、遠慮がちな」という意味も持つ)。tenuous は「(意見などが) 内容の乏しい、(根拠・関係が) 弱い」、talented は「才能のある、有能な」、temperate は「(気候が) 温暖な」という意味。

解答 (C)　　　　**分類** 類義語 (動詞)
意味 弁護士たちは、陪審団に今回の事件を提示する準備にもう少し時間を必要としている。
解説 弁護士たちが何の準備をしているかというと、the jury「陪審団」に対して the case「訴訟事件」を …… するための準備。study は「〜を研究する、勉強する」で to〈人〉は必要ない。discuss「〜について話し合う」は discuss〈事柄〉with〈人〉の形をとる。talk は自動詞で talk (about〈事柄〉) with [to]〈人〉の形で「(〈事柄〉について)〜と話す」。present「提示する」は present〈物〉to〈人〉か present〈人〉with〈物〉の形で用いるので、これが正解。

解答 (C)　　　　**分類** 動詞
意味 実験が終わったとき、科学者たちはその結果に驚いた。
解説 surprise は「〈人〉を驚かせる」という他動詞なので、「その科学者たちが驚いた」は the scientists were surprised と受け身の形にしなければならない。驚きの原因となるものは、by 〜 / with 〜 / at 〜 などの前置詞句や that 節で表す。

解答 (B)　　　　**分類** 動詞
意味 社長の開会のスピーチでは職場における革新と創造性の必要性が強調された。
解説 stress は「〜を強調する」という意味の他動詞なので、on は不要。speech が the need を強調したということなので受け身にする必要もない。innovation は「革新」、creativity は「創造性」、workplace は「職場」の意味。

解答 (B)　　　　**分類** 動詞
意味 航空運賃は燃料価格の下落に応じて下がると予想される。
解説 be expected to do で「〜することが期待されている」の意。to 不定詞以外の選択肢はすべて不可。in response to 〜 は「〜に応じて」の意味で、こちらの to は前置詞。

実力問題 3

01. Most of the transportation ⋯⋯ is outdated, in need of repair, and not cost-effective.
    (A) equipments
    (B) equipment
    (C) equipage
    (D) equipping

02. Recently the demand for these goods has increased ⋯⋯ than the supply.
    (A) fastest
    (B) fast
    (C) more fast
    (D) faster

03. The semiannual stockholders meeting will ⋯⋯ at the end of August at a resort in the mountains.
    (A) hold
    (B) be held
    (C) be hold
    (D) be holding

04. When people over fifty go on vacation, they spend ⋯⋯ money than their younger counterparts.
    (A) many more
    (B) very more
    (C) much more
    (D) too more

解答 (B)　　**分類** 名詞・代名詞
意味 その輸送設備の大部分は時代遅れで修理が必要な状態であり、費用効果も低い。
解説 equipment「設備・装置」は不可算名詞なので複数形にはならない。不可算名詞を受ける動詞は常に単数形で、それは most of ～ がついても同じこと。よって (B) equipment が正解。equipage は「(軍隊の)装備、従者つき馬車」。outdated は「旧式の、時代遅れの」、in need of ～「～を必要として」、cost-effective は「費用に対して効果の高い」。

解答 (D)　　**分類** 比較
意味 最近、これらの商品に対する需要が拡大し、供給が追いつかない。
解説 空所のあとに than があるので、比較級になることを瞬間的に見抜くこと。fast は 1 音節の単語なので、比較級は -er をつけて faster となる。demand は「需要」、supply は「供給」の意味。

解答 (B)　　**分類** 動詞
意味 半年ごとの株主総会が 8 月末に、山間のリゾート地で開催される予定です。
解説 hold は「(会議など)を開く」の意の他動詞。空所のあとに目的語となる名詞が存在せず、主語が meeting となっているので、動詞は受け身にしなければならない。semiannual は「半年ごとの、年 2 回の」という意味。semi- は「半分の」を表す。annual は「年 1 回の、1 年間の」。

解答 (C)　　**分類** 比較
意味 50 歳以上の人が休暇で出かけると、50 歳未満の人よりずっとたくさんお金を使う。
解説 money は不可算名詞なので、比較級を強調するときは、much[far] more money となる。many more ～ は可算名詞のときに使う (more friends「より多くの友人」の強調形は many more friends「ずっと多くの友人」となる)。counterpart は「同等のもの、対になるもの」の意味。

05. The company has a long history that dates back to its founding shortly after the end of ‥‥‥.
    (A) the World War II
    (B) Second World War
    (C) World War the Second
    (D) Wolrd War II

06. The witness's ‥‥‥ of the robbery matched the details in the police officer's report.
    (A) verbal description
    (B) verbal describe
    (C) verb description
    (D) verbal describer

07. "The 24" chain has convenience stores in major cities and will ‥‥‥ expand to the suburbs and to rural towns and villages.
    (A) exceptionally
    (B) evenly
    (C) eventually
    (D) excellently

08. The company issued more stock in order to raise additional ‥‥‥.
    (A) capitalization
    (B) capitalists
    (C) capitalism
    (D) capital

09. Mr. Watkins came to Sydney not only to attend the seminar ‥‥‥ to watch the boat races.
    (A) too
    (B) also
    (C) but
    (D) and

解答 (D) **分類** 形容詞・副詞
意味 その会社は長い歴史を持ち、その設立は第二次世界大戦直後までさかのぼる。
解説 「第二次世界大戦」は、World War II [WWII]（world war two と読む）あるいは the Second World War である。WWII には the がつかず、Second World War には the が必要。

解答 (A) **分類** 品詞
意味 その強盗に関する目撃者の証言は、警察官の調書と詳細まで合っていた。
解説 〈名詞の所有格〉と前置詞 of にはさまれているので空所全体で名詞となる。(B) は〈形容詞〉+〈動詞〉、(C) は〈動詞〉+〈名詞〉でいずれも名詞にはならない。(A) と (D) は〈形容詞〉+〈名詞〉という正しい組み合わせだが、意味から考えて description「描写」が正解。-er は「〜する人［もの］」。

解答 (C) **分類** 類義語（形容詞・副詞）
意味 「ザ・24」チェーンは主要都市にコンビニエンス・ストアを展開しており、いずれ郊外や地方の町や村にも進出する予定だ。
解説 選択肢はいずれも副詞。exceptionally は「例外的に、並外れて」、evenly は「均等に、むらなく」、eventually は「最後には、結局は、いずれは」、excellently は「見事に」。現在、主要都市にチェーンを持つコンビニが、将来は the suburbs「郊外」（冠詞をつけ、複数形で使う）や rural towns and villages「田舎の町や村」までチェーンを拡大するだろう、ということなので、eventually「最終的には」がもっとも適切。

解答 (D) **分類** 類義語（名詞）
意味 その会社は、資本金を増やすために発行株数を増やした。
解説 capitalization は「（企業の）資本金総額、資本構成」、capitalist は「資本家、資本主義者」、capitalism は「資本主義」。stock「株」を発行することで得られる「資本金」には capital を使う。なお、capital には「大文字」という意味もあるので capitalization は「大文字で書くこと」という意味にもなる。

解答 (C) **分類** 接続詞
意味 ワトキンスさんがシドニーに来たのは、セミナーに参加するだけでなく、ボートレースを観戦するためでもあった。
解説 not only A but also B で「A だけではなく B もまた」という意味。等位接続詞の一種で、A と B には文法的に対等な語句が入る。also はしばしば省略される。

10. The company has been in business for over a century since it was ……. in 1880.
    (A) found
    (B) found out
    (C) founding
    (D) founded

11. The engineer expressed a strong ……. in visiting the construction site.
    (A) tendency
    (B) appearance
    (C) attitude
    (D) interest

12. We are pleased to announce that the ……. issue of the magazine sold out completely.
    (A) initial first
    (B) first
    (C) firstly
    (D) number one

13. Mary enjoyed the concert, but Raymond found it …….
    (A) bore
    (B) boring
    (C) bored
    (D) bores

14. Companies wishing to expand their business are finding it difficult to obtain ……. from banks.
    (A) financier
    (B) financial
    (C) financing
    (D) financed

解答 (D) **分類** 動詞
意味 その会社は 1880 年の創立以来、1 世紀以上も営業を続けている。
解説 found は find「見つける」の過去・過去分詞でもあり、「設立する」という意味の動詞 found の原形でもある。ここは「1880 年に設立された」と言いたいので、found の過去分詞形 founded が正解。同義語 establish も同時に覚えること。

解答 (D) **分類** 類義語 (名詞)
意味 そのエンジニアは、建設現場を訪問することに強い興味を示した。
解説 tendency (to [toward] ~) は「(~の)傾向」、appearance は appear「現れる、~のように見える」の名詞形で「出現、外見」という意味。attitude (to [toward] ~) は「(~に対する)態度、考え方」、interest (in ~) は「(~に対する)興味」。express「表明する」の目的語としてふさわしい名詞で、空所のあとにある前置詞 in と結びつくのは interest だけ。

解答 (B) **分類** 類義語 (形容詞・副詞)
意味 おかげさまでこの雑誌の創刊号は完売いたしました。
解説 initial も first も「最初の」という意味だが、initial はある程度の期間が続くものに使い、first は1つずつ数えられるものの1番目というニュアンスがある。したがって、「初任給」は an initial salary、「初期症状」は an initial symptoms というが、雑誌のように1号、2号と数えられるものは the first issue, the second issue という。

解答 (B) **分類** 動詞
意味 メアリはコンサートを楽しんだが、レイモンドは退屈だと思った。
解説 bore は「〈人〉を退屈させる」という意味の他動詞。この動詞から boring「〈物事〉が退屈な」と bored「〈人〉が退屈して」という2つの形容詞が派生する。find + O + C は「O が C であるとわかる」の意で、O = C の関係が成り立つ。it は前出の the concert を指すので、(B) が正解。

解答 (C) **分類** 品詞
意味 事業拡張を望む企業は今、銀行から融資を受けるのが困難であることを感じている。
解説 obtain「獲得する」の目的語なので空所には名詞が入る。financier「財政家、出資者」は名詞だが、可算名詞であり、可算名詞の単数形が単独で文中に使われることはないので不可。obtain financing で「融資を受ける」の意味になる。financing は動詞 finance「資金を調達する」から派生した名詞で「資金調達、融資」の意味。financial は「財政上の、金融の」という形容詞。

15. It is theoretically possible to ……… the president's decision, but highly unlikely.
    (A) overlay
    (B) overrule
    (C) overrun
    (D) oversimplify

16. If present trends continue, energy consumption ……… less rapidly in the next decade.
    (A) will increase
    (B) is increasing
    (C) has increased
    (D) will be increased

17. Last night trade negotiators finally reached an ……….
    (A) amendment
    (B) alignment
    (C) agreement
    (D) allotment

18. Winters in Tokyo are no ……… than those in Washington.
    (A) so cold
    (B) as cold
    (C) colder
    (D) coldest

19. There is some question as to whether Mr. Brandt's research assistants can complete the investigation ……….
    (A) its own
    (B) their own
    (C) himself
    (D) themselves

解 答 (B)　　　　　　**分 類** 類義語（動詞）

意 味 社長の決断を覆すことは、理論上は可能だが、まずあり得ないことである。

解 説 共通の接頭辞 over- は「〜の上を越えて」という移動・位置関係および「限度を超えて、過度に」の意味を表す。正解は (B) で、overrule a decision は「決定を覆す」の意味。裁判で異議を「却下する」の意味にも用いられる。(A) overlay は「〜に上に重ねる」がもともとの意味で、コンピューター関連では「オーバーレイ（プログラムをメモリ上に上書き）する」の意味。(C) overrun は「〜を超える、圧倒する」、(D) oversimplify は「〜を単純化しすぎる」の意味。

解 答 (A)　　　　　　**分 類** 時制

意 味 現在の傾向が続けば、エネルギー消費量の増加は今後 10 年間で多少緩やかになるだろう。

解 説 in the next decade は「次の 10 年間で」の意味だから、時制は未来。increase には「増大する」という自動詞と「増大させる」という他動詞の用法があるので (A) の will increase か (D) の will be increased か迷うが、文意を考えれば自動詞ととるほうが自然。

解 答 (C)　　　　　　**分 類** 類義語（名詞）

意 味 昨夜、貿易交渉の担当者たちはようやく合意に達した。

解 説 amendment は「修正、改正」（＞amend [動]）、alignment は「整列、提携、連合(体)」（＞align [動]）、agreement は「同意、協定、契約、一致」（＞agree [動]）、allotment は「割り当て、分配」（＞allot [動]）。reach an agreement on 〜 で「〜についての協定を結ぶ、合意に達する」の意。

解 答 (C)　　　　　　**分 類** 比較

意 味 東京の冬はワシントン同様、寒くない。

解 説 空所のあとに than があるので比較級 colder が正解。ここは意味に注意したい。no〈比較級〉than 〜 は「〜と同様に〈形容詞〉ではない」の意味で、as〈対の意味の形容詞〉as とほぼ同じ意味になる。no colder than 〜 なら as warm as 〜「〜と同じくらいには暖かい[寒くない]」の意味である。

解 答 (D)　　　　　　**分 類** 名詞・代名詞

意 味 ブラント氏の研究助手が彼らだけで調査を終わらせることができるかどうか、やや疑問がある。

解 説 as to 〜 は「〜について」（＝about）の意味で、前置詞と同じ働きをしている。その目的語になっているのが、whether SV「SV かどうか」という名詞節。whether 節の中の述語動詞 complete は目的語を 1 つだけしかとらないので、空所の前までで文は完結している。したがって、主語を強調する用法の再帰代名詞を入れる。whether 節の主語が Mr. Brandt's research assistants と複数になっているので、themselves が正解。ex. The pupils did the work themselves.「生徒は自分たちでその作業をした」

20. It was a painful decision to make, ······ a majority of stockholders supported it.
    (A) except
    (B) but
    (C) nor
    (D) or

21. Because of all the holiday events, Sunday's edition will carry ······ instead of four.
    (A) fifth sections
    (B) section five
    (C) five sections
    (D) the five sections

22. Before he left the company, Mr. Romero submitted his ······ to the head of his department.
    (A) reversal
    (B) resignation
    (C) registration
    (D) remittance

23. Employees using company machines to make personal copies must pay for ······ at the end of each week.
    (A) it
    (B) its
    (C) their
    (D) them

24. Even a child can assemble the furniture by ······ the instructions in the manual.
    (A) looking
    (B) following
    (C) going
    (D) doing

解答 (B)　　**分類** 接続詞
意味 それは苦渋の決断だったが、株主の大半はそれを支持した。
解説 文意を考えれば、ここは対立を表す but がもっともぴったりくる。except は接続詞として用いられると「…でなければ」という意味。nor は通常、前に否定語があるときに使われる。また、nor のあとに節がくる場合は主語と(助)動詞の倒置が起きて … nor did a majority of stockholders support it. となる。or は「A か B」という選択を表す。

解答 (C)　　**分類** 形容詞・副詞
意味 休日のイベントがたくさんあるので、日曜版はいつものように 4 つではなく 5 つのセクションで構成される。
解説 instead of four (sectons)「4 セクションではなく」に対応する数量表現なので、five sections となる。序数詞の fifth は不可。無冠詞の section five は通常、Section Five と大文字にして、セクション名を表すときに用いる。the five sections と定冠詞がつくと、特定の 5 つのセクションということになるので、この場合は不可。

解答 (B)　　**分類** 類義語 (名詞)
意味 ロメロさんは、退職する前に所属部署の部長に辞表を提出した。
解説 re- は 'back' あるいは 'again' を意味する接頭辞。reversal は「反転、逆転」、resignation は「辞任、辞表」(＞resign [動])、registration は「登録、記載」(＞register [動])、remittance は「送金(額)」という意味。会社を離れる前に部長に提出するのは resignation「辞表」。

解答 (D)　　**分類** 名詞・代名詞
意味 会社のコピー機を使って私用のコピーをとっている従業員は週末ごとにその支払いをしなければならない。
解説 pay for ～ は「～に(対する)お金を払う」ということ。何に対するお金かというと personal copies「個人的にとったコピー」のこと。複数形なので 代名詞で言い換えるなら them が正解。

解答 (B)　　**分類** 類義語 (動詞)
意味 マニュアルに書かれた指示に従えば、その家具は子どもでも組み立てられる。
解説 look と go は自動詞なので、あとに前置詞が必要。follow the instructions で「指示に従う」という意味。

実力問題 4

01. Their children seem to grow ⋯⋯ every time I see them.
  (A) tall
  (B) taller
  (C) tallest
  (D) the taller

02. The service committee will provide participants with ⋯⋯ copies upon request.
  (A) few of
  (B) plus
  (C) extra
  (D) couple

03. First-class passengers are provided ⋯⋯ blankets and reclining seats.
  (A) with
  (B) for
  (C) to
  (D) at

04. We will be able to advertise and ⋯⋯ the new model by June.
  (A) marketing
  (B) market
  (C) markets
  (D) marketed

解答 (B)　　**分類** 比較
意味 会うたびごとに、彼らの子どもたちは背が伸びているようだ。
解説 every time SV は「SVするたびごとに」(＝whenever SV)という意味。grow +〈形容詞〉は「〜になる」。「子どもたちに会ったときは、その前に会ったときよりも背が高くなっている」という意味なので、比較級の taller を選ぶ。

解答 (C)　　**分類** 形容詞・副詞
意味 サービス部では、参加者が請求すれば追加のコピーをお渡しします。
解説 with という前置詞と copies という名詞にはさまれているので、copies にかかる形容詞が入るとわかる。「追加の、余分な」という意味を表す extra が正解。few of の後ろにくる名詞には the や所有格などの限定詞が必要だし、plus は形容詞として使われる場合は「(正負のうち)正の、(陰陽のうち)陽の」という意味で「余分な、追加の」という意味にはならない。couple は a couple of 〜 という形で「2, 3の〜」という意味。

解答 (A)　　**分類** 前置詞
意味 ファーストクラスの乗客には、毛布とリクライニングシートが用意されています。
解説 provide〈人〉with〈物〉で「〈人〉に〈物〉を供給する」の意味。これはその受動態。provide〈物〉for〈人〉という形で使われることもある。

解答 (B)　　**分類** 動詞
意味 6月までにはその新モデルを広告し市場に出すことができるだろう。
解説 advertise は他動詞で目的語が必要。advertise の目的語になりうるのは the new model しかないので、空所に入るのは advertise と並列されている動詞だと考えられる。the new model は2つの動詞の共通の目的語。advertise が原形なので、同じ形である (B) market が正解。market は「〜を市場に出す＝販売する、売り込む」の意味。

05. The annual report predicts significant growth ······ the next two years.
    (A) onto
    (B) under
    (C) for
    (D) to

    Check!

06. Please help yourself to more salad ······ you like.
    (A) whoever
    (B) whichever
    (C) whenever
    (D) whatever

    Check!

07. Mrs. Lukas has a ticket on a flight ······ to leave for Singapore at noon.
    (A) scheduling
    (B) schedule
    (C) schedules
    (D) scheduled

    Check!

08. Our assistant editor, Mr. Kim, ······ in next month's marathon race.
    (A) running
    (B) ran
    (C) has run
    (D) is running

    Check!

09. Ms. Joyce began her presentation before the assembled group without ······ delay.
    (A) else
    (B) most
    (C) other
    (D) further

    Check!

解答 (C)　　**分類** 前置詞
意味 年次報告では、今後2年間の大幅な成長を予測している。
解説 期間を表す for が正解。他の3つの前置詞はいずれも the next two years とは結びつかない。onto は「〜の上へ（移動する・させる）」という意味で、動きを暗示する。significant は「重要な、かなりの」の意味だが、「統計的に有意な」の意味でも使う。

解答 (C)　　**分類** 疑問詞・関係詞
意味 お好きなときにサラダのおかわりをなさってください。
解説 関係詞に -ever のついた複合関係詞は名詞節か副詞節を導く。help oneself to 〜 は「（食べ物など）を自分で取り分ける」という意味。文意を考えると「いつでもお好きなときに」という意味にとるのが自然であり、whenever が正解。at any time that you like と言い換えられる。

解答 (D)　　**分類** 動詞
意味 ルーカスさんは正午発シンガポール行きの航空券を持っている。
解説 動詞の schedule は通常、be scheduled to do という受け身で用いて「〜する予定である」の意味になる。ここは a flight which is scheduled to ... の which is が省略された形、あるいは過去分詞が後ろから名詞を修飾している形なので、過去分詞の scheduled が正解。

解答 (D)　　**分類** 時制
意味 当社の編集スタッフであるキム氏は来月のマラソン大会に出場する予定です。
解説 述語動詞になるものがないので、空所には述語動詞が入る。したがって、(A) の running は不可。next month's marathon「来月行われるマラソン大会」とあるので、未来のことを表していることがわかるが、選択肢に will run がないので、is running が正解。現在進行形で確定性の高い未来を表すことができる。

解答 (D)　　**分類** 形容詞・副詞
意味 ジョイスさんは、（開始時刻を）それ以上遅らせることはせず、集まった人々の前でプレゼンテーションを始めた。
解説 delay には「延期する、遅らせる」「遅れる」という意味の動詞としての用法と「遅れ」という意味の名詞としての用法がある。without delay で「遅れずに、ぐずぐずしないで」という言い方になる。delay を修飾できる形容詞は further「さらなる」だけ。else は修飾する語の後ろにつく。most という最上級は the がないという文法上の理由のほか、文意からも不可。other「ほかの」も意味が通らないので不可。

10. Ms. Lewis ······ fulfills her sales targets.
    (A) conveniently
    (B) consistently
    (C) carelessly
    (D) casually

11. After a two-year suspension for repairs, traffic through the tunnel will ······ next week.
    (A) revoke
    (B) return
    (C) resume
    (D) release

12. Before we consider your application, we must have all the ······ information.
    (A) retail
    (B) reticent
    (C) relevant
    (D) relative

13. The woman in the green dress ······ is sitting at the end of the table is Ms. Archer.
    (A) where
    (B) which
    (C) who
    (D) when

14. Last month's poor sales figures mean that we must all do ······ this month.
    (A) more better
    (B) very better
    (C) the more better
    (D) much better

解答 (B)　　　**分類** 類義語（形容詞・副詞）
意味 ルイスさんはいつも確実に売上げ目標を達成する。
解説 conveniently は「便利に、好都合なことに」、consistently は「首尾一貫して、いつも変わらず」、carelessly は「不注意に、うっかりして」、casually は「何気なく、偶然に、普段着で」。fulfills her sales targets「売上げ目標を達成する」と現在形になっているので、これは習慣的な行為を表している。したがって、consistently がもっとも意味が通る。

解答 (C)　　　**分類** 類義語（動詞）
意味 そのトンネルは補修のため2年間不通になっていたが、来週再び開通する。
解説 revoke は「(決定・許可などを)取り消す」(他動詞)、return は「返却する」(他動詞)「戻る」(自動詞)、resume は「(中断していたことが/を)再開する」(自動詞/他動詞)、release は「解放する」(他動詞)という意味。補修のため2年間使えなかったトンネルが使えるようになって、通行を「再開する」(他動詞)わけだから、resume が正解。

解答 (C)　　　**分類** 類義語（形容詞・副詞）
意味 あなたの応募書類を審査する前に、われわれは関連するすべての情報を入手する必要があります。
解説 retail は「小売り」という意味の名詞で、retail price「小売り価格」のように形容詞的にも使われる。reticent は「無口な、控えめな」、relevant は「関連した、妥当な、適切な」、relative は「相対的な、比較的な」。ここでは relevant information「関連情報」がもっとも適切。

解答 (C)　　　**分類** 疑問詞・関係詞
意味 テーブルの端に座っている、緑の服を着た女性がアーチャーさんです。
解説 空所に入るのは is sitting の主語になる関係代名詞。先行詞は the woman で〈人〉だから who が正解。

解答 (D)　　　**分類** 比較
意味 先月は売上高がひどかったので、今月は全員がもっと頑張らなくてはならない。
解説 better はすでに比較級なのでさらに more は必要ない。強調の副詞をつけるのであれば much[far] better となるので (D) が正解。very が比較級を修飾することはない。sales figures は「売上高」のこと。

15. Living close to a supermarket, a school and a train station is very ……….
    (A) convenience
    (B) conveniently
    (C) more convenient
    (D) convenient

16. The longer a person smokes and the more cigarettes smoked per day, the ……… the health risk.
    (A) more great
    (B) more greater
    (C) greatest
    (D) greater

17. The crime was solved when the film from the hidden camera was ……….
    (A) process
    (B) to process
    (C) processing
    (D) processed

18. To obtain a driver's license you must take a road test and ……….
    (A) a writing test
    (B) a writer test
    (C) a wrote test
    (D) a written test

19. All members of the Personnel Division ……… attend next Monday's meeting.
    (A) is requiring to
    (B) are required to
    (C) are requiring to
    (D) is required to

解答 (D)　　　　　　　　　**分類** 品詞
意味 スーパー、学校、駅の近くに住んでいるととても便利だ。
解説 Living ... is ~ という SVC の構文。C（補語）は、very のあとなので形容詞と推定できる。convenience は名詞なので誤り。形容詞は convenient「便利な」。ちなみに、「コンビニ」は"便利な店"だが、a convenient store ではなく、a convenience store と〈名詞＋名詞〉の形を使う。

解答 (D)　　　　　　　　　**分類** 比較
意味 タバコを吸う期間が長くなれば長いほど、そして1日当たりの本数が多ければ多いほど、健康へのリスクは大きくなる。
解説 great は1音節語なので比較級は more great ではなく、greater。この文全体は the〈比較級〉~, the〈比較級〉...「~であればあるほど...だ」の形だが、前半の従節が2つになっている。後半は述語動詞 is あるいは will be が省略されている。

解答 (D)　　　　　　　　　**分類** 動詞
意味 隠しカメラのフィルムが現像されたとき、その犯罪は解決した。
解説 process はここでは「（写真を）現像する」の意味の他動詞。when 以下の節の主語は the film なので、was processed と受け身形になっていなければならない。

解答 (D)　　　　　　　　　**分類** 動詞
意味 運転免許を取得するためには、実技試験と学科試験を受けなければならない。
解説 運転免許を取得するには a road test「路上試験」と「筆記試験」を受けなければならない、が文の要旨。動詞の過去形は名詞を修飾することができないので (C) は論外。a writing test は「書く力のテスト」、すなわち「作文テスト」を意味する。ちなみに a reading test は「読む力のテスト」、すなわち「読解テスト」のこと。「筆記試験」は紙に書かれたテストということで a written test という。それに対して口頭で行なうテストは an oral test という。

解答 (B)　　　　　　　　　**分類** 動詞
意味 人事課の職員は全員、来週の月曜の会議に出席しなければならない。
解説 require は「~を求める」の意味の他動詞。受動態の be required to do で「~することを要求される」。主語は all members で複数形なので (B) are required to が正解。

20. One of the best suggestions made at the meeting ······ provide an orientation manual for each employee.
    (A) were to
    (B) was to
    (C) had to
    (D) was going to

21. Scouts from all of the television production companies are ······ looking for new talent.
    (A) continual
    (B) continueing
    (C) continually
    (D) continued to

22. Apparently, Mr. Loomis forgot to sign his name when he filled ······ the export documents.
    (A) over
    (B) with
    (C) in
    (D) into

23. We need someone who can type, take ······ and answer the phone.
    (A) a dictation
    (B) dictations
    (C) dictation
    (D) on dictation

24. Although he was very disturbed about personal problems, he tried to ······ happy.
    (A) look like
    (B) look alike
    (C) look at
    (D) look

解答 (B) **分類** 名詞・代名詞
意味 会議で出された中でもっともよかった提案の1つは、従業員ひとりひとりに指導マニュアルを与えるというものだった。
解説 この文の主語は最初の One から at the meeting までとかなり長いが、中心の語は one。したがって述語動詞は were ではなく was になる。One ... was to provide ... と不定詞が補語になっている構文。

解答 (C) **分類** 品詞
意味 あらゆるテレビ制作会社のスカウトは、常に新しい芸能人を探している。
解説 are ... looking for ~ という進行形を見抜ければ、空所は動詞 looking を修飾する副詞 continually でなければならないことがわかる。continually は「たえず、頻繁に」という意味(しばしば非難めいたニュアンスを含む)で進行形と一緒に使われることが多い。talent は「(生まれつきの)才能」、または集合名詞として「職業俳優[芸能人・タレント]たち」という意味。個々の「タレント」は a TV personality [star] という。

解答 (C) **分類** 前置詞
意味 見たところ、ルーミスさんが輸出書類を記入したとき、サインするのを忘れたようだ。
解説 fill in ~ で「~に記入する」。米語では fill out も「書類を完成させる」という意味を表す。export documents は「輸出書類」。fill with ~ は自動詞用法で「~でいっぱいになる」。fill + O + over/into ~ という形は可能だが、fill over/into ~ という句動詞はない。apparently は apparent「明らかな」という形容詞の副詞形だが、「見たところでは、どうやら」の意味で使われるのが普通。

解答 (C) **分類** 名詞・代名詞
意味 われわれは、タイプ、口述筆記および電話番ができる人を必要としています。
解説 dictation「口述筆記」は不可算名詞。take dictation で「口述されたものを書き取る」。この反対が give dictation「口述する」。phone は、by phone「電話で」と手段を表す場合を除き、the (あるいは所有格など) をつける。

解答 (D) **分類** 類義語 (動詞)
意味 彼は個人的な問題でかなり悩んでいたが、幸福であるように見せようとした。
解説 「問題を抱えていたけれども、happy であるように見せようとした」というのが文の要旨。look like ~ は「~のように見える」という意味だが、like は前置詞なので、あとには名詞が必要。look alike は「(主語がお互いに)よく似ている」の意味で、alike のあとにその他の語は必要ない。look at ~「見る」も at が前置詞なので後ろには名詞がくる。look +〈形容詞〉で「~のように見える」。

実力問題 5

01. They had tested the new airplane for three years ...... they finally decided to begin selling it.
    - (A) after
    - (B) although
    - (C) before
    - (D) because

02. The Kelvin Company has a resort center in Snow Valley for its executives ...... to go skiing.
    - (A) for which they
    - (B) which like
    - (C) who like
    - (D) in which they

03. During the 1990s, there was a ...... in the real-estate market, with land values rising sharply.
    - (A) boom
    - (B) bomb
    - (C) boon
    - (D) bond

04. ...... do you think of the research paper which Dr. Patmore has just published in that medical journal?
    - (A) What
    - (B) How
    - (C) Why
    - (D) When

解答 (C) **分類** 接続詞

意味 彼らは新しい航空機の販売を開始するまで、3年間にわたってテストを行なった。

解説 test「テストする」という動詞が過去完了になっているので、「テストした」のは「販売開始を決定した」よりも前であることがわかる。したがって before が正解。A although B. は「B だが、A」、A because B. は「B だから A」という意味。

解答 (C) **分類** 疑問詞・関係詞

意味 ケルヴィン社は、スキー好きの同社の重役陣のためにスノー・バレーにリゾート施設を持っている。

解説 executive は名詞で「重役(陣)」、すなわち〈人〉なので、関係代名詞は which ではなく who でなくてはならない。go + -ing 形で「〜しに行く」という意味になるが、-ing 形になる動詞は、shopping / surfing / skiing などスポーツや娯楽を表すものに限られる。

解答 (A) **分類** 類義語（名詞）

意味 1990年代、不動産市場は好況を見せ、地価が急激に上昇した。

解説 日本語の「ブーム」(市場が活況を呈している状態) を表すのは boom。(B) bomb は「爆弾」、(C) boon は「恩恵」(D) bond は「きずな、拘束、債券」の意。with [land values] [rising sharply] は、with A B の形で「A が B の状態で」という意味を表し、B には形容詞、現在分詞、過去分詞、前置詞句などがくる。

解答 (A) **分類** 疑問詞・関係詞

意味 パットモア博士があの医学雑誌に発表した研究論文をどう思いますか？

解説 「〜をどう思うか」と相手の意見を尋ねる言い方は What do you think of 〜 ?。How を使うのは、How do you feel about 〜 ? や How do you like 〜 ? で「〜をどのように感じるか」(＝好きか嫌いか) と相手の気持ちを尋ねる場合。このほか、how と what を混同しやすいのは、「これを英語でなんと言いますか」と名前を尋ねる場合。これも How ではなく What を使って、What do you call this in English? という。ただし、「このような場合、英語ではなんと言いますか」と表現を尋ねる場合は、How do you say it in English in a situation like this? と How を使う。

05. The country's three top banks are much safer investments than any of ······ competitors.
   (A) them
   (B) they
   (C) their
   (D) themselves

   Check!

06. She ······ a better job in the Frankfurt office but refused to leave New York.
   (A) offered
   (B) has offered
   (C) was offered
   (D) will be offered

   Check!

07. The government is considering ······ bank interest rates.
   (A) deregulation
   (B) deregulating
   (C) deregulate
   (D) deregulates

   Check!

08. Unfortunately, the deadline for ······ applications was last Friday.
   (A) submitting
   (B) submit
   (C) submits
   (D) submitted

   Check!

09. The shop gives substantial discounts to customers who ······ it regularly.
   (A) shop
   (B) patronize
   (C) buy
   (D) serve

   Check!

解答 (C)　　　**分類** 名詞・代名詞
意味 その国の上位3行の銀行は、他のどの銀行と比べてもはるかに安全な投資先である。
解説 全体の意味がとれればやさしい問題。competitor は「競争相手」。主語になっている three top banks の競争相手ということだから、their が入る。肯定文で使われる any は「すべて(の)、いかなる」(=all) という意味を表す。

解答 (C)　　　**分類** 時制
意味 彼女はフランクフルト事務所への栄転を打診されたが、ニューヨークを離れるのを拒否した。
解説 offer「提供する」は能動態なら「彼女が仕事を提供した」、受動態なら「彼女は仕事を提供された」で両方可能だが、受動態にして「よりよい職を提供された」→「しかしニューヨークを離れるのを拒否した(=申し出を断った)」とするほうが文意が通る。また、時制は refused が過去形であることから空所も過去形だと決定できるので、was offered が正解。

解答 (B)　　　**分類** 品詞
意味 政府は銀行金利の自由化を検討中である。
解説 consider「考慮する、検討する」のあとに目的語として動詞をつなげるときは、必ず動名詞(=-ing 形)になるので、deregulating が正解。選択肢にはないが consider to do という形は使えない。名詞 deregulation「規制緩和」を使うには目的語 bank interest rates「銀行利率」の前に of が必要。

解答 (A)　　　**分類** 動詞
意味 残念ですが、申し込み提出の締切は先週の金曜日だったんです。
解説 前置詞 for の目的語なので、動名詞でなければならない。(D) だとすると、applications が過去分詞で修飾されている形になるが、「(すでに)提出された申し込みの締切は…」という意味になって deadline「締め切り」という言葉と矛盾する。

解答 (B)　　　**分類** 類義語 (動詞)
意味 その店は定期的に買い物に来る客に大幅な値引きをしてくれる。
解説 patronize は patron「後援者、(商店・旅館などの)客、(図書館などの)施設利用者」という名詞から派生した他動詞で、「(店などを)ひいきにする」という意味。空所のすぐあとの it は the shop を指しているので、buy「～を買う」や serve「～に仕える、～を供する」は使えない。shop「買い物をする」は自動詞だから、it という目的語はとらない。

10. During the past three years the harbor front area ······ a building boom.
    (A) undergone
    (B) to undergo
    (C) undergoes
    (D) has been undergoing

11. Our new secretary is not only extremely intelligent but also very ········.
    (A) conclusive
    (B) obligatory
    (C) practical
    (D) vulnerable

12. He thought he had been criticized unfairly because he had absolutely ······ to do with the failure of the project.
    (A) nothing
    (B) anything
    (C) something
    (D) everything

13. The group of citizens over the age of sixty-five is growing ······ than any other section of the population.
    (A) rapid
    (B) rapidly
    (C) most rapidly
    (D) more rapidly

14. Mr. Gianni said our products failed to meet his company's ·······.
    (A) specify
    (B) specifications
    (C) specificity
    (D) specifically

解答 (D)　　**分類** 時制

意味 港に面した地区では3年前から建設ブームが起きている。

解説 undergo は「(変化などを)こうむる、経験する」という意味。During the past three years とあるから、a building boom「建設ブーム」が起きているのは過去3年間の話であるとわかる。つまり「3年前から現在までずっと」ということになるので、has been undergoing が適当。現在完了進行形は、その動作が現在もまだ続いており、将来も続いていくことを暗示する。

解答 (C)　　**分類** 類義語(形容詞・副詞)

意味 今度の秘書は非常に頭がいいばかりでなく、とても実際的だ。

解説 not only A but also B「AであるばかりでなくBでもある」の構文であるから、空所には intelligent と並んで評価できる性質が入るはず。(A) conclusive「決定的な、最終的な」は〈人〉ではなく証拠や返事など〈物事〉に対して使う。(B) obligatory「義務的な、拘束力のある」も〈人〉の形容には使わない。(C) practical は「実際的な、実務に向いている」の意味で、〈人〉に対して使うとほめ言葉になるので、これが正解。(D) vulnerable は〈人〉に対して使うと「傷つきやすい、弱点がある」、〈もの〉に対して使うと「攻撃されやすい、もろい」の意味で、マイナスの評価を表す。

解答 (A)　　**分類** 名詞・代名詞

意味 彼は自分が不当な批判を受けていると思った。なぜなら、彼はそのプロジェクトの失敗とはまったく無関係だったからだ。

解説 have something to do with ～ は「～と(多少)関係がある」という意味。文意を考えると「～と関係がない」としなければならないから、nothing が入る。

解答 (D)　　**分類** 比較

意味 65歳以上の国民は他のどの年齢層の国民より急速に増加している。

解説 空所のあとに than があるので比較級を選ぶ。grow は「増加する」という意味の自動詞なので、空所に入るのは副詞になる。rapidly「急激に、急速に」の比較級 more rapidly が正解になる。

解答 (B)　　**分類** 品詞

意味 ジアンニ氏は当社の製品が彼の会社の仕様に合っていないと言った。

解説 meet には「(人に)会う」だけではなく「(要求などを)満たす」という意味がある。名詞の所有格のあとなので、空所には名詞が入る。名詞は specifications「(複数形で)仕様(書)、設計(書)」と specificity「特異性、限定性」(specific「特定の」の名詞形)の2つ。意味から考えて specifications が正解。-fy は「～という状態にする」という意味の動詞をつくる。specify は「くわしく述べる」という意味。specifically は「とくに、とりわけ」という意味の副詞。

15. The bonus will go to ······ sells the most computers during a one-week period.
    (A) who
    (B) whoever
    (C) which one
    (D) they who

16. We are planning a ······ conference at a resort near the ocean.
    (A) three-days
    (B) three-a-day
    (C) three-day
    (D) third day

17. Baggage should be crosschecked ······ the names of individual passengers.
    (A) against
    (B) behind
    (C) into
    (D) toward

18. Improving customer service is our top ······ this year.
    (A) probability
    (B) priority
    (C) peril
    (D) procession

19. They moved their factory to that country ······ labor costs were much lower there.
    (A) unless
    (B) in case
    (C) despite
    (D) because

解答 (B)　　　　　　　　　**分類** 疑問詞・関係詞
意味 1週間の期間内にコンピューターをもっとも多く売った人にボーナスが支給されます。
解説 to という前置詞のあとなので、(D) の they という主格が入るはずはないし、3人称の人称代名詞にカンマなしで（＝限定用法で）関係代名詞節が続くことはない。残り3つの選択肢はすべて関係代名詞と考えられるが、そのうち空所に入るのは、空所のあとにある述語動詞 sells の主語になり、かつ先行詞を兼ねる語でなければならない。先行詞を含む関係詞は3つの中では whoever「～する人なら誰でも（＝anyone who）」だけ。

解答 (C)　　　　　　　　　**分類** 形容詞・副詞
意味 われわれは海辺のリゾート地で3日間の会議を計画している。
解説 〈数詞〉＋〈名詞〉が形容詞として名詞を修飾するときは、原則として数詞が2以上でも名詞を単数形にし、ハイフンでつなぐ。ex. a two-year-old boy「2歳の男の子」

解答 (A)　　　　　　　　　**分類** 前置詞
意味 荷物は個々の乗客の名前と突き合わせてクロスチェックする必要がある。
解説 crosscheck は「検算をする、再確認する」の意味で、何かと「突き合わせて」調べることを言う。この「突き合わせ」を表す前置詞が against で、the yen rate of exchange against the dollar「ドルに対する円の為替相場」なども同じ使い方。他の選択肢では意味をなさない。

解答 (B)　　　　　　　　　**分類** 類義語（名詞）
意味 顧客サービスの向上が今年度の最優先課題です。
解説 top [first, highest] priority で「最優先するべきこと」という意味。give priority to ～「～を優先させる」という表現も覚えておきたい。probability は「起こりそうなこと、確率」(＞probable [形])、peril は「危険(にさらされていること)、危険なもの」、procession は「行進、行列」(＞proceed [動])。

解答 (D)　　　　　　　　　**分類** 接続詞
意味 あの会社はその国に工場を移したが、それはその国のほうが人件費がはるかに安くてすむからだ。
解説 「工場を移した」と「そこは人件費がはるかに安い」の関係を考えると、後者が前者の理由になっているという因果関係を表していると考えるのが自然。したがって、因果関係を表す接続詞 because が正解。in case (that) SV は「SV である場合は」「SV である場合に備えて」という2つの意味で使われる。

実力問題5　091

20. Ms. Garcia was admired by ⋯⋯ met her or worked with her.
    (A) those
    (B) whichever
    (C) who
    (D) whoever

21. The directors agreed with the proposal ⋯⋯ I did, too.
    (A) but
    (B) if
    (C) yet
    (D) and

22. Costs have risen sharply for medical ⋯⋯ for employees.
    (A) assistance
    (B) research
    (C) coverage
    (D) histories

23. Mr. Horvath's contribution ⋯⋯ project development was significant.
    (A) for
    (B) at
    (C) in
    (D) to

24. The staff will work all weekend in order to meet the ⋯⋯.
    (A) deadline
    (B) time
    (C) request
    (D) message

解答 (D)　　　**分類** 疑問詞・関係詞
意味 ガルシアさんは、会った人や一緒に仕事をした人の誰からも賞賛された。
解説 空所のあとにある述語動詞 met（および worked）の主語になり、かつ先行詞を兼ねる語が必要。先行詞を含む関係詞は whichever と whoever の 2 つがあるが、文意を考えれば〈人〉だとわかるので、whoever が正解。この whoever は all the people who と言い換えられる。

解答 (D)　　　**分類** 接続詞
意味 重役たちはその提案に賛成し、私もまた賛成した。
解説 I did, too. とあるが、did は agreed を言い換えている代動詞。したがって逆接を表す but や、条件を表す if では意味が通らない。ここは and を入れる。yet は「それでもなお」という意味の副詞。

解答 (C)　　　**分類** 類義語（名詞）
意味 従業員のための医療保障の費用が急激に増えた。
解説 medical は形容詞で「医療の、医学の」という意味。medical assistance は「医療援助」、medical research は「医学的研究」、medical coverage は「医療保障」、medical history は「病歴」。「従業員のための」とあるから、コストが上がったのは medical coverage のことだと推察できる。

解答 (D)　　　**分類** 前置詞
意味 プロジェクトの展開に対するホルヴァート氏の貢献は相当なものだった。
解説 contribution は動詞 contribute「貢献する」の名詞形。contribute to ～ で「～に貢献する」となるので、to が正解。「～のために貢献する」と考えて for を選ばないこと。

解答 (A)　　　**分類** 類義語（名詞）
意味 締め切りに間に合わせるため、スタッフは週末もずっと働く予定だ。
解説 deadline は「締め切り、最終期限」という意味で、「締め切りに間に合わせる」は meet the deadline という。request は「要請、請求」。ここの meet は「（要求・要件を）満たす、かなえる」という意味の他動詞。

実力問題 6

01. As soon as we realized that there was a problem, we ······ someone to look into it.
    (A) assigned
    (B) will assign
    (C) have assigned
    (D) had assigned

02. The amount of money the company can borrow ······ on its credit rating.
    (A) depending
    (B) depends
    (C) depend
    (D) to depend

03. The secretary left a memo to ······ you of your meeting with Ms. Van Dam tomorrow at noon.
    (A) remember
    (B) recall
    (C) remind
    (D) rethink

04. If you are dissatisfied with the quality or performance of this product in ······ way, you may return it within two weeks.
    (A) any
    (B) somehow
    (C) many
    (D) much

解答 (A)　　　　　　　　　　　　**分類** 時制
意味 私たちは問題があることを認識すると直ちにそれを調査する担当者を任命した。
解説 assign は「割り当てる、任命する」という意味。as soon as で始まる従節の動詞が過去形になっているので、主節も過去のことだとわかる。空所は過去形 assigned が正解。look into ～ は「～を調べる」という意味。

解答 (B)　　　　　　　　　　　　**分類** 動詞
意味 会社が借り入れできる金額はその会社の信用格付けによる。
解説 depend on ～ で「～次第である、～に左右される」の意味。the amount of money と the company という2つの名詞句が並んでいるのは、あいだに関係代名詞が省略されているから。したがって、空所の直前までが全部主語で、空所には述語動詞が必要。述語動詞になりうるのは depend か depends だが、主語の中心になる語は The amount なので、三人称単数現在形の depends が正解。

解答 (C)　　　　　　　　　　　　**分類** 類義語（動詞）
意味 明日の正午、ヴァン・ダムさんと会う約束があるのを忘れないように、秘書があなたにメモを残していきましたよ。
解説 remember は他動詞で「～を覚えている」。recall は remember より少し格式ばった語だが、使い方は同じ。remind は remind〈人〉of ～ [that SV] で「〈人〉に～のことを思い出させる」。rethink は think again ということで「再考する」。形の上からも、意味的にも remind が正解。

解答 (A)　　　　　　　　　　　　**分類** 形容詞・副詞
意味 この製品の品質や性能に関してご満足いただけない点がある場合は、2週間以内であれば返品が可能です。
解説 in any way で「いかなる点においても」の意味で、否定や条件を表す文脈で用いる。in many ways なら「多くの点で」の意味。somehow、much は way と組み合わせることはできない。

05. The new procedures allow workers to assemble the units more ....
   (A) prematurely
   (B) awkwardly
   (C) suddenly
   (D) quickly

06. After the bank had computerized all its accounts, efficiency increased ....
   (A) noticed
   (B) noticeable
   (C) noticeability
   (D) noticeably

07. .... there is a recession in the industry as a whole, our profits continue to rise.
   (A) Although
   (B) Despite
   (C) In spite of
   (D) However

08. They have decided to extend their stay in Prague ....
   (A) three longer days
   (B) three days more
   (C) more three days
   (D) three more days

09. The most recent results of the campaign are .... encouraging than we expected.
   (A) the least
   (B) less
   (C) least
   (D) little

解答 (D)　　　**分類** 類義語（形容詞・副詞）
意味 新しい工程によって、労働者たちは以前よりも短時間でユニットの組立てを行なえるようになる。
解説 S allow〈人〉to do で「S のおかげで〈人〉が…できるようになる」。新しい工程によって労働者たちができるようになるのは「以前よりも短時間で組み立てること」。したがって quickly「すばやく」が正解。prematurely の pre- は 'before'、mature は「成熟した」という意味。「成熟した状態になる前に」、すなわち「早産で、時期尚早で」という意味の副詞。awkwardly は「不器用に、下手に」。suddenly は「突然に」。

解答 (D)　　　**分類** 品詞
意味 その銀行は預金口座をすべてコンピューター化してから、能率が顕著に上がった。
解説 空所は increased という動詞を修飾しているので副詞でなければならない。noticed は動詞（過去・過去分詞形）、noticeable は形容詞、noticeability（「目立ちやすさ」）は名詞。noticeably が「顕著に」という意味の副詞なので、これが正解。computerize は「コンピューター化する」、efficiency は「能率」の意味。

解答 (A)　　　**分類** 接続詞
意味 業界全体は不況だが、当社の収益は伸び続けている。
解説 despite「〜にかかわらず」は前置詞なので、あとに SV がくることはない。逆接を表す従位接続詞は although か though。問題文のように主節より前にくる場合は、although が使われることのほうが多い。副詞 however を接続詞的に用いることはあるが、文頭で使うことはない。

解答 (D)　　　**分類** 形容詞・副詞
意味 彼らはプラハでの滞在をさらに 3 日間延ばすことにした。
解説 「あと［さらに］〜日［時間、クラス、冊、etc.］」という場合は、more を数字のあとに置いて〈基数詞〉+ more days [hours, classes, books, etc.] 語順になる。

解答 (B)　　　**分類** 比較
意味 キャンペーンの最新の結果は、期待していたほど希望の持てるものではない。
解説 than があるので比較だとわかる。encouraging は encourage「〜を勇気づける、励ます」という他動詞から派生した形容詞で「励みになる、有望な」の意味。劣勢比較は less encouraging「それほど有望ではない」となる。

10. We expect ······ present sales strategy to work well, at least until the end of the fiscal year.
    (A) our
    (B) us
    (C) ours
    (D) them

11. On the way to the meeting, we got stuck ······ traffic and arrived too late to hear Ms. Bauer's speech.
    (A) among
    (B) on
    (C) in
    (D) under

12. The guests liked the accommodations and were ······ by the high quality of the food.
    (A) being impressed
    (B) impressing
    (C) impressed
    (D) to impress

13. We have made every effort to dispose of those chemicals safely, regardless ······ cost.
    (A) in
    (B) about
    (C) with
    (D) of

14. For the study to succeed, what is necessary ······ each member of the staff cooperates fully with the research team.
    (A) for which
    (B) that
    (C) is
    (D) is what

解答 (A)　　**分類** 名詞・代名詞

意味 少なくとも今年度末までは、われわれの現在の営業戦略がうまく機能すると期待している。

解説 expect A to do は「A が~することを期待する」。expect は目的語を1つしかとらないが、(B)~(C) の代名詞を入れると、目的語が2つ存在することになってしまう。our present sales strategy と所有格を入れれば正しくなる。strategy は「戦略」、fiscal year は「会計年度」の意味で、イギリスでは financial year ともいう。通常の暦年 (calendar year) と区別する場合は、in fiscal (year) 2008、in FY 2008 のように書く。

解答 (C)　　**分類** 前置詞

意味 集会に行く途中、渋滞に引っかかって遅刻してしまったので、バウアーさんの演説を聞くことができなった。

解説 get stuck は「ひっかかる、進めなくなる」の意味。get stuck in traffic で「交通渋滞に巻き込まれる」ということ。traffic は不可算名詞なので「(3つ・3人以上) の中に、~のあいだで」の意を表す among の目的語にはなれない。on the way to ~ は「~へ行く途中で」の意味。too ~ to do は「~すぎて…できない」の意味。

解答 (C)　　**分類** 動詞

意味 客は宿泊施設が気に入り、食事の質の高さに感激した。

解説 impress は「〈人〉に感銘を与える」という意味の他動詞なので、「感銘を受ける」は be impressed と受け身の形にしなければならない。何に感銘を受けたかは by [with] ~ で表す。accommodations は「宿泊施設 [サービス]」のこと (複数形で用いる)。

解答 (D)　　**分類** 前置詞

意味 われわれはどんなに費用がかかってもそれらの化学物質を安全に処理するためにあらゆる努力をしてきた。

解説 regardless of ~ で「~にかかわらず」の意味。regard は「考慮」。それに -less がついて「考えなしに」という意味になったもの。make an effort [efforts] は「努力する」、dispose of ~ は「~を処理する」、chemicals は「化学物質 [製品、薬品]」の意味で、agricultural chemicals なら「農薬」である。

解答 (C)　　**分類** 疑問詞・関係詞

意味 この研究が成功するために必要なことは、スタッフ全員が調査チームとよく協力することである。

解説 疑問文ではないのでこの what は先行詞を兼ねた関係代名詞。what is necessary「必要なこと」がこの文の主語 (S) であり、空所以下は VC もしくは VO の構造になっていると想定できる。ここでの述語動詞は is で、that 節が補語 (C) となっている。

15. Employees must be assured that their suggestions for increasing efficiency are taken ······ by management.
    (A) secretly
    (B) confidentially
    (C) care of
    (D) seriously

16. He decided to change his ······ by growing a beard and mustache, and wearing more colorful clothes.
    (A) appearance
    (B) appearing
    (C) apparel
    (D) appeal

17. Mr. Banti was surprised by the news that he would be promoted ······ section chief.
    (A) for
    (B) into
    (C) to
    (D) in

18. Over the next decade, sales of high-definition television sets are predicted ······ sharply.
    (A) rising
    (B) risen
    (C) to rise
    (D) rise

19. If you have any problems with the equipment, please call your local service ······.
    (A) representation
    (B) represent
    (C) representable
    (D) representative

解答 (D)　　　　　　　　　　**分類** 類義語（形容詞・副詞）
意味 従業員には彼らが出した作業能率向上の提案を経営陣が真剣に受け取っていることを確信させる必要がある。
解説 secretly と confidentially は「密かに、内緒で」の意。seriously は「真剣に、本気で」。take care of ～ は「～の世話をする」。効率性の向上に向けた提案は経営陣に「真剣に受け取められている」という表現がもっとも自然。assure は「(保証して) 安心させる、納得させる」の意味で、We must assure employees that ～ を受け身にしたのが本問である。

解答 (A)　　　　　　　　　　**分類** 類義語（名詞）
意味 彼はひげを生やし、もっと派手な服を着て、外見を変える決意をした。
解説 beard「あごひげ」や mustache「口ひげ」を生やし、colorful clothes「派手な服」を着ることで変えられるのは appearance「外見」。appearing は appear「出現する」の -ing 形で「出現(すること)」、apparel は不可算名詞で「衣服」、appeal は「訴え、魅力」。

解答 (C)　　　　　　　　　　**分類** 動詞
意味 バンティ氏は自分が課長に昇進するという知らせに驚いた。
解説 promote「～を昇進させる」は promote +〈人〉+ (to)〈役職名〉(無冠詞) の形で用いる。promote とともに用いられる前置詞は到達点を表す to が適切であり、for、into、in は不可。

解答 (C)　　　　　　　　　　**分類** 動詞
意味 この先 10 年間で、高品位テレビの売上げは急速に伸びるものと予測されている。
解説 be predicted to do で「～することが予測されている」。したがって (C) が正解。high-definition（または high-resolution）television は「高解像度テレビ」いわゆる「ハイビジョンテレビ」のこと。HDTV と省略される。television は、「放送」「番組」「受信機」のいずれをも指す語だが、a television set とすると明確に「受信機」という意味を表すことができる。

解答 (D)　　　　　　　　　　**分類** 品詞
意味 設備になにか問題がありましたら、お近くのカスタマーサービスにご連絡ください。
解説 本問の call は SVO の文型で「～に電話をかける」「～を呼ぶ」の意。したがって call のあとの your ～ 空所までが目的語となる。represent は動詞、representable は形容詞なので不可。representation は「代表(する[される])こと」という抽象的な名詞。representative は語形は形容詞だが、名詞で「代表者、代理人」という意味を持ち、これが正解。service representative で「カスタマーサービス(担当窓口)」の意。

20. It seems someone broke into my room while I was away and ...... my wallet with my credit card.
    (A) stolen
    (B) robbed
    (C) stole
    (D) was robbed

21. Ms. Kazantzakis noticed the air conditioner wasn't working and had ...... repaired over the weekend.
    (A) them
    (B) her
    (C) him
    (D) it

22. With this model, four-wheel drive is ....
    (A) reasonable
    (B) optional
    (C) capable
    (D) probable

23. When passing through customs, you must ...... all items purchased abroad.
    (A) declare
    (B) declaration
    (C) declarative
    (D) declaring

24. We will need the addresses and phone numbers of the companies where you ...... worked.
    (A) gradually
    (B) previously
    (C) gainfully
    (D) presently

解答 (C) **分類** 類義語（動詞）
意味 私の留守中に誰かが部屋に入り、クレジットカードが入った私の財布を盗んでいったようだ。
解説 空所には「（私の財布を）盗んだ」という意味の動詞が入る。stole/stolen は steal「（こっそり）盗む」の過去 / 過去分詞で、steal〈物〉from〈人・場所〉という形をとる。rob は「（力づくで）奪う」という意味で、rob〈人・場所〉of〈物〉の形で用いる。空所の主語は someone なので、〈物〉を目的語にとる steal の過去形 stole が正解。なお、steal する「泥棒」は thief、rob する「強盗」は robber [burglar] という。

解答 (D) **分類** 名詞・代名詞
意味 カザンザキスさんは、エアコンが故障しているのに気づいたので、週末に修理してもらった。
解説 使役動詞 have + O + C の用法がポイント。O と C のあいだには、C が動詞の原形なら「O が C する」、C が過去分詞なら「O は C される」という関係が成り立つ。この場合、have O repaired と過去分詞になっているので、空所には「修理される」ものが入る。したがって、the air conditioner を指す代名詞 it が正解になる。

解答 (B) **分類** 類義語（形容詞・副詞）
意味 このモデルでは、四輪駆動はオプションです。
解説 reasonable は「筋の通った、（値段が）手頃な」、optional は「選択できる、任意の」。capable は「有能な」で、of〈（動）名詞〉を伴って「…できる」という意味になる。probable は「ありそうな、起こりそうな」。four-wheel drive「四輪駆動」のタイプも選ぶことができるということなので、optional が正解。名詞は an option。

解答 (A) **分類** 品詞
意味 税関を通るときには、外国で買った品物をすべて申告しなければならない。
解説 助動詞 must のあとなので、原形の declare が正解。declare には「宣言する」のほか「申告する」の意味がある。declare の名詞形が declaration。ex. the Declaration of Independence「（アメリカ）独立宣言」。custom「習慣」は複数形になると「税関」の意味になる。purchase は動詞で「購入する」。

解答 (B) **分類** 類義語（形容詞・副詞）
意味 あなたがこれまでに勤めたことのある会社の住所と電話番号をお知らせください。
解説 gradually は「徐々に」、previously は「以前に［は］」、gainfully は「有利に」、presently は「現在のところ、目下」。the companies where you previously worked で「あなたが以前働いていた会社」ということ。

実力問題 7

01. Compared with copper, platinum is ……….
- (A) rarest
- (B) rarely
- (C) much rarer
- (D) most rare

02. There were many ……… dresses in Jean Le Luc's Paris fashion show.
- (A) elegance
- (B) elegant
- (C) elegantly
- (D) elegancy

03. Their prices may be low, but their chief competitor's prices are the ……….
- (A) lowest
- (B) lowering
- (C) low
- (D) lower

04. Last year the company exported almost as much to South America as ……… did to Europe.
- (A) itself
- (B) it
- (C) themselves
- (D) their

解答 (C)　　　　　　　　　　**分類** 比較
意味 銅と比べると、プラチナははるかに稀少である。
解説 than はないが、compared with ~「~と比べると」があるので比較級が入ることがわかる。rare は「まれな」の意味の形容詞で、rare-rarer-rarest と活用する。much は「ずっと、はるかに」という意味の副詞。比較級の強調に用い、原級には使わない。原級は very で強調する (much better / very good)。

解答 (B)　　　　　　　　　　**分類** 品詞
意味 パリで行なわれたジャン・ル・リュのファッションショーでは優雅なドレスが多く見られた。
解説 many と名詞 dresses に挟まれているので空所には形容詞 elegant (語源は、ラテン語で「選び抜かれた」の意) が入る。elegantly は副詞、elegance と elegancy は名詞。elegancy は通常、elegancies (= elegances) と複数形で用い、「優雅な事物[言葉遣い、作法]」の意味。

解答 (D)　　　　　　　　　　**分類** 比較
意味 彼らの価格も安いが、彼らの最大のライバル会社の価格のほうが低い。
解説 S may ..., but ~ は「確かに S は...かもしれないが、~」という譲歩の表現。ここでは Their prices と their chief competitor's prices という両者の比較なので the 比較級の形になる。

解答 (B)　　　　　　　　　　**分類** 名詞・代名詞
意味 昨年、その企業はヨーロッパ向けの輸出とほぼ同じ量を南アメリカ向けに輸出した。
解説 as A as B は「B と同じくらい A」という意味。ここで比較しているのは、The company exported 〈much〉 to South America. という文と The company exported 〈much〉 to Europe. という文。空所は the company が入るはずだが、繰り返しになるので代名詞 it で言い換える。空所のあとの did は代動詞で、前出の動詞 exported を言い換えたもの。

05. Those ⋯⋯ on international flights should arrive at the airport at least one hour before departure time.
   (A) departing
   (B) departed
   (C) depart
   (D) departs

06. You may borrow ⋯⋯ books you need for your research.
   (A) that
   (B) whichever
   (C) whenever
   (D) them

07. Interest rates on bank deposits ⋯⋯ very little for nearly three years.
   (A) change
   (B) changing
   (C) have changed
   (D) are changing

08. The new advertising agency quickly made a name for ⋯⋯ with a series of flashy television ads.
   (A) its
   (B) itself
   (C) it
   (D) it's

09. They say their new express service ⋯⋯ all mail within 24 hours.
   (A) delivering
   (B) delivered
   (C) to deliver
   (D) will deliver

解 答 (A)　　　　　　　　　　**分 類** 動詞

意 味 国際線をご利用の方は、遅くとも出発時刻の1時間前には空港に到着していなければなりません。

解 説 depart は自動詞で「出発する」の意味。those は、those (people who are) … の省略形で「～する人々」の意味になる。those (who are) departing という関係が成り立つので、(A) departing が正解。

解 答 (B)　　　　　　　　　　**分 類** 疑問詞・関係詞

意 味 あなたの研究に必要な本はどれでもお貸しします。

解 説 borrow は that 節を目的語にとらないので、(A) が名詞節を導く that だという解釈はできないし、後ろが books と複数形なので指示形容詞という解釈も不可。また、borrow は目的語を2つとらないから them も入らない。whenever「～するときはいつでも」を入れるならそのあとは完全な文になっていなければならないからこれも入らない。したがって、whichever「…はどちら[どれ]でも」が正解。

解 答 (C)　　　　　　　　　　**分 類** 時制

意 味 この3年近く、銀行預金の金利はほとんど変わっていない。

解 説 for nearly three years「ほぼ3年間」から、約3年前から現在までのことだとわかる。したがって、現在完了形の have changed が正解。なお、deposit は「預金、頭金」のこと。

解 答 (B)　　　　　　　　　　**分 類** 名詞・代名詞

意 味 その新しい広告代理店は一連の派手なテレビ CM であっという間に有名になった。

解 説 make [win] a name for oneself (with ～) で「(～で)名をあげる」という意味。主語が The new advertising agency「新しい広告代理店」なので it で置き換えられ、oneself の部分は itself になる。

解 答 (D)　　　　　　　　　　**分 類** 時制

意 味 (その会社の)新しい速達サービスならどんな郵便でも24時間以内に配達するそうです。

解 説 deliver は「配達する」という意味。express は形容詞で「速達便(の)、急行(の)」。空所に入るのは、They say の目的語である that 節(that は省略されている)の述語動詞。述語動詞になりうるのは delivered か will deliver のどちらかだが、新しいサービスの説明をしているのだから、過去形ではおかしい。will deliver が正解。

10. The committee will consider the ...... budget for the next fiscal year on Friday.
    (A) proposal
    (B) proposing
    (C) propose
    (D) proposed

11. The charity program is supported ...... corporate donations.
    (A) by
    (B) for
    (C) at
    (D) as

12. The crisis provided him with an ...... to demonstrate his ability.
    (A) object
    (B) occupation
    (C) opportunity
    (D) arrangement

13. You can use your free airline ticket to fly ...... you like.
    (A) whichever
    (B) wherever
    (C) whomever
    (D) whatever

14. The MP3 player comes with earphones, ... batteries, and a carrying case.
    (A) recharge
    (B) recharged
    (C) recharging
    (D) rechargeable

解答 (D)　　　　　　　　　　　**分類** 動詞
意味 委員会は金曜日に次年度の予算案を検討する予定である。
解説 propose は「提案する」という意味。(A) の proposal はその名詞形。空所は the と名詞 budget「予算」にはさまれており、空所の語が budget を修飾する形になっている。「予算」は「propose する」のか「propose される」のかを考えると、proposed budget「提案された予算」（＝予算案）と過去分詞を用いるのが正しいとわかる。

解答 (A)　　　　　　　　　　　**分類** 前置詞
意味 そのチャリティー・プログラムは企業からの寄付によってまかなわれている。
解説 support は「（金銭的に）援助する」の意味で、ここではそれが受け身の形で使われている。能動態にすると Corporate donations support the charity program.「企業の寄付がチャリティー・プログラムを支えている」となる。空所には、動詞 support の動作主を表す by が入る。

解答 (C)　　　　　　　　　　　**分類** 類義語（名詞）
意味 その危機のおかげで、彼は自分の能力を証明するチャンスを得た。
解説 object は「物、対象物、目的」、occupation は「職業」、opportunity は「機会、チャンス」、arrangement は「取り決め、配置」という意味。あとに不定詞を伴うことが多いのは opportunity と arrangement だが、文意を考えれば opportunity のほうがふさわしい。

解答 (B)　　　　　　　　　　　**分類** 疑問詞・関係詞
意味 お持ちの無料チケットで、お好きなところまでの航空便をご利用になれます。
解説 関係詞＋-ever の複合関係詞の働きは名詞節か副詞節を導くこと。ここは文意から考えて、「どこでも好きなところへ」と言いたいので、wherever が正解。

解答 (D)　　　　　　　　　　　**分類** 形容詞・副詞
意味 その MP3 プレーヤーにはイヤホン、充電式電池、そしてキャリングケースが付属している。
解説 recharge は他動詞で「（電池などを）充電する」（charge も「充電する」だが、繰り返し充電するときには recharge を使う）。空所は batteries の前なので形容詞が入るはず。recharged という過去分詞も recharging という現在分詞も形容詞の働きをするが、それぞれ「充電された電池」「（何かを）充電している電池」となり、意味が通らない。ここは、rechargeable「充電式の」が正解。

15. Paris is famous ······ the Eiffel Tower and the Louvre Museum.
    (A) as
    (B) with
    (C) by
    (D) for

16. ······ everyone had been seated, the chairperson called the meeting to order.
    (A) While
    (B) When
    (C) If
    (D) Until

17. A personal history and list of publications must be submitted by all ·······.
    (A) applications
    (B) appetites
    (C) applicants
    (D) approvals

18. Because of the proposed downsizing, many workers are ······ about losing their jobs.
    (A) conducted
    (B) concerned
    (C) concealed
    (D) conformed

19. A company spokesman stated that the company would ······ customer complaints about its new cosmetics.
    (A) initiate
    (B) intimidate
    (C) investigate
    (D) illuminate

解答 (D) **分類** 前置詞
意味 パリはエッフェル塔とルーブル美術館で有名だ。
解説 be famous [known] for X で「X で有名である」、be famous [known] as Y は「Y として有名である」の意味で、〈主語〉= Y である。ex. Karuizawa is famous as a summer resort.「軽井沢は避暑地として有名だ」(Karuizawa = a summer resort.)。本問では Paris = the Eiffel Tower という関係が成立しないので as は使えない。

解答 (B) **分類** 接続詞
意味 全員が着席したとき、議長が開会を宣言した。
解説 「全員が席に着いた」と「議長が開会を宣言した」との関係は、時間的な関係と考えるのが自然。if 以外の選択肢はすべて時間的関係を表す接続詞だが、while は「…しているあいだ」という意味で、進行形あるいは継続動作を表す動詞とともに使う。until は「…するまで(ずっと〜する)」という意味なので主節のほうに継続動作を表す動詞が必要。be seated「着席する」も call 〜 to order「〜に開会を宣言する」も継続動作ではない。ここでは時の1点を表す when が適切。

解答 (C) **分類** 類義語 (名詞)
意味 応募者は全員、履歴書と著作のリストを提出しなければならない。
解説 application「申し込み(書)、適用・応用」と applicant「申込者、応募者」はともに apply「申し込む、適用する・応用する」という動詞から派生した名詞。appetite は「食欲」、approval は「認可」。personal history「履歴書」(= resume) と list of publications「著作一覧」を submit「提出する」必要があるのは applicant (著作一覧を提出させるのだから、募集しているのはおそらく大学の教員)。

解答 (B) **分類** 類義語 (動詞)
意味 人員削減が提案されているため、多くの従業員は職を失うのではないかと懸念している。
解説 downsizing はサイズを小さくすること、すなわち「小型化、規模縮小」という意味。会社の規模が縮小されるということは、人員を削減することであるから、当然、従業員は職を失うことを「心配する」。be concerned about 〜 で「〜を心配する」という意味。conduct は「(業務を)行なう、〜を導く」、conceal は「〜を隠しておく、秘密にする」、conform (to [with] 〜) は「(規則・習慣など)に従う、順応する、合う」という意味。

解答 (C) **分類** 類義語 (動詞)
意味 その会社のスポークスマンは、同社が新しい化粧品に対する顧客からのクレームを調査する予定であると語った。
解説 initiate は「(事業・計画)に着手する、手ほどきする」、intimidate は「〜を脅す、脅して…させる」、investigate は「〜をくわしく調査する」、illuminate は「〜を照らす」。customer complaints は「顧客の苦情」だから、意味的に結びつくのは investigate。

20. Some employees have decided to take ⋯⋯ retirement.
    (A) soon
    (B) early
    (C) quick
    (D) faster

21. Scientists are concerned that these chemicals are ⋯⋯ hazardous.
    (A) potentially
    (B) necessarily
    (C) aggressively
    (D) systematically

22. He suggested that we hire ⋯⋯ workers than we did during last year's holiday season.
    (A) the fewest part-time
    (B) fewer part-time
    (C) few part-time
    (D) fewest part-time

23. After the merger was announced, the price of the stock doubled within several ⋯⋯.
    (A) time
    (B) hour
    (C) times
    (D) hours

24. The new factory in the suburbs of Manila is ⋯⋯ a river and a train station.
    (A) located within
    (B) located among
    (C) located between
    (D) located along

解答 (B) **分類** 形容詞・副詞
意味 従業員の何人かは早期退職することを決めた。
解説 選択肢はすべて早[速]さに関係する形容詞・副詞だが、quick と faster (fast の比較級) はスピードが「速い・速く」、soon と early は時間・時期が「早い・早く」という意味。retirement は「退職」。「早期退職」は予定よりも「時期が早い」退職という意味だから、early が正解。soon は副詞なので名詞を修飾することはできない。

解答 (A) **分類** 類義語 (形容詞・副詞)
意味 科学者たちは、これらの化学物質は潜在的に有害かもしれないと心配している。
解説 chemical はここでは名詞で「化学物質[薬品、製品]」。hazardous は「危険な、有害な」。空所には化学物質がどのように危険なのかを表す副詞が入る。potentially は「潜在的に、場合によっては」、necessarily は通常、否定語とともに用いられ、「必ずしも…ではない」という部分否定を表す。aggressively は「積極的に、攻撃的に」、systematically は「組織的に、系統的に」。「潜在的に危険な」とつながるのがもっとも自然なので potentially が正解。

解答 (B) **分類** 比較
意味 昨年の休暇のシーズンよりアルバイトの数を減らすことを彼は提案した。
解説 than があるので比較だとわかる。fewer part-time workers となるべきところ。that 節中は仮定法現在になっている。仮定法現在は、suggest「提案する」、advice「助言する」、demand「要求する」、insist「主張する」など「提案・要求」を表す動詞や desirable「望ましい」、necessary「必要である」、important「重要である」など「必要性・重要性」を表す形容詞のあとの that 節で使われることが多く、主語の数や人称にかかわらず、動詞の原形を使う。

解答 (D) **分類** 名詞・代名詞
意味 合併が発表されると、数時間のうちに株価は倍にはね上がった。
解説 several は「いくつかの」の意味で、あとには可算名詞の複数形がくる。several times は頻度(回数)を表すので不可。(D) hours が正解。

解答 (C) **分類** 前置詞
意味 マニラ郊外にできた新工場は川と駅のあいだに位置している。
解説 「2つのもののあいだに」は between、「3つ以上のもののあいだに」は among を使う。between A and B あるいは between〈複数名詞〉の形で用いる。「郊外に」は in the suburbs と複数形にして the をつけるのが普通。be located は「位置している」の意味で、後ろに位置を表す語句がくる。

実力問題 8

01. Some products on the market are deliberately designed to ······ for only a short time.
    (A) be long enough
    (B) stay
    (C) be last
    (D) last

    Check!

02. ······ are attending for the first time can get their seat assignments at the information desk.
    (A) Those who
    (B) These who
    (C) These which
    (D) Those which

    Check!

03. He wanted to revise the terms of the contract he had signed when he entered the company two years ······.
    (A) previously
    (B) ago
    (C) early
    (D) before

    Check!

04. Unless guests deposit their belongings in the hotel safe, the management cannot accept ······ for lost or missing items.
    (A) responsible
    (B) responsibly
    (C) for responsibility
    (D) responsibility

    Check!

解答 (D)　　　　　　　　　　**分類** 類義語（動詞）
意味 市場に出ている製品の中には、わざと短期間しか持たないように設計されているものがある。
解説 be designed to do で「～するように設計される」。どのように設計されているかというと、「短期間しか持たないように」。「持ちこたえる」は (D) last を使う。last は元来は形容詞 late「遅い」の最上級で「最後の、もっとも最近の」の意。副詞で「いちばん最後に」、名詞で「最後の人［物］」という意味もある。

解答 (A)　　　　　　　　　　**分類** 疑問詞・関係詞
意味 初めて参加する人は案内所で座席指定を受けることができます。
解説 those who/which ～ という言い方はあるが、these who/which ～ という言い方はない。those who/which ～ は those people who/those things which ～ の people や things が省略されたもので、who/which 以降は関係詞節。関係詞節の述語動詞が are attending「参加している」なので、主語は〈人〉でなければおかしい。したがって、those who が正解。

解答 (D)　　　　　　　　　　**分類** 形容詞・副詞
意味 彼は2年前に入社したときにサインをした契約書の条件を変更したいと思った。
解説 「～年前に」というときには、いつを基準にして「～年前」なのかを考える必要がある。ago は「今」を基準にして「今から～年前」という意味。ここでは、主節の述語動詞が wanted to revise「変更したかった」と過去形になっており、入社して契約書にサインしたのはそれよりも2年前なので、ago は使えない。ここは「過去のある一点」を基準にして「そのときから～年前」という意味を表す before を使う。

解答 (D)　　　　　　　　　　**分類** 品詞
意味 ご宿泊のお客様がお荷物をホテルの金庫にお預けにならない場合、お荷物を紛失されても当ホテルは責任を負いかねます。
解説 deposit は、「預金する、（貴重品を）預ける」という意味。safe はここでは「金庫」という意味の名詞。ホテルの金庫に荷物を預けなければ、lost or missing items「遺失物」が出ても責任は持たないと言っている。「～に対して責任を持つ」は accept [bear, assume] responsibility for ～。いずれの動詞も他動詞で名詞 responsibility を直接目的語にとる。したがって (C) の for は不要。responsible は形容詞、responsibly は「責任を持って」という副詞。

05. We will have to suspend production ······· the new parts arrive from the supplier.
    (A) because
    (B) if
    (C) until
    (D) since

06. The small concert hall, designed to ······· 400 people, has excellent acoustics.
    (A) correspond
    (B) accommodate
    (C) include
    (D) accumulate

07. There is no one in this building at night except a security guard and the ······· staff.
    (A) maintained
    (B) maintainable
    (C) maintaining
    (D) maintenance

08. Of the four possible factory sites we are ·······, site 3 possesses a number of advantages over the others.
    (A) considered for
    (B) considering
    (C) considering for
    (D) considered

09. Recent graduates holding degrees in the service and financial fields appear to be the most successful in ······· full-time positions.
    (A) finding out
    (B) obtained
    (C) acquired
    (D) obtaining

解答 (C)　　　　　　　　　　　　　　**分類** 接続詞
意味 新しい部品が業者から納入されるまで、生産を停止しなければならないだろう。
解説 because と since は理由、if は条件を表す接続詞。「新しい部品が届くから、生産を停止しなければならない」も、「もし新しい部品が届いたら、生産を停止しなければならない」も文意が通らない。ここは「新しい部品が届くまで、停止しなければならない」という時間的関係を考える。「…まで(ずっと)」は until で表す。

解答 (B)　　　　　　　　　　　　　　**分類** 類義語(動詞)
意味 その小さなコンサートホールは 400 名収容できるように設計されており、音響効果が優れている。
解説 コンサートホールやホテルなどの施設が「～人収容できる」というときは accommodate を使う。correspond は「～に合致する、対応する」、include は「～を含有する」、accumulate は「～を(徐々に)蓄積する、集める」という意味。acoustics [əkúːstiks] は「音響効果」(複数扱い)。

解答 (D)　　　　　　　　　　　　　　**分類** 品詞
意味 夜間、このビルには警備員とメンテナンス係以外誰もいない。
解説 「メンテナンス係」は、the maintenance staff という〈名詞＋名詞〉の形にしなければならない。staff は 1 つの職場で働いている職員全員を指す複数扱いの名詞。ひとりひとりを表すときは、a staff member あるいは a member of the staff とする。

解答 (B)　　　　　　　　　　　　　　**分類** 動詞
意味 われわれが候補として検討中の 4 つの工場用地のうち、第三候補地は他より有利な点が多い。
解説 文頭の of は「～の中で(＝among)」の意味。空所は、the four possible factory sites「工場建設用の 4 つの候補地」を修飾する関係節。consider は他動詞なので(A)や(C)のように前置詞は不要。「私たちが検討している」のだから、(D) のように受け身にするのもおかしい。

解答 (D)　　　　　　　　　　　　　　**分類** 類義語(動詞)
意味 実務や金融の分野で学位を持っている最近の卒業生は、正社員としての就職率がもっとも高いようだ。
解説 be successful in＋-ing 形で「～することに成功している」。過去分詞がその後ろにある名詞を修飾することはあるが、successful in と来れば -ing 形と続くほうが自然な解釈。find out は「(情報や答え)を知る、～に気づく」の意味であり、「見つける」の意味にはならない。

10. He thinks he ⋯⋯ his wallet on the crowded subway train.
    (A) lost
    (B) has been lost
    (C) was lost
    (D) had lost

    Check!

11. The sessions were planned in order to familiarize employees ⋯⋯ our new auditing procedures.
    (A) about
    (B) with
    (C) in
    (D) to

    Check!

12. The novel she lent me yesterday was so interesting that I couldn't go to sleep without finishing the ⋯⋯ book.
    (A) all over
    (B) all
    (C) above all
    (D) whole

    Check!

13. Instead of signing the memo, Mr. Gonzales just ⋯⋯ it.
    (A) initialed
    (B) initiated
    (C) initialing
    (D) initiation

    Check!

14. We have our visas and airline tickets, but we have not finalized our travel ⋯⋯ yet.
    (A) immunizations
    (B) directions
    (C) itinerary
    (D) consideration

    Check!

解答 (A)　　　　　　　　　**分類** 時制
意味 彼は混んだ地下鉄でサイフをなくしたと思っている。
解説 lose は「〜を失う」という意味の他動詞なので、「彼はサイフをなくした」は lose の過去形を用いて he lost his wallet となる。過去完了 had lost は過去のある時点よりも以前に起きたことを表すが、基準となる過去のある時点の記述がないので、過去完了にする意味はない。be lost という受け身形は「(人が)道に迷っている、途方にくれている」、あるいは in 〜 を伴って「〈人〉が〜に夢中になる」の意味。

解答 (B)　　　　　　　　　**分類** 前置詞
意味 従業員に新しい会計監査の手続きに慣れてもらうために、説明会が計画された。
解説 familiarize〈人〉with 〜 で「〈人〉を〜に馴染ませる、親しませる」の意味。session は「会期、会合」、auditing は「会計検査」、procedure は「手続き」の意味。

解答 (D)　　　　　　　　　**分類** 類義語(形容詞・副詞)
意味 昨日、彼女が貸してくれた小説がとてもおもしろくて、全部読み終わらないうちは、とても眠れなかった。
解説 all over 〜 は「〜のいたるところに」、above all は「とりわけ」の意の副詞。all と whole はいずれも「全部の」を表す形容詞だが、次の2点で用法が異なる。(1) the や所有格とともに用いられるときは、all the +〈名詞〉、the whole +〈名詞〉の語順になる。(2) all は可算名詞にも不可算名詞にもつくが、whole は通例、単数形の可算名詞とともに用いる。したがって、×I spilled the whole juice in the jar over the floor.「びんに入っていたジュースを全部、床にこぼした」とは言えない (all the juice が正しい)。

解答 (A)　　　　　　　　　**分類** 品詞
意味 ゴンザレス氏は覚書にサインはせず、ただイニシャルだけを書いた。
解説 他に述語動詞がないので、空所に入るのは述語動詞となる形でなければならない。initial には「頭文字の」という意味の形容詞のほかに、動詞で「頭文字で署名する」という意味がある。initiate は「(計画などに)着手する」、initiation はその名詞形で「開始・着手」のほか、「入会[加入、成人]の儀式」という意味もある。

解答 (C)　　　　　　　　　**分類** 類義語(名詞)
意味 ビザも飛行機のチケットも押さえたが、旅程がまだ確定されていない。
解説 immunization は「予防注射」。元になっている語 immune は「免疫のある」という意味の形容詞。direction は「指示、方向」、consideration は「考慮(すべきこと)、思いやり」という意味。itinerary は「旅行計画、旅程」のことで、finalize the (travel) itinerary「旅行の日程を最終的に決定する」となる。finalize は、final にする、つまり「完成させる、終了させる」という意味の他動詞。

15. He manages a company ······ in the export of medical equipment.
    (A) specializing
    (B) specialized
    (C) specializes
    (D) specialize

    ➡ Check! ☐☐☐

16. The food was excellent and the guests were quite pleased with their ······.
    (A) expenses
    (B) accommodations
    (C) equipment
    (D) faculties

    ➡ Check! ☐☐☐

17. Of all the things they saw during their tour, the Pyramids impressed ······ most.
    (A) her
    (B) me
    (C) us
    (D) them

    ➡ Check! ☐☐☐

18. Ms. Kim has not had enough time to ······ last week's sales statistics.
    (A) examine
    (B) exaggerate
    (C) exasperate
    (D) excel

    ➡ Check! ☐☐☐

19. ······ great differences of opinion, the union and the management reached a compromise.
    (A) Nevertheless
    (B) Despite
    (C) Besides
    (D) Since

    ➡ Check! ☐☐☐

解答 (A)　　　　　　　　　　　　**分類** 動詞
意味 彼は医療機器の輸出を専門にしている会社を経営している。
解説 manages という述語動詞がすでにあるので、空所は company を修飾する形でなければならない。specialize in ～ は「～を専門にする」という意味。his company specializes という能動の関係が成り立つので、現在分詞の specializing が正解となる。

解答 (B)　　　　　　　　　　　　**分類** 類義語（名詞）
意味 食べ物はすばらしく、宿泊客は宿泊設備におおいに満足していた。
解説 guest は「(ホテルなどの)宿泊客」のこと。ホテルの客が pleased「満足して」いるものは accommodation(s)「宿泊設備」(イギリスでは単数形、アメリカでは複数形で用いる)。equipment は「装置、設備」という意味で、単数形で設備全体を表す(不可算名詞)。faculty は「能力、機能、(大学の)学部教員(全体)」などの意味。

解答 (D)　　　　　　　　　　　　**分類** 名詞・代名詞
意味 彼らが旅行のあいだに見たものの中では、ピラミッドがもっとも印象的であった。
解説 things と they のあいだには関係代名詞が省略されている。先行詞は the things で、関係詞は saw の目的語。カンマのあとから主節が始まるが、impress は「感銘を与える」という意味の他動詞なので、〈人〉を目的語にとる。感銘を与えた相手は前半の主語の they。したがって、その目的格 them が正解になる。

解答 (A)　　　　　　　　　　　　**分類** 類義語（動詞）
意味 キムさんは先週の売上げ統計を検討する時間がとれなかった。
解説 空所のあとの目的語 last week's sales statistics「先週の売上げ統計資料」と結びつくのは examine「～を調べる、検査する」。exaggerate は「～を誇張して言う[見せる、考える]」、exasperate は「～を怒らせる」、excel は「[～より]優る」。共通する ex- は 'out' の意。最初の3語は ex- のあとが母音なので [igz-] と発音し、excel では [iks-] と発音する。

解答 (B)　　　　　　　　　　　　**分類** 前置詞
意味 大幅な意見の相違にもかかわらず、労組と経営者側の妥協が成立した。
解説 Nevertheless「それにもかかわらず」は副詞なので、great differences of opinion という名詞句を従えることはできない。despite は「～にもかかわらず」の意味で文脈に合う前置詞。besides は「～のほかにも、～を除いて」、since は「～からずっと」。compromise は「妥協」という名詞（「妥協する」という動詞用法もあり）。

20. The company went out of business because its products ……… by foreign competitors.
    (A) underpriced
    (B) would underprice
    (C) were underpriced
    (D) underprice

21. We flew to Tokyo without ……… over in Hawaii.
    (A) stopped
    (B) stopping
    (C) stop
    (D) have stopped

22. I suggest driving, which is much more ……… than taking the train.
    (A) bothersome
    (B) accessible
    (C) profitable
    (D) convenient

23. Mrs. Kaufman's report was praised for ……… clarity and attention to detail.
    (A) her
    (B) its
    (C) those
    (D) their

24. The country has ……… number of home owners per capita than any of its neighbors in the region.
    (A) a great
    (B) a greater
    (C) the greater
    (D) the greatest

解答 (C)　　　**分類** 動詞
意味 外国の競争相手のほうが安値で販売したので、その会社は倒産した。
解説 underprice は「(標準価格あるいは競争相手より)安い値をつける」という意味。主語が its products なので、受け身形にしなければならない。したがって、(C) were underpriced が正解。go out of business は「倒産する」。

解答 (B)　　　**分類** 動詞
意味 私たちはハワイには立ち寄らず、東京まで直行した。
解説 stop over は「(乗り物を)途中で降りる」ということ。stopover「途中下車、途中降機」という名詞もある。空所は前置詞 without のあとなので、動詞を入れるのであれば、動名詞にする必要がある。stopping が正解。fly to ～ で「～に飛行機で行く」。

解答 (D)　　　**分類** 類義語(形容詞・副詞)
意味 車で行くことをお勧めします。電車で行くよりずっと便利ですから。
解説 bothersome は「やっかいな、面倒な」、accessible は「(場所・人が)近づきやすい、行きやすい」、profitable は「儲けになる、有益な」、convenient は「便利な」で、すべて形容詞。ある場所に行くのに、driving と taking the train ではどちらが便利かということを言っているので convenient が正しい。

解答 (B)　　　**分類** 名詞・代名詞
意味 コーフマンさんのレポートは、その明晰さと細部への心配りが賞賛された。
解説 空所のあとの clarity と attention to detail は and で結ばれて、for の目的語になっている。clarity と attention … によって賞賛されたのは Mrs. Kaufman ではなく、her report だから、空所には it の所有格の its が入る。detail は「細部」の意味の名詞。

解答 (B)　　　**分類** 比較
意味 その国は、近隣のどの国よりも持ち家比率が高い。
解説 a (great) number of ～ で「たくさんの～」の意味。空所のあとのほうに than があるので、great を比較級にして a greater number of ～ とする。the number of ～ は「～の数」の意味。per capita は「1人当たり(の)、頭数で割ると」の意味。少し変わった表現だが、「国民の4割が持ち家あり」なら 0.4 home per capita となる。

実力問題 9

01. Mrs. Armando's office is the one at the end ……… the hall.
    (A) at
    (B) in
    (C) of
    (D) from

    Check!

02. It will be a family picnic, so please dress ……….
    (A) formally
    (B) carefully
    (C) casually
    (D) warmly

    Check!

03. Lighting fixtures ……… for offices can be adapted for home use.
    (A) design
    (B) designs
    (C) designing
    (D) designed

    Check!

04. Mr. Kirov's translations from Russian are almost ……….
    (A) perfectly
    (B) perfect
    (C) perfected
    (D) perfecting

    Check!

解答 (C)　　　　**分類** 前置詞
意味 アルマンドさんのオフィスは廊下のつきあたりの部屋です。
解説 at the end of ~ で「~の端[はずれ、終わり]に」の意味。the one は the office のこと。hall は「玄関」、「(ビルの)廊下」から「(建物の中の)広間、ホール」、「公会堂」まで幅広い意味を持つ。

解答 (C)　　　　**分類** 類義語 (形容詞・副詞)
意味 内輪のピクニックなので、カジュアルな格好で来てください。
解説 dress は自動詞で、服装を表す修飾語を伴って「~のような服装をしている」という意味。a family picnic に「フォーマルドレスを着てきてね」と言われるはずはない。「カジュアルな服装で来て」というのが普通だから、dress casually「普段着を着る」とする。その反対が dress formally で「正装する」。carefully は「注意深く」、warmly は「暖かく」。なお、picnic は「(庭など)屋外での食事」を意味することが多い。

解答 (D)　　　　**分類** 動詞
意味 事務用にデザインされた照明設備を家庭用に転用することもできる。
解説 can be adapted が述語動詞になるので、空所には Lighting fixtures を修飾する形が入る。lighting fixtures are designed という関係が成り立つので、(D) の designed が正解。fixture は「備え付け品」のこと。

解答 (B)　　　　**分類** 品詞
意味 キロフ氏のロシア語からの翻訳は完璧に近い。
解説 translations ... are ~ という SVC の構文。be 動詞の補語なので副詞 perfectly は不可。perfecting/perfected は「完成させる」という意味の他動詞 perfect の現在分詞と過去分詞。他動詞なので、現在分詞だと目的語がなく、文が成立しない。過去分詞は形の上では可能だが、意味の上では形容詞の perfect「完璧な」がもっともぴったりくる。

05. No one knows ⋯⋯ Mr. Azziz left the office without informing his supervisor.
   (A) who
   (B) where
   (C) why
   (D) which

   Check!

06. Ms. Roan finally found the book ⋯⋯ she had been looking for.
   (A) that
   (B) of
   (C) when
   (D) where

   Check!

07. It was raining ⋯⋯ when we arrived at the construction site.
   (A) hardly
   (B) much
   (C) heavily
   (D) very

   Check!

08. They began exporting because there were not ⋯⋯ possibilities to expand sales in the domestic market.
   (A) few
   (B) some
   (C) much
   (D) many

   Check!

09. She has decided to quit ⋯⋯ she receives a raise.
   (A) although
   (B) despite
   (C) unless
   (D) since

   Check!

解答 (C)　　　　　　　　**分類** 疑問詞・関係詞
意味 アジズ氏がなぜ上司に告げずにオフィスを離れたのか、誰も知らない。
解説 空所以下全体が knows の目的語になっている。空所のあとの文には欠けている要素がないので、who や which は入らない。意味から考えて why が正解。

解答 (A)　　　　　　　　**分類** 疑問詞・関係詞
意味 ロウンさんはずっと探していた本をやっと見つけた。
解説 look for の目的語が欠けているので、空所に入るのは book を先行詞とする関係代名詞 that がふさわしい。that でも which でも、この関係代名詞は目的格なので省略することも可能であり、空所を飛ばしても文は成立している。

解答 (C)　　　　　　　　**分類** 形容詞・副詞
意味 私たちが建設現場に着いたときは、雨が激しく降っていた。
解説 hard は「激しい」という意味の形容詞で、それに -ly がついた hardly は「激しく」という意味の副詞だと勘違いしやすいが、hardly は「ほとんど…ない」という否定を表す副詞。「雨が激しく降る」は rain hard または rain heavily とする。rain much とは言わないが、rain a lot なら可。

解答 (D)　　　　　　　　**分類** 形容詞・副詞
意味 彼らが輸出を始めたのは、国内市場で売上げを拡大できる見込みがあまりなかったからだ。
解説 空所のあとが possibilities と複数形になっているので、不可算名詞につく much は入らない。否定文なので some もおかしい。few は否定の意味を含んでいるので、not を抜かして there were few possibilities であれば正しい。したがって many が正解。

解答 (C)　　　　　　　　**分類** 接続詞
意味 彼女は昇給がない限り、退職するつもりである。
解説 「退職を決意している」と「昇給してもらう」との関係を考えると、後者が前者をひるがえすための条件になっている。したがって、「…でなければ」という意味を表す unless が正解。従節の動詞が received と過去形ならば、「昇給はあったが、辞めることにした」という意味で although も可。

10. Keep walking ‥‥‥ the same direction for about 10 minutes until you reach the bridge.
    (A) to
    (B) from
    (C) in
    (D) for

11. Due to a problem with the public address system, few in the audience could ‥‥‥ the opening speeches.
    (A) listen
    (B) hear
    (C) attend
    (D) receive

12. ‥‥‥ they must cut their costs, or they must increase their income.
    (A) If
    (B) Either
    (C) When
    (D) Except

13. Each division of the corporation is independent and is encouraged to act ‥‥‥.
    (A) considerably
    (B) collectively
    (C) anonymously
    (D) autonomously

14. The Internet allows computer owners access to large ‥‥‥.
    (A) quantity informations
    (B) quatity information
    (C) quantities of informations
    (D) quantities of information

解答 (C)　　　　　　　　　　**分類** 前置詞
意味 その橋に着くまで同じ方向にまっすぐ10分ほど進んでください。
解説 in ~ direction で「~の方向へ」という意味になる。in the direction of ~「~の方向へ」も覚えておきたい。in the direction of Hawaii「ハワイの方向へ」。日本語で考えると「~へ」には to を使いたくなるが、to は到達点を表す目的語をとる。

解答 (B)　　　　　　　　　　**分類** 類義語（動詞）
意味 場内アナウンス設備に問題があったため、オープニング・スピーチが聞こえた観客はほとんどいなかった。
解説 public address system は「場内[構内、校内]アナウンス設備」。それに問題があったのだから、「聞くことができなかった」という意味になるはず。「聞く」を表す動詞は listen と hear だが、listen は自動詞で listen to ~ の前置詞が必要。hear は他動詞なので、これが正解。listen to は意図的に「聞く」、hear は意志とは無関係に「耳に入ってくる」という違いにも注意。これは「見る」の look at（意図的）と see（無意志）の違いと同じ。attend は「(~に)出席する、(〈人〉に)付き添う」、receive は「受け取る」の意味。

解答 (B)　　　　　　　　　　**分類** 接続詞
意味 彼らはコストを削減するか、収入を増やすかのどちらかしかない。
解説 or「あるいは」という等位接続詞がすでにあるので、空所には either A or B「A か B かどちらか」の either が入る。その他の選択肢はすべて従位接続詞なので、カンマ以下が完全な文として成立していなければならないが、or が余ってしまう。

解答 (D)　　　　　　　　　　**分類** 類義語（形容詞・副詞）
意味 会社の各部署は独立しており、自主的に行動することが奨励されている。
解説 be encouraged to act で「行動することを奨励されている」。空所に入るのは「行動する」を修飾する副詞。前半で各部署は independent「独立して」と言っているのがヒント。独立した部署はどのように行動するのが奨励されているかといえば、当然 autonomously「自主的に」がもっともふさわしい。considerably は「かなり」、collectively は「集団的に、共同して」、anonymously は「匿名で、作者不明で」。

解答 (D)　　　　　　　　　　**分類** 名詞・代名詞
意味 インターネットにより、パソコンを持っている人は大量の情報を入手することができる。
解説 information「情報」は不可算名詞なので複数形にはならない。quantity は可算・不可算両方の用法があるので、a large quantity of ~ でも large quantities of ~ でも正しいが、後者のほうが「大量」という感じが強くなる。allow A B（A と B は目的語）の形で使うと「A に B を与える」の意味（ここでは A = computer owners, B = access）。

15. The head of security ⋯⋯ how the system worked and demonstrated how to enter and leave the building.
    (A) explained
    (B) explained about
    (C) explained to
    (D) explained that

16. They expected senior managers of some of the divisions to be opposed ⋯⋯ the reorganization plan.
    (A) at
    (B) against
    (C) with
    (D) to

17. She said it was by far ⋯⋯ she had seen in many years.
    (A) the bad movie
    (B) a very bad movie
    (C) the worst movie
    (D) a worst movie

18. The research on customer preferences was carried out by a team of ⋯⋯.
    (A) anthropologists
    (B) linguists
    (C) biologists
    (D) psychologists

19. The management requests your cooperation and ⋯⋯ at this difficult time.
    (A) understand
    (B) understandable
    (C) understanding
    (D) understood

解答 (A) **分類** 動詞

意味 警備部長は、システムの仕組みを説明してから、ビルへ入るときと出るときの手続きを実演してみせた。

解説 explain は「〜を説明する」という他動詞。日本語では「〜について説明する」というので、つい explain about 〜 のように前置詞を入れてしまいがちだが、これは誤り。通常、explain〈事柄〉to〈人〉の形で用いるが、〈事柄〉が問題文のように節になっていて長くなるときは、explain to〈人〉+〈事柄〉の形になることもある。that 節をとることはできるが、(D) のように WH 節の前に that がくることはない。

解答 (D) **分類** 前置詞

意味 彼らはいくつかの部署の部長がその再編計画に反対することを期待した。

解説 oppose は「(意見・案など)に反対する」の意味の他動詞。be opposed to 〜 で「〈人〉が〜に反対している」の意。oppose には「対比させる」の意味もあり、as opposed to 〜「〜と対照的に」という表現も覚えておきたい。reorganization は「再編成」のこと。

解答 (C) **分類** 比較

意味 その映画は長年見てきた中でまったく最悪のものだと彼女は言った。

解説 by far は「はるかに、断然」の意味で、おもに最上級の形容詞や副詞を修飾する表現。また、the〈最上級〉〈名詞〉(that) one has (ever) seen は「今まで見た中でもっとも〜な〈名詞〉」。したがって、最上級の (C) the worst movie が正解。

解答 (D) **分類** 類義語(名詞)

意味 顧客の好みに関する調査が心理学者の一団によって行なわれた。

解説 research「調査」を carry out「実行する」動作主が by 以下で表されている。a team of 〜 で「〜のチーム」だが、選択肢はいろいろな分野の学者を指す名詞。anthropologist「人類学者」、linguist「言語学者」、biologist「生物学者」、psychologist「心理学者」。customer preferences「顧客の好み」に関する調査を行なうのは psychologist の領域だと考えるのが自然。

解答 (C) **分類** 品詞

意味 経営者としてはこの難局にあたり、皆様のご協力とご理解を賜りますようお願い申し上げます。

解説 等位接続詞 and が、名詞 cooperation「協力」と空所を結んでいる。したがって、空所も名詞でなければならない。選択肢の中で名詞は understanding のみ。understand/understood は動詞の現在形と過去形。understandable は「理解できる、無理もない」の意の形容詞。

20. To prevent ……, fish caught far out at sea are quickly frozen.
    (A) spoiled
    (B) spoilage
    (C) spoils
    (D) spoil

    Check!

21. Mr. Cole is considering newer and less costly approaches in order to make our distribution system …… efficient.
    (A) far
    (B) better
    (C) a little bit
    (D) more

    Check!

22. According to the weather forecast, it will …… tomorrow morning but will clear up by late afternoon.
    (A) be rained
    (B) rain
    (C) raining
    (D) have a rain

    Check!

23. Neither do they have a large selection, …… offer generous discounts.
    (A) or do they
    (B) nor they do
    (C) nor do they
    (D) or they do

    Check!

24. I have asked for more copies from Ms. Lopez, the writer of the report …… published yesterday.
    (A) who
    (B) which
    (C) who was
    (D) which was

    Check!

解答 (B) **分類** 品詞
意味 魚の腐敗を防ぐために、遠洋でとった魚はすぐに冷凍される。
解説 他動詞 prevent の後ろには目的語が必要なので空所は名詞でなければならない。spoil には名詞用法で「強奪品」の意味もあるが、それでは意味が通らない。「腐敗を防ぐためには」と言いたいので spoilage が正解。frozen は他動詞 freeze「冷凍する」の過去分詞（Freeze!「動くな！」はサバイバル英語の重要単語）。

解答 (D) **分類** 比較
意味 流通システムをより効率的にするために、コール氏はもっと新しくて、より低コストの方法を考えている。
解説 efficient「効率的な」は3音節なので、比較級は more efficient となる。make は使役動詞。make＋O＋C で「O を C にする」。costly は「費用のかかる」の意味の形容詞、distribution system は「流通システム」。

解答 (B) **分類** 動詞
意味 天気予報によると、明日の朝は雨が降るが、午後遅くには晴れ上がるそうだ。
解説 助動詞 will のあとには動詞の原形がくるので raining は不可。〈人〉が主語であれば、have a rain という言い方は可能だが、天候を表す it が主語なので、(B) rain が正解。rain「雨が降る」、snow「雪が降る」、clear (up)「晴れる」など天候を表す動詞は自動詞なので、受け身形にはならない。日本語でよく使う「(私は)昨日、雨に降られた」のような表現は I was caught in the rain yesterday. となる。

解答 (C) **分類** 接続詞
意味 あの店は品揃えもよくないし、あまり値引きもしてくれない。
解説 neither A nor B で「A も B もどちらも…ない」という意味。これは not＋either A or B と同じ。neither や nor という否定語が文頭に出ると、主語と(助)動詞の倒置が起きる。したがって、neither do they have とパラレルの形で、後半も nor do they offer という語順になる。ちなみに、neither A nor B と not … both A and B は意味が異なるので注意。not … both A and B は「A も B も両方とも…というわけではない」（＝どちらか一方だけが…だ）という意味。

解答 (D) **分類** 疑問詞・関係詞
意味 昨日、発行された報告書の執筆者であるロペスさんに、もう何部かほしいと頼みました。
解説 空所以下は関係詞節で、それがどの名詞を修飾しているのかを問うている問題。「昨日、発行された」と言っているので、the writer ではなく、report にかかる。publish は「〜を発行する」という他動詞なので、report を先行詞とするなら、受動態 be published の形にしなければならない。したがって、(D)が正解。

実力問題 10

01. They expect Mr. Inbal to carry out market research and ⋯⋯ new products ideas.
    (A) develops
    (B) have developed
    (C) develop
    (D) will be developing

02. All executives should make the utmost efforts to explain ⋯⋯ the reasons for their decisions.
    (A) clear
    (B) short
    (C) clearly
    (D) bluntly

03. The conference rooms at the New Delhi Center can accommodate ⋯⋯ people than are expected to attend.
    (A) many
    (B) more
    (C) much
    (D) most

04. Ms. Jackson has been teaching at this school over 20 years and is looked up ⋯⋯ by every student.
    (A) from
    (B) by
    (C) to
    (D) with

解答 (C) **分類** 時制
意味 彼らはインバル氏が市場調査を行ない、新製品のアイディアを出してくれることを期待している。
解説 and が出てきたら何と何が結ばれているのかを正確に確認すること。ここでは carry out market research と [ ] new products ideas が並列になっている。carry out が to のあとの原形なので、[ ] も原形 develop が正解。(B) も原形ではあるが、述語動詞 expect が現在形であり、これからのことを期待しているのだから、完了形ではおかしい。carry out は「実行［実施］する」。

解答 (C) **分類** 類義語（形容詞・副詞）
意味 重役陣は全員、決定事項に対する理由を明確に説明するよう最大限の努力を払うべきである。
解説 clear は形容詞にも副詞にも使えるが、副詞は speak loud and clear「大きな声ではっきりと話す」、stand clear「離れて立つ」など、結びつく動詞は限定されている。short も形容詞、副詞両方あるが、意味的に explain とは結びつかない。clearly は「明確に」の意の副詞で explain と自然に結びつく。bluntly は「ぶっきらぼうに」。不定詞の to と原形、他動詞と目的語は切り離さないのが原則だが、目的語が長くなる場合は副詞が動詞の直前・直後に置かれることがある。

解答 (B) **分類** 比較
意味 ニューデリー・センターの会議室は、参加予定者よりも多くの人数を収容できる。
解説 後ろに than があるので、比較級 more を入れる。この more は much ではなく、many の比較級である（people は可算名詞なので）。accomodate は「〜を収容する」。than 以下は節になっているが、ここでは、than が関係代名詞的に用いられている。

解答 (C) **分類** 類義語（動詞）
意味 ジャクソン先生はこの学校で 20 年以上、教鞭をとっており、すべての学生に尊敬されています。
解説 look up to 〈人〉で「〈人〉を尊敬する」（= respect）の意(反対語は look down on 〈人〉)。句動詞を受け身形にした場合、残すべき前置詞を忘れてしまいがちなので、注意が必要。ex. His grandparents took care of Johnny. → Johnny was taken care of by his grandparents.「祖父母がジョニーの世話をした」。Everybody laughed at Larry. → Larry was laughed at by everybody.「ラリーはみんなの笑い者だった」。

05. These days it is hard to be ······ about the economy.
   (A) optimism
   (B) optimistically
   (C) optimist
   (D) optimistic

06. Cloning human beings may be technically ······, but it is ethically unacceptable to most people.
   (A) gullible
   (B) feasible
   (C) edible
   (D) responsible

07. Employees should return to the office ······ at one o'clock.
   (A) fast
   (B) quickly
   (C) promptly
   (D) usually

08. To leave the building in case of an emergency, please proceed to ······ exits.
   (A) designate
   (B) designating
   (C) designation
   (D) designated

09. She kept searching until she found ······ what she wanted.
   (A) certainly
   (B) mostly
   (C) quickly
   (D) exactly

解答 (D)　　　**分類** 品詞
意味 最近は経済について楽観的でいることは難しい。
解説 be optimistic about ～ で「～に関して楽観的である」という意味。optimism は名詞で「楽観(主義)」、optimistically は副詞で「楽観的に」、optimist は名詞で「楽観主義者」。反意語はそれぞれ pessimism「悲観(主義)」、pessimistically「悲観的に」、pessimist「悲観主義者」。these days は「近頃は」で、現在時制とともに用いる。

解答 (B)　　　**分類** 類義語(形容詞・副詞)
意味 人間のクローンをつくることは技術的には可能かもしれないが、大半の人にとっては倫理的に受け入れがたいものである。
解説 cloning は「クローンをつくること」。technically は「技術的に」、ethically は「倫理的に」。クローン人間は技術的には「実行可能な」こと。「実行可能な」は feasible で表す。企業が新規事業を始める前に実現の可能性や採算性を調査することを feasibility study (FS) と言い、「企業化調査」などと訳される。gullible は「だまされやすい」、edible は「食用に適する」、responsible は「責任のある」。共通する -ible は 'able'「できる」の意味を表す接尾辞。

解答 (C)　　　**分類** 形容詞・副詞
意味 従業員は1時きっかりにはオフィスに戻っていなければならない。
解説 空所に位置に入れることができる副詞は promptly のみ。promptly は「敏速に、すばやく」という意味のほかに「きっかり、ちょうど」という意味がある。quickly「すばやく」と usually「たいてい」は should のあとに入る。fast「速く」は時刻を表す表現とともには使えない。

解答 (D)　　　**分類** 動詞
意味 緊急の際、ビルから避難するには、指定された出口にお進みください。
解説 designate は「指名する、明示する」の意味。exits are designated という関係が成り立つから、(D) の designated「指定された」が正解。proceed は「(先に)進む、続ける」という意味。

解答 (D)　　　**分類** 類義語(形容詞・副詞)
意味 彼女は自分がまさにほしいと思ったものが見つかるまで探しつづけた。
解説 what she wanted「彼女がほしかったもの」は先行詞を含む関係代名詞節で find の目的語になっている。彼女は「まさしく」彼女がほしかったものを見つけるまで探したということ。「まさしく、ちょうど」は exactly。exactly は数量を表す語や wh- の前に置かれることが多い。certainly は「確かに」、mostly は「大部分は」、quickly は「すばやく」。

10. The Moran Pharmaceutical Company has been suffering great damage to its reputation ……. to the scandal involving its president.
    (A) thanks
    (B) due
    (C) contrary
    (D) according

11. We apologized to Mr. Weaver for forgetting to send ……. to meet him at the airport.
    (A) us
    (B) someone
    (C) one
    (D) him

12. ……. in India for a number of years, Mr. Alonzo is familiar with the business practices there.
    (A) To work
    (B) Worked
    (C) Having worked
    (D) Had worked

13. Prospective buyers did not find the property ……. as they had expected.
    (A) attractive
    (B) as attractive
    (C) most attractive
    (D) much attractive

14. Those wishing to stay overnight must make ……. at least one week in advance.
    (A) registrations
    (B) renovations
    (C) reservations
    (D) recommendations

解答 (B)　　**分類** 前置詞

意味 モーラン製薬は同社社長を巻き込んだスキャンダルのせいで評判が落ちている。

解説 選択肢はいずれも後ろに to を従えて、群前置詞をつくる。thanks to ～ は「～のおかげで」、due to ～ は「～が原因で」、contrary to ～ は「～とは反対に」、according to ～ は「～によると」。評判が落ちているのはスキャンダルが原因なので、due to ～ を使う。

解答 (B)　　**分類** 名詞・代名詞

意味 空港に出迎える人をやるのを忘れていたことを、私たちはウィーバーさんに謝った。

解説 apologize to〈人〉for〈事柄〉で「〈事柄〉について〈人〉にあやまる」の意味。問題文で〈事柄〉にあたるのが forgetting から最後の airport までの長い動名詞句。ここは「彼を出迎えるために誰かをやる」という意味だから、someone が正解。

解答 (C)　　**分類** 時制

意味 インドで長年働いていたので、アロンゾ氏は現地の商習慣に精通している。

解説 be familiar with ～ で「〈人〉が～に精通している、～と親しい」という意味 (be familiar to ～ は「〈物事が〉～に知られている」)。カンマのあとは完全な文で「アロンゾ氏は～に精通している」という意味になり、その理由「インドで長年働いていたから」を表すのが前半部分。理由を表せるのは分詞構文の形。「(これまで) インドで何年も働いた」→「今、インドの商習慣にくわしい」という因果関係になるので、空所は完了形の分詞を使った Having worked が正解。

解答 (B)　　**分類** 比較

意味 購入希望者たちは、その物件が期待したほど魅力的なものだとは感じなかった。

解説 not ... as A as B で「B ほど A でない」(A には原級が入る)。2つめの as は前置詞として名詞を目的語にとることもあるし、接続詞として節を導くこともある。find + O + C で「O が C であるとわかる」の意味。ここは O が the property、C は attractive なので、find the property as attractive as ... となる。prospective は「～するつもりの(人)」の意味。

解答 (C)　　**分類** 類義語 (名詞)

意味 宿泊を希望する人は、少なくとも1週間前までに予約を入れなくてはなりません。

解説 registration は「登録」、renovation は「(建物などの)修繕」、reservation は「予約」、recommendation は「推薦(状)、勧告」という意味。make a reservation で「予約する」。those wishing ... は those (people) who wish ... の意味。stay overnight は「一泊する」、in advance は「前もって、事前に」。

実力問題 10　139

15. The factory being constructed in India is much ...... to completion.
    (A) close
    (B) closer
    (C) closest
    (D) more close

16. This health club has been designed ...... the busy executive in mind.
    (A) with
    (B) for
    (C) by
    (D) on

17. We all agreed that his proposal was a good idea ...... time had come.
    (A) which
    (B) whose
    (C) that
    (D) whether

18. Construction plans will begin after the sale of the property ....
    (A) is approved
    (B) was approved
    (C) has approved
    (D) will approve

19. Mr. and Mrs. Minau will ...... over the closing ceremony of the conference.
    (A) provide
    (B) preside
    (C) present
    (D) prevail

解答 (B) **分類** 比較
意味 インドで建設中の工場は、以前に比べてだいぶ完成に近づいている。
解説 be close to ~ で「~に近い」という意味。much は副詞で、比較級を強める用法。than はないが、「以前と比べてかなり近づいている」という意味なので、ここは比較級 closer が正解になる (close は1音節なので more close の形にはならない)。

解答 (A) **分類** 前置詞
意味 このヘルスクラブは忙しいエグゼクティブのことを考えて設計されている。
解説 with ~ in mind で「~を念頭において」という意味。with + X +〈状態〉は、「Xが~という状態で」という付帯状況を表す。〈状態〉の部分には前置詞、分詞、形容詞、副詞が入る。with his legs crossed「足を組んで」、with her hair streaming in the wind「髪を風になびかせて」。the busy executive と単数形に定冠詞がついているのは、「忙しいエグゼクティブたち」という総称用法。

解答 (B) **分類** 疑問詞・関係詞
意味 彼の提案は時機を得たよい案であるということで私たち全員の意見が一致した。
解説 空所以下が a good idea を修飾する関係節になっている。空所のあとに time という名詞があるので、〈関係詞+名詞〉の形で用いることができる which か whose を選ぶ。which はあとに名詞を伴って関係形容詞として用いられるが、これは非制限用法(カンマを入れる用法)に限られる。したがって whose が正解。Its time has come. で「それがなされるべき時がやってきた」の意味になる。

解答 (A) **分類** 時制
意味 所有地の売却許可が下りてから建設計画が始まる予定です。
解説 approve は「~を是認する」という意味の他動詞。the sale of the property「資産・所有地の売却」は「是認される」でなければならないから受け身形になる。「建設計画が始まる」(未来)→「資産の売却が是認される」という因果関係になるので、是認されるのも未来のことだが、副詞節の未来時制は現在形で代用するから is approved が正解になる。

解答 (B) **分類** 類義語 (動詞)
意味 ミナウ夫妻がその会議の閉会式で議長を務める予定です。
解説 provide「供給する」と present「提示する」は他動詞。一方、preside「議長を務める」、prevail「普及している、打ち勝つ」は自動詞。preside over [at] ~ で「~で議長を務める」。

20. The accountants could not determine ……… had approved the purchases.
    (A) when
    (B) why
    (C) who
    (D) what

21. Only one of the five applicants ……… qualified for the position.
    (A) were
    (B) was
    (C) they
    (D) those

22. Mr. Castor asked the members of the study group to summarize ……… findings.
    (A) them
    (B) they
    (C) their
    (D) themselves

23. The new accountant is dedicated to keeping spending ……… control.
    (A) near
    (B) under
    (C) out of
    (D) for

24. If your flight is canceled, you will receive a full ………
    (A) reverse
    (B) return
    (C) review
    (D) refund

解答 (C) **分類** 疑問詞・関係詞
意味 会計士たちは誰がその購入を許可したのかを確認することはできなかった。
解説 空所以下全体が他動詞 determine の目的語になっている。空所のあとがすぐ had approved「許可した」という述語動詞になっているが、その主語になれるのは〈人〉。(C) の who を入れて「誰が許可したのか」という間接疑問文にする。

解答 (B) **分類** 名詞・代名詞
意味 応募者5名のうち1名だけしか適任であると認められなかった。
解説 qualify は他動詞で「資格を与える」、自動詞で「資格を得る」の意味。他動詞を受け身形にして「資格を得ている、資格がある」という意味を表すことも多い。主語 only one of the five applicants の中心になる語は applicants ではなく (only) one。したがって主語は単数なので was が正解。

解答 (C) **分類** 形容詞・副詞
意味 キャスター氏は、研究会のメンバーに成果をまとめるよう依頼した。
解説 finding は名詞で「(調査・研究の)結論・結果」(複数形で使われることが多い) という意味。summarize は「要約する、まとめる」という意味の他動詞だが、目的語は1つしかとらないので、their findings「彼ら(そのメンバーたち)の研究成果」以外は不可。

解答 (B) **分類** 前置詞
意味 新しい会計士は支出管理に一所懸命だ。
解説 under control で「制御されて」(⇔ out of control「制御がきかなくなって」)、keep ~ under control で「~を抑えている、制御下においている」の意味。be dedicated to ~ は「~に打ち込んでいる、専念する」(= to は前置詞なので名詞・動名詞が続く)。spending は名詞で「支出、出費」の意。

解答 (D) **分類** 類義語(名詞)
意味 フライトがキャンセルになった場合は、チケット代は全額返金されます。
解説 reverse は「反対、裏」、return は「帰宅、返却」、review は「批評、再検討、回顧」という意味。予約した飛行機がキャンセルされて、受け取るのは refund「払い戻し(金)」。

実力問題 11

01. The publisher supported the magazine for many years ⋯⋯ it finally became financially successful.
    (A) but
    (B) then
    (C) until
    (D) or

    Check! ➡ ☐☐☐

02. ⋯⋯ party wins the election, we do not anticipate a dramatic change in government policy.
    (A) Whoever
    (B) Whichever
    (C) Whenever
    (D) Wherever

    Check! ➡ ☐☐☐

03. I had a ticket and the plane left on schedule, but I could not board because the airline had ⋯⋯ my flight.
    (A) canceled
    (B) delayed
    (C) overbooked
    (D) reversed

    Check! ➡ ☐☐☐

04. The new digital sound system ⋯⋯ recording and playback functions.
    (A) combines
    (B) combining
    (C) combine
    (D) is combined

    Check! ➡ ☐☐☐

解答 (C)　　　　　　　　　　　　**分類** 接続詞
意味 その雑誌はその出版社が何年も支援を続けたのち、ようやく経営的に成功するようになった。
解説 「出版社がその雑誌を支えた」と「それ(= the magazine)が経済的に成功した」のあいだにはどんな関係があるかと言えば、「成功するまで支えた」という時間的な関係を考えるのが自然。「〜するまで」は until で表す。but を入れると「支えたけれども成功した」となって文意が通らない。then は副詞なので文と文をつなぐことはできない。or は「あるいは、それとも」の意であり、これも文意が通らない。

解答 (B)　　　　　　　　　　　　**分類** 疑問詞・関係詞
意味 どちらの党が選挙で勝ったとしても、政策に劇的な変化があるとは思えない。
解説 party はここでは「政党」のこと。「政策に大きな変化はないだろう」と後半で述べているので、前半は「選挙でどちらの政党が勝ったとしても」と考えるのが自然であるから、Whichever が正解。No matter which (party wins) と言い換えられる。

解答 (C)　　　　　　　　　　　　**分類** 類義語 (動詞)
意味 チケットも持っていたし、飛行機も時間どおりに出発したのですが、私はその便に乗れませんでした。航空会社がその便をオーバーブッキングしてしまったのです。
解説 cancel は「キャンセルする」、delay は「遅らせる、延期する」、overbook は「定員以上の予約を受け付ける」、reverse は「逆進する、逆にする」という意味でいずれも他動詞。my flight という目的語と結びつくのは cancel, delay, overbook だが、飛行機は時間どおりに出発したと言っているので、ここは overbooked が正解。

解答 (A)　　　　　　　　　　　　**分類** 動詞
意味 新しいデジタル式音響システムは録音機能と再生機能を兼ね備えている。
解説 combine は「結合する」の意味。他に述語動詞となるものがないので、空所は3人称単数の主語に対する述語動詞が入るはず。したがって、combining は不可。主語が単数なので combine も不可。combine は目的語を1つだけとる他動詞なので、受け身にしたとき、あとに名詞がくることはない。したがって (D) も不可。現在形の combines が正解。

05. Typewriters have been ······ outdated by computers.
    (A) closely
    (B) totally
    (C) highly
    (D) purely

06. A ······ new report revealed a sharp rise in obesity among young children due to a lack of exercise.
    (A) troubling
    (B) troublesome
    (C) troubled
    (D) trouble

07. Consumers have more choices now that there are ······ on imports than there used to be.
    (A) many low taxes
    (B) more low taxes
    (C) lower taxes
    (D) low taxes

08. After he ······ the room, he took off his coat, hung it in the closet and called room service.
    (A) entered
    (B) entered to
    (C) entered in
    (D) entered into

09. At the conference, he met three ······ he had known when he was a student in Italy.
    (A) peoples which
    (B) people
    (C) peoples
    (D) people when

解答 (B)　　　　**分類** 類義語（形容詞・副詞）
意味 タイプライターはコンピューターの出現によりまったく時代遅れなものとなってしまった。
解説 outdate は「〜を時代遅れにする」。タイプライターはコンピューターの出現により「まったく」時代遅れになってしまった。「まったく、全面的に」は totally。closely は「接近して、綿密に」、highly は「非常に、高度に」、purely は「純粋に」で、いずれも文脈に合わない。

解答 (A)　　　　**分類** 動詞
意味 新しい報告書では、運動不足による幼い子どもの肥満が急激に増加しているという心配な報告がなされた。
解説 trouble は「〈事柄〉が〈人〉を〜を悩ませる、心配させる」の意味の他動詞なので、troubled という過去分詞は「心配させられた」＝「〈人〉が心配している」の意味になる。ここは「心配している」報告ではなく、「〈人〉を心配させるような」報告と言いたいので、a troubling new report とする。reveal は「あらわす、示す」、obesity は「肥満」の意味。

解答 (C)　　　　**分類** 比較
意味 輸入品に対する関税が以前よりも低くなったので、消費者にとっては選択の幅が広がった。
解説 than があるので、比較級になる。low は 1 音節なので、比較級は lower。used to be … は「昔は…だった」と現在と対比させるときの表現。now that SV は「(今や)…だから、…である以上は」という理由を表す接続詞で、that が省略されることもある。

解答 (A)　　　　**分類** 動詞
意味 彼は部屋に入ったあと、コートを脱いでクローゼットに掛けてから、ルームサービスに電話をかけた。
解説 enter は「〜に入る」という他動詞。よく自動詞と間違えて ×enter in the room のように前置詞を入れてしまうことがよくあるので注意。日本語の訳語に惑わされて自動詞と間違えやすい他動詞には explain「〜について説明する」、consider「〜について考慮する」、marry「〜と結婚する」、discuss「〜について話し合う」、reach「〜に到達する」などがある。

解答 (B)　　　　**分類** 名詞・代名詞
意味 その会議で、彼がイタリアに留学していたときに知り合った 3 人の人に会った。
解説 people が「複数の人（＝persons）」の意味の場合は、単数形で複数扱い。空所のあとは空所を修飾する関係代名詞節。関係詞を使うなら People whom / that …であり、which や when は不可。people が a people や peoples と可算名詞になるのは「国民、民族」の意味のときである。ex. The Japanese are said to be a polite people.「日本人は礼儀正しい国民だと言われている」。

10. You can either pay for your purchase in cash, ⋯⋯ use a credit card or traveler's checks.
    (A) and
    (B) nor
    (C) or
    (D) so

11. The new Air Star flights arrive in Bangkok thirty minutes sooner ⋯⋯ most other commercial flights.
    (A) before
    (B) in
    (C) among
    (D) than

12. Before building the waste disposal plant, we must ⋯⋯ an environmental impact study.
    (A) have done
    (B) be done
    (C) do
    (D) have been doing

13. There may be a difficult ⋯⋯ adjustment in that country during the transition to a market economy.
    (A) period in
    (B) period of
    (C) period for
    (D) period during

14. Critics say that cutting taxes will not necessarily result in ⋯⋯ consumer spending.
    (A) increased to
    (B) being increased
    (C) increasing
    (D) increase

解答 (C) **分類** 接続詞

意味 お買物のお支払いは、現金でも結構ですし、クレジットカードあるいはトラベラーズチェックもご利用になれます。

解説 either A or B は「A か B か」という意味を表す等位接続詞の一種。等位接続詞が出てきたら、何と何を結んでいるのか、正確に把握しなくてはならない。ここでは pay ... in cash と use a credit card or traveler's checks という動詞の原形どうしが並列になっている。a credit card と traveler's checks も use の共通の目的語として or で並列されている。

解答 (D) **分類** 比較

意味 エアスター航空の新しいフライトは、他の民間航空のほとんどの便よりも 30 分早くバンコクに着く。

解説 sooner は soon の比較級で「時間がより早い」。比較の対象を表すのが空所以下なので、空所には than が入る。commercial は「商業の、営利目的の」という意味。

解答 (C) **分類** 時制

意味 廃棄物処理場を建設する前に、環境への影響を調査しなければならない。

解説 do a study で「研究[調査]をする」(この study は名詞)。waste disposal plant「廃棄物処理工場」を建設する前に、an environmental impact study「環境への影響に関する研究」を実施しなければならない、という現在形の文であり、助動詞 must のあとなので、(C) do が正解。must have done は「～したに違いない、したはずだ」の意。

解答 (B) **分類** 前置詞

意味 その国では、市場経済へ移行する過程で苦しい適応期間があるかもしれない。

解説 単に「調整のための期間」という場合は a period for adjustment という言い方もできるが、a difficult period「苦しい期間」と adjustment「調整、順応」は同格関係なので of で結ぶ。transition は「移行」、market economy は「市場経済」。

解答 (C) **分類** 動詞

意味 減税は必ずしも消費の拡大に結びつかないと評論家は言っている。

解説 result in ～ は「～という結果になる」の意。in という前置詞のあとなので～の部分には名詞句あるいは動名詞がくる。increase には名詞用法もあるが、名詞と捉えて「消費の増大」と言うには an [the] increase in consumer spending と in が必要になる。したがって、ここは increase を動名詞にして increasing consumer spending とする。not necessarily ... は「必ずしも...でない」という部分否定を表す表現。

実力問題 11

15. The factory in Ohio was the most advanced in the world ⋯⋯ it was built five years ago.
    (A) which
    (B) where
    (C) when
    (D) in which

16. ⋯⋯ it rains next Sunday, the barbecue and charity auction will be held in the community meeting hall.
    (A) If
    (B) Once
    (C) Although
    (D) Because

17. When you have filled out the both pages of the ⋯⋯, please hand it to Ms. Loomis.
    (A) questioning
    (B) question
    (C) questionnaire
    (D) questions

18. You may use your credit card to order any of the compact discs ⋯⋯ in this catalogue.
    (A) listing
    (B) for listing
    (C) for listed
    (D) listed

19. The next generation of microprocessors will be able to perform ⋯⋯ of operations in a second.
    (A) more billion
    (B) much billion
    (C) many billions
    (D) many billion

解答 (C) **分類** 疑問詞・関係詞
意味 オハイオにあるその工場は、5年前に建てられた当時は世界最新鋭の工場であった。
解説 空所以下は「それは5年前に建てられた」と言っているので、the factory の説明だとわかる。先行詞と関係詞節が離れることはあるが、述語動詞を挟んで離れることはないし、空所以下は完全な文になっており、欠けている名詞もないので、関係代名詞節として成り立たない。when it was built ...「5年前に建てられたとき」という副詞節として読むほうが自然。

解答 (A) **分類** 接続詞
意味 今度の日曜日が雨であれば、バーベキューとチャリティー・オークションを地区集会場で行ないます。
解説 Once は「いったん...したら」という意味の接続詞。ここは「次の日曜日に雨が降ったら」という条件を表しているので、(A) if が正解。if や when で導かれる副詞節中の動詞は未来のことでも現在形で表すというルールをもう一度確認しておきたい。

解答 (C) **分類** 類義語（名詞）
意味 アンケートの両方のページを記入し終わったら、ルーミスさんに渡してください。
解説 fill out は「(書き込み式の書類に)記入する」。記入することを求められているのは「アンケート」という意味の questionnaire で、(C) が正解。questioning は「尋問、事情聴取」という意味。question(s) は「質問、問題」そのものを指すので、question sheet「質問用紙」とすれば可。

解答 (D) **分類** 動詞
意味 このカタログに載っている CD はすべてクレジットカードを使って注文することができます。
解説 「カタログに掲載されている compact discs」と言いたいので、空所には compact discs を後ろから修飾する語が入る。「掲載されている」という受け身の関係なので、過去分詞 listed が正解。any は肯定文で使われると「すべて(の)」の意味になる。

解答 (C) **分類** 形容詞・副詞
意味 次世代のマイクロプロセッサーは1秒間に何十億という演算を行なうことが可能になるだろう。
解説 billion「10億」や million「100万」、thousand「1000」、hundred「100」などの数詞は、その数そのものを意味するときは単数形だが、漠然と多数を示すときは複数形にする。billions of ～ だけでも「何十億もの～」という意味になるが、many や some をつけて「何十億もの～」「数十億もの～」ということもできる。

20. As ······ as I know, he is the only person who was in the room at the time of delivery.
    (A) far
    (B) long
    (C) well
    (D) much

21. Mr. Aoki is an excellent speaker but he does not write very ······.
    (A) good
    (B) well
    (C) clear
    (D) interesting

22. Sales personnel should be ······ to the needs of customers.
    (A) attention
    (B) attentively
    (C) attentive
    (D) attending

23. She stayed late at the office and finished the entire project by ······.
    (A) themselves
    (B) herself
    (C) itself
    (D) himself

24. Everyone must wear a ······ helmet when touring the construction site.
    (A) protect
    (B) protective
    (C) protection
    (D) protectively

解答 (A)　　　　　　　　　　　　　　**分類** 接続詞
意味 私の知る限り、彼は配達の時間に部屋にいた唯一の人物です。
解説 as long as SV は「S が〜する限りは」という条件を表し、as far as SV は「S が〜する範囲内では」という限定を表す。as well as と as much as は後ろに SV をとらない。「私が知っている範囲では、彼が唯一の人物だ」と言いたいので (A) as far as が正解。

解答 (B)　　　　　　　　　　　　　　**分類** 形容詞・副詞
意味 青木さんは話すのは上手だが、文章を書くのはあまり上手ではない。
解説 「〜が上手だ」は、be good at 〜 という表現のほか、この文の前半のように be +〈形容詞〉+〈名詞〉(「上手な〜である」)という言い方と、後半のように do +〈副詞〉(「上手に〜する」)という言い方がある。空所は「上手に」という副詞がほしいので、well を入れる。その他の選択肢はすべて形容詞なので不可。

解答 (C)　　　　　　　　　　　　　　**分類** 品詞
意味 営業部員は顧客のニーズに注意を払わなければならない。
解説 be attentive to 〜 で「〜に気を配る[注意する]」の意味。attention は「注意」の意の名詞。attend to 〜 は「〜に関心を向ける、(客などに)応対する」の意味になるが、進行形にはしない。personnel は複数扱いの名詞で「人員、職員」の意味。

解答 (B)　　　　　　　　　　　　　　**分類** 名詞・代名詞
意味 彼女は会社に遅くまで残って残業し、プロジェクトをすべて自分だけで完了させた。
解説 (all) by oneself は「ひとりで、独力で」という意味。finished the entire project の主語は、stayed の主語と共通で She。したがって、by herself「(彼女の)独力で」が正解。

解答 (B)　　　　　　　　　　　　　　**分類** 品詞
意味 工事現場を見まわるときには全員、防護用ヘルメットをかぶらなければならない。
解説 空所は冠詞 a と名詞 helmet にはさまれているので、形容詞が入ると考えられる。protective「保護用の」が正解。ただし、名詞の前であっても、文中の the construction site「工事現場」のように〈名詞＋名詞〉の形の複合語を使う場合も多いので注意すること。

実力問題 12

01. It may be the least expensive but it is much ······ comfortable than our present office furniture.
(A) less
(B) the lesser
(C) little
(D) least

02. ······ this river will have a very negative impact on the environment.
(A) Dam
(B) Dammed
(C) Dams
(D) Damming

03. The economic policies ······ two years ago are just beginning to have an effect.
(A) deregulated
(B) protected
(C) instituted
(D) canceled

04. If you ever ······ any difficulty operating the machine, please call Mr. Dimitri in the Service Department.
(A) experience
(B) experienced
(C) to experience
(D) experiencing

解答 (A)　　**分類** 比較

意味 それは値段はいちばん安いかもしれないが、現在、事務所で使っている家具よりずっと使い心地が悪い。

解説 空所のあとのほうに than があるので、比較級の less (comfortable) が正解。これは劣勢比較の文で、much「ずっと」で比較級が強められている。前半の the least expensive も劣勢比較の最上級。

解答 (D)　　**分類** 動詞

意味 この川にダムを造ると、環境に相当の悪影響が出るだろう。

解説 dam には「ダムでせき止める」という動詞の用法がある。ここでは will have が述語動詞になっているので、「この川をダムでせき止めること」という主語になる名詞句をつくる必要がある。正解は動名詞形の (D) Damming で、不定詞の To dam を使っても同じ意味を表せる。have [make] an impact on ～ で「～に影響がある」の意味。

解答 (C)　　**分類** 類義語 (動詞)

意味 2年前に策定された経済政策がちょうど効果を発揮し始めている。

解説 deregulate は「(規制などを)撤廃[緩和]する」、protect は「保護する」、institute は「制定[創設]する」、cancel は「キャンセルする」。空所は過去分詞で economic policies を修飾している。「効果が現れつつある」と言っているので、政策が「撤廃された」はずはない。「2年前に策定された経済政策」という意味になるよう、instituted を入れる。

解答 (A)　　**分類** 時制

意味 もしもその機械の操作でわからないことがありましたら、サービス部のディミトリに電話してください。

解説 if があったら常に仮定法とは限らない。ここの If は単に条件を表している。If ... ever ... で「(いつか)...したら」と未来のことを表すが、副詞節は未来時制を現在形で代用するので experience が正解になる。

05. Last week, the selection committee reported that it would be ⋯⋯ two prizes for documentary films.
   (A) award
   (B) awarded
   (C) awarding
   (D) awards

06. A buffet lunch ⋯⋯ for the last day of the conference.
   (A) has planned
   (B) will plan
   (C) be planned
   (D) has been planned

07. Schools, shopping and transportation are ⋯⋯ walking distance of the apartment.
   (A) by
   (B) among
   (C) within
   (D) from

08. Buying stock in that company is ⋯⋯ like a form of speculation than an investment.
   (A) more
   (B) most
   (C) the most
   (D) as much as

09. The conference center is equipped with all the latest ⋯⋯.
   (A) attitudes
   (B) ingredients
   (C) facilities
   (D) techniques

解答 (C)   **分類** 動詞
意味 先週、選考委員会は2つのドキュメンタリー映画に賞を授与すると発表した。
解説 award は「(賞・証書など)を授与する」の意味の他動詞。空所の前に be があるので (A) award と (D) awards は不可。that 節内の主語 it は the selection committee を指し、しかも two prizes という目的語があるので受け身の形は使えない。ここは (C) の awarding が正解になる。will be doing は確定の度合いの強い未来を表す言い方だが、時制の一致により would になっている。

解答 (D)   **分類** 時制
意味 会議の最終日に立食のランチが用意されている。
解説 A buffet [baféi] lunch「立食のランチ」は「計画される」ものなので、空所は受け身形になる。空所はこの文の述語動詞になるので、原形のままの (C) は不可。

解答 (C)   **分類** 前置詞
意味 学校と買い物のできる場所と交通機関がそのアパートから歩ける範囲にある。
解説 within は in の「～の内に」という意味を強調して「～以内に、～を超えない範囲に」というときに使う。within walking distance (of ～) で「(～から)歩いて行ける範囲内に」という意味。ex. Our office is within a two-minute walk of the station.「当社は駅から歩いて2分以内のところにあります」。

解答 (A)   **分類** 比較
意味 あの企業の株を買うのは、投資というよりは一種の投機である。
解説 than に注目して、比較級を入れる。空所のあとの like は動詞「好む」ではなく、前置詞で「～のような」という意味。more like A than B で「B というよりむしろ A のような[に]」という意味になる。speculation は「投機」(investment よりリスクが高い)。

解答 (C)   **分類** 類義語 (名詞)
意味 その会議場は、あらゆる最新設備を備えている。
解説 attitude は「態度、考え方」、ingredient は「(食品などの)材料、成分」、facility は複数形で「施設、設備」の意味がある。technique は「(科学・芸術・機械などの)専門的な技術」のこと。be equipped with ～ で「～を備えている」。会議場が備えているのは、the latest facilities「最新設備」。

10. The new subway, ⋯⋯ runs on rubber tires, is the quietest and most convenient way to get around the city.
    (A) that
    (B) which
    (C) where
    (D) wherever

11. There was very little agreement about the ⋯⋯ restructuring plan.
    (A) acceptable
    (B) unanimous
    (C) controversial
    (D) similar

12. Mr. Yamagishi asked some difficult questions, but Ms. Wu was able to answer ⋯⋯.
    (A) those
    (B) them
    (C) his
    (D) they

13. Mr. Porchino has been speaking to the Rome office ⋯⋯ 10:00 a.m. this morning.
    (A) at
    (B) since
    (C) for
    (D) until

14. His argument in favor of his own proposal was ⋯⋯ logical.
    (A) incoherently
    (B) trivially
    (C) rigorously
    (D) randomly

解答 (B)　　　**分類** 疑問詞・関係詞

意味 新しい地下鉄はゴムのタイヤで走るため、市内の交通手段としてはもっとも静かでもっとも便利である。

解説 where や wherever のあとには完結した文がこなければならないが、ここは runs の主語がないから where や wherever は入らない。The new subway を先行詞とする関係代名詞が入るが、空所の前にカンマがあり（非制限用法）、that は非制限用法では使えないので、which が正解。非制限用法とは、先行詞に補足的に説明を加えるために関係詞節をつけ足す用法。

解答 (C)　　　**分類** 類義語（形容詞・副詞）

意味 その合理化計画には賛否両論があり、意見の一致はほとんど見られなかった。

解説 agreement はここでは little という不可算名詞につく形容詞があるので、「協定、契約」という意味ではなく、「（意見の）一致」という意味。There was no [little] agreement about ～ で「～に関して意見の一致がまったく［ほとんど］見られない」ということ。意見が一致しないのは、controversial「異論が多い」から。したがって、(C)が正解。acceptable は「納得のいく、好ましい」、unanimous は「満場一致の」、similar は「類似の」。

解答 (B)　　　**分類** 名詞・代名詞

意味 山岸氏はむずかしい質問を何問か出したが、ウーさんは全部答えることができた。

解説 空所は answer の目的語。some difficult questions を指す目的格の代名詞 them が正解。

解答 (B)　　　**分類** 前置詞

意味 ポーチノ氏は今朝10時からずっとローマ事務所と電話で話している。

解説 has been speaking と現在完了進行形になっているので、過去のある一点の時を指す副詞句と一緒には使えない。したがって、at は不可。for は for an hour のような期間を表す表現であれば使える。ここでは動作・状態の起点を表す since「～の時点からずっと」が正解。

解答 (C)　　　**分類** 類義語（形容詞・副詞）

意味 自分の提案のメリットを述べる彼の議論はたいへん筋の通ったものだった。

解説 argument には「議論、言い争い」という意味もあるが、ここでは「論拠、主張」。in favor of ～ は「～を支持して、～の利益となるように」、proposal は「提案」、logical は「筋が通った」。彼が主張する提案の根拠を述べさせたら、「たいへん」筋が通っていたということ。logical を強調する副詞としては rigorously「（いい意味で）厳密に」がふさわしい。incoherently は incoherent「つじつまが合わない、支離滅裂な」の副詞、trivially は trivial「平凡な、つまらない、些末な」の副詞。randomly は「でたらめに、手当たり次第に」（= at random）。

実力問題 12

15. The Mainland Bank's recent ······ of Hanson Trust makes it the third largest financial institution in the country.
    (A) acquisition
    (B) acceptance
    (C) allotment
    (D) attachment

16. She found the documents in the drawer ······ he had left them.
    (A) which
    (B) when
    (C) where
    (D) that

17. We expect ······ employees to attend the annual awards presentation ceremony.
    (A) each
    (B) most of
    (C) all
    (D) entire

18. Stress related illnesses are very ······ among middle-level managers.
    (A) popular
    (B) numerous
    (C) uneasy
    (D) common

19. They will have to lay off workers ······ the recession continues.
    (A) and
    (B) but
    (C) if
    (D) so

解答 (A)　　**分類** 類義語（名詞）

意味 最近行なわれたハンソン・トラスト社との合併により、メインランド銀行は全国第3位の大手金融機関となった。

解説 ac-, al-, at- はすべて 'to [toward]' あるいは 'against' を意味する接頭辞。acquisition は acquire「習得［取得］する、（企業などを）買収する」の名詞形、acceptance は accep「受け入れる、引き受ける」の名詞形、allotment は allot「割り当てる」の名詞形。attachment は attach「取りつける、結びつける」の名詞形で「取りつけ、配属、付属品［装置］」の意味。企業の「吸収合併」を意味する言葉には acquisition のほかに absorption、takeover などがあるが、takeover には「乗っ取り」というニュアンスがある。

解答 (C)　　**分類** 疑問詞・関係詞

意味 彼女は書類を彼が引き出しに置き忘れたのを見つけた。

解説 空所以下は He had left them (＝the documents) in the drawer. が元の文。この中で、in the drawer は場所を表す副詞句の働きをしている。元の文の中で副詞句の働きをしていた語には関係副詞で修飾する節を結びつける。ここは場所を表す関係副詞 where を使う。関係代名詞を使うと <u>in which</u> he had left them となる。

解答 (C)　　**分類** 形容詞・副詞

意味 私たちは全社員が年間賞の授与式に出席することを期待している。

解説 空所のあとが employees と複数形になっているので、each は不可。entire も全体を1つのかたまりと見ている形容詞なので、あとにくるのは単数名詞。most of ～ は「～のほとんど」。範囲を限定しなければ、何に対して「ほとんど」なのかわからないので、of のあとには the や所有格などの限定詞がついた名詞がくる。したがって、空所には all を入れて「すべての従業員の参加を期待する」とするのが適切。

解答 (D)　　**分類** 類義語（形容詞・副詞）

意味 ストレスから来る病気は、中間管理職の人に多い。

解説 stress related illness は「ストレスに関連した病気」。〈名詞〉＋-related で「〈名詞〉に関連した」という意味の形容詞をつくる。be common among ～ で「～のあいだでよく起こる［見られる］」、be popular among ～ は「～のあいだで人気がある」。numerous は「多数の」、uneasy は「不安な、落ち着かない」。

解答 (C)　　**分類** 接続詞

意味 もし不況が続けば、従業員を一時解雇しなければならなくなるだろう。

解説 「一時解雇しなければならない」と「不況が続く」の関係は、「不況が続けば」と条件節に考えるのがもっとも意味が通る。また、主節が未来形になっており、従節が現在形になっていることからも、後半が条件や時を表す副詞節であることがわかる。選択肢の中で従位接続詞は if のみ。so は「そこで、だから」という意味で therefore の口語的な語。

20. Just fifty years ago, space flight seemed like ...... impossible dream.
    (A) such
    (B) an
    (C) the
    (D) most

21. Mr. Horvath said that he ...... whether he could attend the inauguration ceremonies.
    (A) planned
    (B) worried
    (C) doubted
    (D) apologized

22. Mr. Langdorf has lived and worked in Canada for nearly a decade and has just applied for ...... residence.
    (A) permanently
    (B) permanence
    (C) permanency
    (D) permanent

23. While some people ...... ecological problems as threats to business, other people see them as business opportunities.
    (A) see
    (B) who see
    (C) they see
    (D) that see

24. The computerized weaving machines produce cloth of much finer quality, faster and ....
    (A) cheaply
    (B) cheaper
    (C) cheapest
    (D) more cheaply

解答 (B) **分類** 形容詞・副詞

意味 わずか50年前は、宇宙飛行など不可能な夢のように思われた。

解説 seem like +〈名詞〉で「〈名詞〉のように見える、思える」という意味。dream は可算名詞なので、単数であれば不定冠詞 a が必要。ここでは impossible という母音で始まる形容詞の前なので an を使う。特定された夢ではないので、定冠詞 the を使うのはおかしい。

解答 (C) **分類** 類義語（動詞）

意味 ホルヴァート氏は開会式に参加できないかもしれないと思っていたと言った。

解説 空所のあとの whether 節は「…かどうか」という名詞節で、空所に入る動詞の目的語。「…かどうか」という目的語と結びつくのは worry「心配する」か doubt「疑う」だが、worry は「～について心配する」というときは worry about とするのが普通。したがって、doubted が正解。doubt ～ は「～ではないのではないか」という疑い、suspect ～ は「どうも～らしい」という疑いを表す。

解答 (D) **分類** 品詞

意味 ランドルフ氏は10年近くカナダに住み、仕事をしてきたが、先ごろ永住の申請をした。

解説 permanent residence で「永住」の意。permanence と permanency は名詞で、いずれも「永遠性」の意味。後者は格式語。premanently は「永遠に」の意の副詞。decade は「10年」、apply for ～ は「～を申請する」。

解答 (A) **分類** 疑問詞・関係詞

意味 環境問題が事業に対する脅威になると考える人もいるが、これをビジネス・チャンスと見る人もいる。

解説 while は「…である一方で」という対比の意味を表す従位接続詞。したがって、some people 以下からカンマまでと other people 以下からピリオドまでがそれぞれ完全な文になる。some people + who see … という関係代名詞節と読んでしまうと、some people に対する述語動詞が出てこない。ここは who をとって some people see … と続けて読むのが正しい。

解答 (D) **分類** 比較

意味 コンピューター化された織機によって、より高品質の布が、より速く、より安く生産できる。

解説 weaving machine は「織機（しょっき）」のこと（weave「織る」）。比較級が3つ出てくるが、finer は quality にかかる形容詞、faster は produce にかかる副詞。その faster と and で並列になっているので、副詞の比較級 more cheaply が正解。

実力問題12 163

実力問題 13

01. I am sorry I was not able to ⋯⋯ to your fax, but I was out of town on business.
    (A) answer
    (B) transmit
    (C) respond
    (D) respond back

    Check!

02. They chose to build their new headquarters in the country that ⋯⋯ the most generous tax benefits.
    (A) they were provided
    (B) provided
    (C) was provided
    (D) they provided

    Check!

03. When he unpacked at his hotel, he realized he had not brought ⋯⋯ with him.
    (A) a white shirts
    (B) an white shirt
    (C) a white shirt
    (D) white shirt

    Check!

04. This is just a note to thank you for your letter ⋯⋯ April 8, and for all your assistance in arranging the Cairo conference.
    (A) dating
    (B) having dated
    (C) dated
    (D) to date

    Check!

解答 (C)　　　　　　　　　　**分類** 類義語（動詞）
意味 ファックスをいただきながら、お返事を差し上げられず申し訳ありません。出張で不在だったのです。
解説 answer, respond, reply はいずれも「答える」という意味。そのうち、answer だけが他動詞で answer the phone「電話に出る」、answer the criticism「批判に答える」のように目的語をとる。respond と reply は自動詞なので respond to ～、reply to ～ と前置詞が必要。respond は answer back の意味であり、すでに 'back' の意味を含んでいるので、さらに back という副詞を入れる必要はない。transmit も他動詞で「～を送信する」。

解答 (B)　　　　　　　　　　**分類** 疑問詞・関係詞
意味 彼らは、税金面でもっとも寛大な優遇措置を与えてくれるその国に新しい本部を建設することに決めた。
解説 「もっとも寛大な税の優遇措置」は、国が企業に与えるものであるから that 以下は直前の the country を先行詞としていることがわかる。the country は provide されるのではなく、provide するのだから、受動態ではおかしい。(B) provided が正解。headquarters は「本部」という意味で、通常複数形で用いる。

解答 (C)　　　　　　　　　　**分類** 名詞・代名詞
意味 ホテルで荷を解いていたとき、彼は白いシャツを持ってきていないことに気づいた。
解説 「シャツ」は単数形では a shirt であり、shirts とはならない。a/an の違いは、直後に来る語の最初の音が母音かどうかによる。white は母音ではないので an は不可。white shirt がなまって日本語の「ワイシャツ」になったと言われているが、a white shirt は単に「白いシャツ」という意味。ジーンズと一緒に着るようなシャツでもネクタイをするようなシャツでも a shirt でよい。とくにはっきり「ワイシャツ」と言いたいときは、a dress shirt とする。unpack は pack「荷造りをする」の反対語で「荷を解く」の意味。

解答 (C)　　　　　　　　　　**分類** 動詞
意味 4月8日づけのお手紙に対し、またカイロ会議の準備中、甚大なご協力をいただいたことに対し、感謝の意を表したく一筆申し上げます。
解説 date は他動詞で「(手紙や小切手に)日付をつける」の意味。be dated +〈○月×日〉という受け身形で「〈○月×日〉づけの」という意味になる。日付の前に on は不要。your letter dated April 8 は過去分詞が後ろから your letter を修飾している形。なお、date には自動詞用法で Their friendship dates from their childhood.「彼らの友情は子ども時代から始まっている」という使い方もある。

実力問題 13　165

05. Currently, demand for goods and services is falling while unemployment is ······ rise.
    (A) on
    (B) in the
    (C) in
    (D) on the

06. Union and management will sign the contract they ······ for nearly a month.
    (A) will negotiate
    (B) will be negotiating
    (C) have been negotiating
    (D) were negotiated

07. The policy of the government ······ has been to subsidize some kinds of food crops.
    (A) in the past
    (B) for the past
    (C) in past
    (D) for past

08. Social clubs provide opportunities to make valuable contacts ······ people in a wide range of fields.
    (A) on
    (B) with
    (C) to
    (D) for

09. As a person's income increases with age and training, ······ does the amount spent on leisure time activities.
    (A) even
    (B) or
    (C) so
    (D) and

解答 (D)　　**分類** 前置詞
意味 現在、失業率が上昇している一方で、ものやサービスへの需要は下がっている。
解説 on the rise で「上昇中で」の意味（⇔ on the decline「下降中で、衰えて」）。currently は「昨今、ようやく」の意味の副詞。while SV はこの場合「SV しているあいだに」ではなく、「SV する一方（で）」と対比を表す。unemployment は「失業(状態、率)」。

解答 (C)　　**分類** 時制
意味 労使双方は1ヵ月近くも交渉してきた契約の調印を行なう予定だ。
解説 the contract までで SVO の文が完結しているので、they 以下は contract を修飾する関係詞節（関係代名詞は省略されている）。sign「調印する」と negotiate「交渉する」の時間的関係を考えれば、未来ではありえない。for nearly a month という期間を表す語句があるので、継続を表す現在完了進行形の (C) が正解。進行形でない現在完了形 they have negotiated も可。

解答 (A)　　**分類** 名詞・代名詞
意味 従来の政府の方針は何種類かの食糧農産物に対して、補助金を出すというものであった。
解説 past は「過去」という意味の名詞として使うときは、必ず the が必要。the present「現在」、the future「未来」も同様。in the past で「過去には、これまでは」の意味。subsidize は「～に助成金[補助金]を出す」（名詞形は subsidy「助成[補助]金」）。food crops は「食糧農作物」（食糧にならない綿花などの農作物と区別して言う）。

解答 (B)　　**分類** 前置詞
意味 社交クラブでは幅広い分野の人々と接する貴重な機会が得られる。
解説 肌などへの表面的な接触であれば、contact と結びつく前置詞として on や to なども考えられるが、contact ともっとも結びつきやすい前置詞は with。social club は「社交クラブ」、an opportunity to do は「～する機会」、a wide range of ～ は「幅広い範囲の～」の意味。contact は他動詞・自動詞としても用いられ、自動詞の場合は with ～ が続く。

解答 (C)　　**分類** 接続詞
意味 年齢や経験とともに収入が増えるにつれて、レジャー活動に使う金額も多くなっていく。
解説 文頭の As は「…につれて、…するのに応じて」という意味を表す接続詞。As X, so Y. の形で「X につれて[であるのと同様]、Y である」という意味になる。so のあとは主語と(助)動詞が倒置される。

10. By the first quarter of next year, the ······ for increased growth should improve.
    (A) prospectors
    (B) prosper
    (C) prospect
    (D) promise

11. All members of the health insurance plan must take one routine medical examination ·······.
    (A) in annual
    (B) once
    (C) year
    (D) annually

12. It is very ······ that the bill proposed by Mr. Woods has been rejected in the House.
    (A) regrettable
    (B) regressive
    (C) regretful
    (D) regretting

13. The government is concerned about the ······ of the infrastructure in rural areas of the country.
    (A) depletion
    (B) deterioration
    (C) derivation
    (D) depression

14. Ms. Mando wanted to contact the writer of the proposal, but didn't know ······ it was.
    (A) which
    (B) where
    (C) when
    (D) who

解答 (C)　　　**分類** 類義語（名詞）
意味 来年の最初の四半期までには、景気上昇への見込みが回復するはずだ。
解説 prospector は prospect「（鉱石・石油などを）試掘する」という動詞に「〜する人・物」を表す -or がついた名詞、prosper は「繁栄する」という意味の自動詞、prospect は名詞で「展望、見込み、見晴らし」、promise は「約束」。improve「改善する」の主語としてふさわしいのは、prospect。

解答 (D)　　　**分類** 類義語（形容詞・副詞）
意味 健康保険の加入者は年に1回、定期健康診断を受けることが義務づけられている。
解説 annual は形容詞なので(A)のように前置詞の目的語にはならない。once は once (in) a year とすれば、「年に1度」という意味になるが、前に one という形容詞が使われており、意味が重複するのでこの文では使えない。one … examination a year のように year に不定冠詞をつけると「1年につき」という意味になるが、(C)のように year だけでは不可。「毎年、年1回」という意味の副詞 annually が正解。

解答 (A)　　　**分類** 類義語（形容詞・副詞）
意味 ウッズ氏が出した法案が下院で否決されたのは、たいへん残念なことだ。
解説 regrettable は「〈事柄〉が残念な、悲しむべき」、regretful は「〈人〉が後悔している、残念に思っている」。regretting は動詞 regret「後悔する」の ing 形なので regretful に近い。regressive は他の3つとはまったく関連のない形容詞で「退行する」。主語が it（it は仮主語で、意味上の主語は that 節）なので、regrettable が適切。It is regretted that … という言い方も可。同じ語から派生した形容詞で混同しやすいものには、considerate「思いやりのある」/ considerable「かなりの」、respectful「敬意を持っている」/ respectable「きちんとした」/ respective「それぞれの」、valuable「価値のある」/ invaluable「非常に貴重な」/ valueless「価値のない」などがある。

解答 (B)　　　**分類** 類義語（名詞）
意味 政府は国内の地方におけるインフラの老朽化を懸念している。
解説 de- は 'down from / to'（低下）や 'off / away'（除去）などを意味する接頭辞。depletion は deplete「（資金・力などを）使い果たす」の名詞形、deterioration は deteriorate「悪化[低下]する」の名詞形、derivation は derive「引き出す、由来する」の名詞形、depression は depress「落胆させる、低下させる」の名詞形。政府が懸念しているのは、infrastructure「インフラ、社会的基盤」の deterioration「悪化」である。

解答 (D)　　　**分類** 疑問詞・関係詞
意味 マンドーさんは提案書を書いた人とコンタクトをとりたかったが、それが誰なのかわからなかった。
解説 空所以下全体が know の目的語になっている。前半で the writer of the proposal にコンタクトをとりたかったと言っており、「それが誰なのか」（わからなかった）という間接疑問文にしたいので、who が入る。

15. The tax rebate should ······ me to save some extra money this year.
    (A) admit
    (B) give
    (C) allow
    (D) deprive

16. Last year two major banks and a securities company ······.
    (A) go bankrupt
    (B) is bankrupt
    (C) has bankrupt
    (D) went bankrupt

17. The movie was very popular but most critics were not ······ by it.
    (A) impressive
    (B) impressed
    (C) impression
    (D) impressing

18. ······ no one supported his proposal, he decided to withdraw it.
    (A) Since
    (B) However
    (C) Although
    (D) Before

19. Computers are one of the few products that have been getting better and ······ since they appeared on the market.
    (A) cheap
    (B) cheaper
    (C) cheapest
    (D) cheaply

解答 (C)　　**分類** 類義語（動詞）
意味 税金の還付があるので、今年は少し余分に預金ができるはずです。
解説 tax rebate は「税金の払い戻し」。そのおかげで「少し余分に預金ができる」と言いたいので、allow〈人〉to do「〈人〉が～することを許す、Sのおかげで〈人〉が…できる」という表現を使う。admit は「(事実を)認める、(入場・入学を)認める」という意味で、あとに〈人〉to do の形はとらない。deprive は deprive〈人〉of〈物〉という形で「〈物〉から～を奪う」という意味。

解答 (D)　　**分類** 時制
意味 昨年、大手銀行2行と証券会社1社が倒産した。
解説 go [become] bankrupt で「破産[破綻]する」ということ。この bankrupt は形容詞だが、bankrupt 1 語で「(会社)を破産させる」という意味の他動詞としても用いられる。Last year のように明確に過去を示す副詞がある場合、現在完了形を使うことはできない。単純過去の went bankrupt が正解。

解答 (B)　　**分類** 品詞
意味 その映画は人気を呼んだが、ほとんどの批評家は感銘を受けなかった。
解説 impress は他動詞で「〈人〉に感銘を与える」の意。〈人〉が主語のときは受け身で be impressed by [with] ～ で「～に感銘を受ける」となる。impressive は形容詞で「感銘を与えるような、見事な」、impression は名詞で「感銘」。impressing は目的語がないので不可。

解答 (A)　　**分類** 接続詞
意味 彼の提案を誰も支持してくれなかったので、彼は取り下げることにした。
解説 since は「…以来(ずっと)」と〈時〉を表す場合と、このように「…なので」と〈理由〉を表す場合がある。文頭にきているときは、〈理由〉の接続詞であることが多い。However は副詞なので、文と文をつなぐ働きはない。

解答 (B)　　**分類** 比較
意味 コンピューターは、市場に出てから機能がどんどん向上し、価格はどんどん低下している数少ない製品の1つです。
解説 get +〈比較級〉で「どんどん～になる」。and が空所と better を並列しているとわかれば、空所には better と対応し、have been getting とつながる比較級 cheaper が入るとわかる。

20. ……… is the last to leave the office should turn off the lights and lock the door.
    (A) Whoever
    (B) Whenever
    (C) Who
    (D) Whichever

21. They cannot build their showroom close to the city because there is not ……… land for sale at reasonable prices.
    (A) the
    (B) even
    (C) much
    (D) many

22. Next year the company plans to cut costs and increase ………
    (A) produce
    (B) productivity
    (C) producer
    (D) producing

23. Most people look forward to ……… the holiday season with family and friends.
    (A) spend
    (B) spent
    (C) spending
    (D) spends

24. His financial advisor told him to take his money out of stocks and put it ……… bonds.
    (A) on
    (B) off
    (C) back
    (D) into

解答 (A)　　　　　　　　　　**分類** 疑問詞・関係詞
意味 最後にオフィスを出る人は消灯および施錠を行なってください。
解説 S be the last to do で「S は最後に〜する者である」という意味を表す。文全体の述語動詞はこの is ではなく、あとから出てくる should turn off。空所から the office までが主語になっており、「最後にオフィスを出る人は(それが誰でも)」という意味にしたいので、Whoever を入れる。

解答 (C)　　　　　　　　　　**分類** 形容詞・副詞
意味 手頃な価格の売り地があまりないため、都心の近くにショールームを建設することができない。
解説 There is 構文は不特定のものの存在を表す構文なので、be 動詞のあとには通常、the がつく名詞がくることはない。land は「土地」という意味では不可算名詞なので many も不可。even「〜でさえ」という副詞は、意味が通らない。したがって、(C) much が正解。

解答 (B)　　　　　　　　　　**分類** 品詞
意味 来年、その会社は経費を削減し、生産性を上げる計画だ。
解説 動詞 increase「増加させる」の目的語なので名詞が入る。productivity「生産性」が正解。prodúce は動詞で「生産する」、名詞では próduce とアクセントの位置が変わり、「農産物」の意味になる。producer「生産者」を入れて、「生産者を増やす」という意味にしたいのなら producers と複数形でなければならないし、文脈にも合わない。

解答 (C)　　　　　　　　　　**分類** 動詞
意味 たいていの人が家族や友達と一緒に休暇を過ごすことを楽しみにしている。
解説 look forward to 〜 は「〜を楽しみにしている」という意味。to は不定詞をつくる to ではなく、前置詞の to なので、あとには名詞句あるいは動名詞がくる。動名詞形の (C) spending が正解。なお、holiday season はクリスマスやイースター祭など休暇の時季のこと。

解答 (D)　　　　　　　　　　**分類** 前置詞
意味 彼の資金運用アドバイザーは株から資金を引き上げ、それを社債にまわすように言った。
解説 put 〜 into ... で「〜を...に入れる[投入する、投資する]」の意味になるので、into が正解。take 〜 out of ...「...から取り出す[引き出す]」はその対語表現。put 〜 on ... は「〜を...に置く[加える]」、put 〜 off ... は「〜を...から引き離す」、put 〜 back は「〜を返す」の意味。

実力問題 14

01. Mr. Rollins is planning a new book that ...... with the impact of the mass media on children.
 (A) deals
 (B) dealing
 (C) dealt
 (D) deal

02. The Swedish company provides free day-care for working women who cannot leave ...... children at home.
 (A) her
 (B) our
 (C) those
 (D) their

03. I started reading it after dinner and soon finished the ...... book.
 (A) total
 (B) entire
 (C) full
 (D) all

04. Mr. Tram asked his secretary to save copies of all the letters ...... dictated to her.
 (A) she
 (B) her
 (C) his
 (D) he

解答 (A)　　　　　　　　　　**分類** 動詞

意味 ロリンズ氏はマスメディアが子どもに与える影響を論じた新作本を企画している。

解説 deal with ～ で「～を扱う[処理する]」という意味。ここは that が関係代名詞で先行詞が a new book であることを見抜くことがポイント。空所には a new book を主語とする述語動詞の形が入るが、これから出す本の話をしているので、(C)の過去形ではおかしい。3人称単数形の deals が正解。

解答 (D)　　　　　　　　　　**分類** 名詞・代名詞

意味 そのスウェーデン企業は、子どもを自宅においてこられない女性社員のために無料のデイケアを提供している。

解説 provide〈物〉for〈人〉は「〈人〉に〈物〉を供給する」という意味。これは provide〈人〉with〈物〉で言い換えられる。自宅においてこられないのは working women 自身の子どもなので、三人称複数の所有格 their「彼女たちの」が入る。those は「この子どもたち」となり、先行名詞がないので使えない。

解答 (B)　　　　　　　　　　**分類** 類義語（形容詞・副詞）

意味 夕食後にその本を読み始めたのだが、すぐに最後まで読み終えてしまった。

解説 選択肢はすべて「全部の、全体の」という意味の形容詞だが、total は個々のものを全部合計していった「全体の」、entire は1つのものの全体を強調して「全体の、まるごとの」、full は「(数量・分量が)最大限の」。all も「すべての～、全体の～」の意味だが、冠詞の前に置かれるという文法上の決まりがある。ここでは、entire が正しい形容詞。これは whole で言い換えられる。

解答 (D)　　　　　　　　　　**分類** 名詞・代名詞

意味 トラム氏は秘書に口述筆記させた手紙は全部コピーをとっておくように言った。

解説 dictate は「書き取らせる、口述してタイプさせる」という意味の他動詞。空所の前で文が完結しており、dictated の目的語が欠けていることから、空所以下は letters を修飾する関係詞節と考えることができる。dictate したのは Mr. Tram なので、he が正解。目的格の関係代名詞 which (that) が省略されている。

05. Only one member of the board of directors approved ······ Mrs. Borg's proposal.
   (A) with
   (B) for
   (C) of
   (D) to

06. The new housing development will include a school, ······ hospital and an airport.
   (A) a
   (B) some
   (C) the
   (D) that

07. Marathon participants must be in good physical condition ······ they run the risk of injury.
   (A) except
   (B) on account of
   (C) or else
   (D) either

08. The president's ······ about the future gave all the employees a renewed sense of confidence.
   (A) pessimism
   (B) antagonism
   (C) doubts
   (D) optimism

09. Ms. Devros ······ in this company for ten years.
   (A) to work
   (B) has worked
   (C) been working
   (D) works

解 答 (C)　　**分 類** 前置詞
意 味 理事会でボーグさんの提案に賛成した理事はたった 1 人だった。
解 説 approve には他動詞用法、自動詞用法の両方があり、自動詞用法は approve of ～ の形で、「～をよいと思う、気に入る、許す」という意味になる。

解 答 (A)　　**分 類** 形容詞・副詞
意 味 新しい宅地開発計画には学校、病院、そして飛行場の建設が含まれている。
解 説 文脈から、「学校」「病院」「飛行場」はいずれも不特定のものであり、単数であるから、不定冠詞 a を入れる。

解 答 (C)　　**分 類** 接続詞
意 味 マラソンの参加者は、健康状態が良好でなければならない。さもなければ、ケガをする危険がある。
解 説 or else は命令文または must や have to を含む文のあとに用いられ、「さもなければ…」という意味を表す。run [take] the risk of ～ で「～の危険をおかす」。on account of ～ は「～のために、～の理由で」という意味を表す群前置詞。

解 答 (D)　　**分 類** 類義語（名詞）
意 味 将来に対する社長の楽観的な態度は、従業員全員の自信を回復させた。
解 説 pessimism と optimism は対義語で前者が「悲観主義」、後者が「楽観主義」という意味。antagonism は「敵対・敵意」という意味（antagonist は劇などの「敵役」⇔ protagonist「主役」）。doubt は「疑念」。give ～ a renewed sense of confidence で「～の自信を回復させる」。従業員が自信を回復できたのは、社長の optimism のおかげだと考えるのが自然。

解 答 (B)　　**分 類** 時制
意 味 デヴロスさんはこの会社に 10 年間勤めている。
解 説 for ten years「10 年間」という副詞句があるので、継続を表す現在完了形を用いる。(B) の has worked が正解。「今も働いている」ことを強調したければ、has been working（現在完了進行形）も使えるが、単純現在を使うことはできない。

10. It took five years of research and ...... to produce this new software.
    (A) development
    (B) conception
    (C) prediction
    (D) consumption

11. It is a ...... magazine that focuses only on baroque music.
    (A) spectacle
    (B) specialized
    (C) speculative
    (D) specific

12. They guarantee that all orders will be ...... within one week.
    (A) promoted
    (B) produced
    (C) processed
    (D) progressed

13. This computer software is a popular version of a very advanced version ...... designed for professional architects and engineers.
    (A) originally
    (B) periodically
    (C) radically
    (D) crucially

14. The quantity of rice produced in California is larger than ....
    (A) produced Japanese rice
    (B) Japan producing
    (C) the rice produced in Japan
    (D) that produced in Japan

解答 (A) **分類** 類義語（名詞）
意味 この新しいソフトウェアを制作するのに、研究開発に5年間を要した。
解説 ソフトウェアに限らず、新製品が世に出るまでには何年もの research and development（いわゆる R&D）が必要。conception は「概念（＝concept）、概念化」という意味のほか「妊娠、受胎」の意味もある。prediction は predict「予言する」の名詞形、consumption は consume「消費する」の名詞形。「消費税」は consumption tax。

解答 (B) **分類** 類義語（形容詞・副詞）
意味 それは、バロック音楽のみに的をしぼった専門誌です。
解説 spectacle は名詞で「光景、見物」。speculative は形容詞で「推測の、投機的な」。specialized は動詞 specialize「～を専門にする、得意とする」の過去・過去分詞で、ここでは後ろの名詞を修飾している。specific は「特定の、具体的な」。focus on ～ で「～に焦点を合わせる、～に集中する」。only という副詞があるので、バロック音楽を専門に扱う雑誌だということがわかる。したがって、(B) specialized が正解。

解答 (C) **分類** 類義語（動詞）
意味 あの会社はすべての注文を1週間以内に処理することを保証している。
解説 4語に共通する pro- という接頭辞は 'before' あるいは 'forward' の意。promote は「昇進させる、促進する」、produce は「生産する」、process は「処理する」、progress は「前進(する)、進歩(する)」動詞は progréss、名詞は prógress とアクセントが異なる。that 節の主語の order(s) はここでは「注文」という意味なので、processed が適切。

解答 (A) **分類** 類義語（形容詞・副詞）
意味 このコンピューターソフトは、本来はプロの建築家やエンジニア向けに設計された上位バージョンの普及型バージョンです。
解説 originally は「もともとは、初めは」、periodically は「定期的に」。-ly をとった periodical は名詞[形容詞]で「定期刊行物[の]」。radically は「根本的に、徹底的に」、crucially は形容詞 crucial「決定的な、重大な」の副詞形。a very advanced version を修飾する designed「設計された」という過去分詞(＝動詞)を修飾する副詞としては、文意から考えて originally がもっとも適切。

解答 (D) **分類** 比較
意味 カリフォルニア州の米の生産高は、日本の生産高よりも多い。
解説 The quantity of rice produced in California is 〈large〉. と The quantity of rice produced in Japan is 〈large〉. という文を比較したのが問題文。最初の文の large を比較級にし、than 以下に2番目の文の large 以外の部分をつなげるが、than 以下は同じ語の繰り返しを避けるため、that や those で言い換える。この文では the quantity of rice の代用なので単数の that となる。

15. The police are ……… to reduce the number of accidents at this intersection.
    (A) doing a unique attempt
    (B) making a unique attempt
    (C) doing an unique attempt
    (D) making an unique attempt

    Check!
    → ☐☐☐

16. More and more convenience stores are installing the ……… security equipment to protect against theft.
    (A) latter
    (B) latest
    (C) later
    (D) late

    Check!
    → ☐☐☐

17. The board decided that either the company must cut wages and other costs, ……… that it must fire a large number of staff members.
    (A) and
    (B) so
    (C) but
    (D) or

    Check!
    → ☐☐☐

18. Mrs. Rani assured us that the fax about new shipments ……… sent yesterday.
    (A) which
    (B) were
    (C) was
    (D) have

    Check!
    → ☐☐☐

19. They were surprised that the total cost of the project ……… higher than they had expected.
    (A) which was
    (B) was
    (C) in which it was
    (D) being

    Check!
    → ☐☐☐

解答 (B) **分類** 形容詞・副詞
意味 警察は、この交差点での事故を減らすためにユニークな試みを行なっている。
解説 不定冠詞 a は attempt にかかっているが、a/an の区別はすぐあとの単語の発音による。unique は綴りの上では母音のように見えるが、子音 [j] で始まっているので、不定冠詞は an ではなく a となる。attempt「試み」と組み合わせる動詞は do ではなく make。make an attempt で「試みを行なう」。

解答 (B) **分類** 類義語（形容詞・副詞）
意味 強盗対策用に最新型の防犯装置を設置するコンビニエンスストアが増えている。
解説 late は形容詞・副詞で「(時間的に)遅い・遅く」という意味と「(順序が)遅い・遅く」という意味があり、それぞれ活用が異なる。前者は late-later-latest、後者は late-latter-last。ここでは「最新の」=「時間的にもっとも遅い」という意味なので、(B) latest が正解。install は「取りつける」の意味。

解答 (D) **分類** 接続詞
意味 取締役会は、会社として、賃金およびその他の経費を削減するか、あるいは大量の従業員を解雇するかのどちらかを選ばなければならないと決定した。
解説 either A or B の either が that 節の中に入ってしまっているので間違いやすいが、A も B も decide の目的語になる that 節。したがって、(D) or が正解。

解答 (C) **分類** 名詞・代名詞
意味 新たな船荷に関するファックスは確かにきのう送ったとラニさんは言った。
解説 assure〈人〉that SV で「〈人〉に SV であることを保証する」の意味。that 節の主語は the fax about new shipments だが、中心の語は the fax という単数形。したがって、動詞は was sent になる。shipment は「積み荷、発送」の意味。

解答 (B) **分類** 疑問詞・関係詞
意味 そのプロジェクトにかかった総費用が予想以上に高かったので、彼らは驚いた。
解説 be surprised「驚く」の原因が that 節で表されている。(A) を選んで that 節中の主語を the total cost ... +関係代名詞節と考えると、述語動詞が出てこない。(B) was を述語動詞として the cost ... was ... higher と考えれば、意味が通る。

20. After the meeting, the members of the staff who could stay late decided to ······ together.
    (A) have a dinner
    (B) take for dinner
    (C) have dinner
    (D) take for a dinner

    Check!

21. Only one of the assistant managers, Mr. Brandi of the shipping department, was promoted ······ manager.
    (A) for
    (B) in
    (C) at
    (D) to

    Check!

22. The fall in stock prices means ······ have lost confidence in the market.
    (A) employees
    (B) investments
    (C) investors
    (D) employments

    Check!

23. The conservation plan will ······ large savings in the cost of heating and cooling.
    (A) result in
    (B) result out
    (C) result at
    (D) result for

    Check!

24. Last week I worked late every night and did not ······ home until after 10:00 p.m.
    (A) leave
    (B) make
    (C) go
    (D) stay

    Check!

解答 (C) **分類** 名詞
意味 会議のあと、遅くまで残れるスタッフは一緒にディナーを食べることにした。
解説 dinner「ディナー（夕食を指すことが多い）」、lunch「昼食」、breakfast「朝食」などの食事を表す名詞は、不可算名詞なのでaはつけない。ただし、a splendid dinner「すばらしい夕食」のように形容詞で修飾されている場合はaが必要。staffは集合名詞で、1つの職場で働いている職員全体を指し、複数として扱う。ひとりひとりのスタッフを表す場合は、a staff member あるいは a member of the staff とする。

解答 (D) **分類** 前置詞
意味 部長補佐からは、輸送部のブランディ氏1人だけが部長に昇進した。
解説 promote は、「〈人〉を～に昇進[昇格]させる」という意味の他動詞で、SVO to ～ の形をとる。昇進した人を主語にする場合は、受け身にする。be promoted to manager で「部長に昇進する」。なお、この to はイギリス英語では省略されることがある。

解答 (C) **分類** 類義語（名詞）
意味 株価の下落は、投資家が市場への信頼感を失ったことを意味している。
解説 investment は「投資（すること、したもの）」、employment は「雇用」の意。investment や employment という行為が、lose confidence in ～「～を信用できなくなる」の主語にはならない。信用できなくなったのは〈人〉のはず。株価の下落は investors「投資家」が株を買い控えたり売ったりするするからであり、(C) が正解。

解答 (A) **分類** 前置詞
意味 その省エネ計画は、冷暖房費用の大幅な削減につながるだろう。
解説 result in ～ で「～という結果に終わる」の意味。ちなみに、result from ～ だと「～の結果として生じる」の意味で、因果関係が result in ～ と逆になる。conservation は「保存、節約」。

解答 (C) **分類** 類義語（動詞）
意味 先週は毎晩、遅くまで残業で、10時過ぎまで帰宅できなかった。
解説 「帰宅する」の意味なので go home が適切。leave home「家を出る」、stay home「家にいる」では意味をなさない。make home という表現はなく、make one's home なら「家庭を持つ」の意味。home には「家庭」という意味の名詞用法と「自宅[故郷]へ」という意味の副詞用法がある。I left home at nine.「私は9時に家を出た」のhome は名詞。I wasn't home yesterday.「私は昨日、留守をしていた」のhome は副詞である。

実力問題 15

01. Investors were ⋯⋯ by the higher dividends issued over the last two quarters, and overwhelmingly approved the new board of directors.
    (A) pleased
    (B) please
    (C) pleasing
    (D) to please

02. Do not sign a delivery receipt unless ⋯⋯ correctly reflects the goods received.
    (A) he
    (B) we
    (C) it
    (D) you

03. The study of the local labor market will ⋯⋯ by the government for three more years.
    (A) be funding
    (B) be funded
    (C) fund
    (D) have funded

04. The committee turned ⋯⋯ his application for the grant because his research theme seemed irrelevant to the purpose of the foundation.
    (A) down
    (B) off
    (C) in
    (D) up

解答 (A)　**分類** 動詞

意味 投資家たちは過去2期の四半期における配当に満足し、新しい取締役会を圧倒的多数で承認した。

解説 please は「〈人〉を喜ばせる」の意味の他動詞なので、「〈人〉が喜んでいる」は be pleased と受け身形になる。空所のあとの by もヒントになる。dividend は「配当」、issue は動詞では「発行する、公布する」、名詞では「問題点、発行物」の意味。overwhelmingly は「圧倒的に」。approve は「認める、承認する」の意味で、Investors を主語として were pleased と and で結ばれている形。

解答 (C)　**分類** 名詞・代名詞

意味 配送品が正確に記載されていない限り、受け取り伝票にサインしてはいけない。

解説 前半部分は「受け取り伝票にサインしてはいけない」という命令文。unless 以下で「…でない限り」という条件を表している。reflect はここでは「反映する、示す」の意味。「配送品を正しく記載している」のは、a delivery receipt なので、それを受ける代名詞は (C) it が正解。goods は「商品、品物」という意味の名詞で複数扱い。ただし、数量を表す語句を伴うことはない。received は goods を修飾している過去分詞。

解答 (B)　**分類** 動詞

意味 地元の労働市場に関する研究にはあと3年間、政府から資金が提供される予定だ。

解説 fund は動詞では「資金を供給する」の意味。The study of ～「～の研究」は資金を供給される対象であるから、受動態になる。空所のあとの by もヒントになる。(B) be funded が正解。

解答 (A)　**分類** 類義語（動詞）

意味 委員会は彼の助成金交付の申請を却下した。彼の研究テーマが同財団の目的と合致していないように思われたのがその理由だ。

解説 turn down は、「(提案・応募など)を却下する」、turn off は「(スイッチや蛇口などを)切る、止める」(⇔ turn on「(スイッチなどを)入れる」)、turn in は「提出する、返却する」、turn up は「上向く」(自動詞)、「(ボリュームなどを)上げる」(他動詞)。目的語が application for the grant「助成金交付の申請」なので、turn down「却下する」が結びつく。turn を使ったその他の句動詞に、turn away「(入場・入国などを)拒否する」、turn into ～「～に変わる」などがある。

05. In the winter, many people head for the mountains to enjoy ……..
    (A) ski
    (B) to ski
    (C) skiing
    (D) skis

    Check!
    ➡ ☐☐☐

06. The new reclining seats guarantee that each business class passenger will have a very …… flight.
    (A) comfort
    (B) comfortable
    (C) comfortably
    (D) comfortableness

    Check!
    ➡ ☐☐☐

07. The lawyers assure us that they are making excellent progress …… an agreement.
    (A) for
    (B) at
    (C) toward
    (D) to

    Check!
    ➡ ☐☐☐

08. We have decided to hold the conference on international capital transfers at the Kyoto Center, but we still have not decided ……..
    (A) when
    (B) why
    (C) whether
    (D) where

    Check!
    ➡ ☐☐☐

09. No valuable merchandise …… in the warehouse fire.
    (A) damaged
    (B) was damaged
    (C) were damaged
    (D) to damage

    Check!
    ➡ ☐☐☐

解答 (C) **分類** 動詞
意味 冬になると、スキーを楽しむためにたくさんの人が山に向かう。
解説 enjoy の目的語に動詞がくるときは、必ず -ing 形になり、to 不定詞にはならない。なお、ski は動詞では「スキーをする」、名詞では「スキー(の板)」の意味になる。「スキーが好きだ」という場合の「スキー」は ski ではなく、skiing となる。head には動詞用法があり「先頭に立つ、(～に)向かって進む」の意味。

解答 (B) **分類** 品詞
意味 新型のリクライニング・シートは、ビジネスクラスのお客様に快適な空の旅をお約束します。
解説 comfort は「慰め(となるもの)、快適な状態」という名詞あるいは「慰める、楽にする」という他動詞。comfortable は「快適な」という形容詞。その副詞形が comfortably「快適に」。comfortable の名詞形が comfortableness「快適さ」。空所は very という副詞が前にあり、不定冠詞 a と名詞にはさまれているので、形容詞 comfortable でなければならない。

解答 (C) **分類** 前置詞
意味 弁護士たちは、合意に向けてたいへん順調に進んでいると私たちに断言している。
解説 make progress で「前進する」の意味 (progress は形容詞がついても不定冠詞がつかない不可算名詞の1つ)。ここでは「agreement に向けて」の意味にしなければならないので、toward「～のほうへ」が正解。to だと「到達」の意味が出てしまうので、現在進行形と文意が合わない。assure 〈人〉that SV は「SV だと〈人〉に確信させる[保証する]」の意味。

解答 (A) **分類** 疑問詞・関係詞
意味 国際資本移転に関する会議を京都センターで開催することを決定したが、まだ日時は決めていない。
解説 会議を開催する〈場所〉は京都センターに決まったが、まだ決まっていないのは会議を開催する〈日時〉。したがって、空所には when が入る。これは when we will hold the conference という間接疑問文の疑問詞以外の部分が省略されたもの。間接疑問文の最初にくる語は疑問詞および whether と if だが、whether と if はこのように残りの部分を省略することはできない。capital transfers は「資本移転」。

解答 (B) **分類** 名詞・代名詞
意味 倉庫で火事があったが、貴重な商品には被害はなかった。
解説 動詞の damage は「～に損害を与える」の意味の他動詞。valuable merchandise「貴重な商品」は「損害を与えられる」ので空所は受け身形にする。merchandise は不可算名詞として用いられる集合名詞で、常に単数として扱う。furniture「家具」や machinery「機械類」と同じ種類の名詞で、1つ2つと数えるときは a piece of ～ とする。

実力問題 15 **187**

10. At present, currency traders ······ for the government to act.
   (A) waited
   (B) were waiting
   (C) wait
   (D) are waiting

11. The engineers have requested many ······ maps of the building site.
   (A) detailing
   (B) detailed
   (C) detail
   (D) details

12. The country took steps to strengthen the ······ infrastructure.
   (A) dominant
   (B) docile
   (C) domestic
   (D) dimensional

13. She is free for lunch every day this week ······ Friday.
   (A) not
   (B) except
   (C) on
   (D) for

14. We have done all the research and development ······, without help from anyone.
   (A) myself
   (B) themselves
   (C) itself
   (D) ourselves

解答 (D)　　　　　　　　　　**分類** 時制

意味 目下のところ、通貨トレーダーは政府の動きを待っているところだ。

解説 wait for A to do で「A が~するのを待つ」という意味。at present「現在」という副詞句があるので、現在進行形の are waiting が正解。現在形は習慣的・反復的な動作を表すので、この文脈では使えない。

解答 (B)　　　　　　　　　　**分類** 品詞

意味 エンジニアたちは建設現場の詳細な図面をたくさん要求してきている。

解説 many と maps にはさまれているので空所には maps を修飾する形容詞が入る。形容詞として使えるのは (A) の現在分詞か (B) の過去分詞だが、detail は「~をくわしく述べる」という意味の他動詞であり、地図は「詳細に描かれる」という受け身の関係なので、過去分詞 detailed が正解。detail には名詞で「細かい点、詳細」の意味もある。site は「敷地、用地」の意味。

解答 (C)　　　　　　　　　　**分類** 動詞

意味 その国は国内のインフラを強化する方策を講じた。

解説 infrastructure は「社会基盤」のこと。dominant は「有力な」、docile は「従順な」、domestic は「国内の、家庭内の」。dimensional は「次元の」(ex. three-dimensional「3 次元の」)。文意から (C) domestic がもっとも適切。take steps は「手を打つ、策を講じる」、strengthen は「~を強化する」。

解答 (B)　　　　　　　　　　**分類** 前置詞

意味 今週、彼女は金曜日以外なら、お昼はあいています。

解説 except は「~以外、~を除いては」の意味。except と except for ~「~(があるの)を除いては」は混同しやすいが、A except B は A と B が同じ種類の場合に用いて「B 以外の A」という意味になり、A except for B は A と B の種類が異なる場合に用いて「B という点を除いて A」という意味を表す。ex. Your report is good except for a few mistakes. 「数ヵ所の間違いがあるのを除けば、あなたのレポートはすばらしい」。

解答 (D)　　　　　　　　　　**分類** 名詞・代名詞

意味 私たちは誰の助けも借りず、その研究開発をすべて独力で行なった。

解説 再帰代名詞は文の主語と同格に用いて「自分だけで」の意味を表すことができる。主語が We なので、ourselves との組み合わせで「私たちだけで」の意味になる。by ourselves としても同じ。

15. It is difficult for an average family of four to ······ on a single income.
    (A) existing
    (B) exist
    (C) existed
    (D) existence

16. The new drug is safer and has ······ side effects than the former medication.
    (A) fewest
    (B) few
    (C) the few
    (D) fewer

17. The best restaurants buy the freshest, highest quality produce at ······ price they have to pay.
    (A) which
    (B) however
    (C) whatever
    (D) how much

18. Mr. Chow ······ with Ms. Goldstein about the cost of publishing a newsletter.
    (A) discussed
    (B) conferred
    (C) analyzed
    (D) conducted

19. When Mr. Tan found the door open, he ······ called the security guard.
    (A) early
    (B) fast
    (C) immediately
    (D) lately

解答 (B)　　　**分類** 品詞
意味 平均的な4人家族が1人の収入で生活するのは難しい。
解説 It is difficult for A to do「Aが〜するのは難しい」という仮主語itを使った構文。it は for A to do を指し、for A は to do の意味上の主語。空所には動詞の原形 exist「存在する、生存する」が入る。existing は 形容詞で「現在の、既存の」、existence は「生存」という意味の名詞。

解答 (D)　　　**分類** 比較
意味 その新薬は以前の薬と比べるとより安全で、副作用も少ない。
解説 side effect は「副作用」の意味。空所のあとに than があるので比較級になるとわかる。文脈から「より少ない副作用」としなければならないから、few の比較級 fewer が正解になる。few は可算名詞について「数が少ない」ことを表す(不可算名詞の場合は little「量が少ない」で、比較級は less)。

解答 (C)　　　**分類** 疑問詞・関係詞
意味 最高級レストランというものは、もっとも新鮮で最高品質の野菜や果物を購入するためには金に糸目をつけない。
解説 produce はここでは名詞で「農産物、製品」の意味（発音は [prádjuːs]）。at は動詞 buy にかかり、「〜という値段で買う」と価格を表す前置詞。したがって、at 以下は「たとえどんな代価を払ってでも」（= どんなに高くても）という意味の譲歩節にしたいので、whatever を入れる。

解答 (B)　　　**分類** 類義語（動詞）
意味 チャウさんはゴールドスタインさんとニューズレター発行の費用について相談した。
解説 discuss も confer も「相談する、打ち合わせる」という意味だが、discuss は他動詞で相談する〈事柄〉を目的語にとる。一方、confer は自動詞で confer with 〈人〉about 〈事柄〉の形をとる。したがって、ここでは confer が正解。analyze は「〜を分析する」、conduct は「〜を行なう」でいずれも他動詞。

解答 (C)　　　**分類** 類義語（形容詞・副詞）
意味 タン氏はドアが開いているのに気づくと、すぐ警備員を呼んだ。
解説 すべて時間や早[速]さに関係する副詞。early は「時期や順序が早く、初めのほうで」（形容詞も同形）、fast は「速度が速く」（形容詞も同形）、immediately は「間をおかずに」、lately は「最近、近頃」。ドアが開いているのを発見して「直ちに」呼んだのだから、immediately がもっとも適切。a security guard は「警備員、ガードマン」(a guard man とは言わない）。

20. Companies have ······ computers in order to raise the productivity of office workers.
    (A) improvised
    (B) interchanged
    (C) internalized
    (D) introduced

21. We have had strong differences of opinion, ······ we remain close friends.
    (A) nor
    (B) yet
    (C) so
    (D) therefore

22. These days Mary seems a lot ······ with her work.
    (A) happy
    (B) happier
    (C) the happiest
    (D) more happier

23. It's worth knowing that the ······ of neck tension can relieve headaches.
    (A) diversification
    (B) elimination
    (C) extension
    (D) resignation

24. The staff had ······ finished taking inventory by the time the new shipments began to arrive.
    (A) yet
    (B) usually
    (C) still
    (D) already

解答 (D)　　　　　　　　　　　　**分類** 類義語（動詞）
意味 企業は、事務員の生産性を上げるため、コンピューターを導入してきた。
解説 improvise は「即興で行なう・つくる」、interchange は「入れ替える、交換する」、internalize は「内面化する」、introduce は「導入する」。文意を考えると、「生産性をあげるために→コンピューターを導入してきた」とするのがもっとも自然なので、(D) が正解。

解答 (B)　　　　　　　　　　　　**分類** 接続詞
意味 私たちはこれまで意見が大きく食い違うこともありましたが、いまだにいい友人どうしです。
解説 文意を考えると、前半と後半は逆接の関係になっている。yet はここでは接続詞で「それでもなお」の意。and yet と and とともに用いられることもある（この場合の yet は副詞）。remain は自動詞で、形容詞や名詞を補語にとり、「〜のままである」の意味。

解答 (B)　　　　　　　　　　　　**分類** 比較
意味 最近、メアリは(以前と比べて)自分の仕事にかなり満足しているようだ。
解説 be happy with [in] 〜 で「〜に満足している」ということ。ここでは空所のあとに than はないが、These days「近頃は」から、昔と比べていることがわかる (than she used to be などが省略されていると考えてもよい)。happy の比較級 happier が正解。a lot [lots] はここでは much と同じで比較級を強める副詞（原級は強調できない）。

解答 (B)　　　　　　　　　　　　**分類** 類義語（名詞）
意味 首の緊張をほぐすと頭痛が軽減される場合があることは知っておく価値がある。
解説 空所は that 節中の主語で、neck tension「首の緊張」(「肩こり」を含む)をどうにかすると relieve headaches「頭痛を緩和する」と述べている。(A) は diversify「多様化する、多角化する」の名詞形で、of business などが続く。(B) は eliminate「除去する、取り除く」の名詞形で、これが正解。(C) は extend「延長する、拡張する」の名詞形で、extension of one's power「権力の拡大」のように用いる。(D) は resign「辞任する」の名詞形で、of の後には辞任する人物がくる。(A)〜(C) は動詞に直して考えたときに、目的語となる名詞が of 〜 のあとに続くが、(D) の場合は resign の主語となる名詞が続いているという違いに注意。

解答 (D)　　　　　　　　　　　　**分類** 形容詞・副詞
意味 新しい積み荷が到着し始めたときには、スタッフはすでに棚卸しを終えていた。
解説 by the time ... は従位接続詞の働きをし、「〜するまでには」という意味。従節の時制が過去であり、主節は had ... finished と過去完了になっているので、「（〜するまでには）すでに終わっていた」と考えるのが自然。already は肯定文では「すでに...した」と完了を表す。Have you already finished ...?「もう終わっちゃったの？」と疑問文で already を使うと驚きを表す。

実力問題 16

01. Remember to carry an umbrella ······ it rains.
    (A) in case
    (B) because
    (C) so that
    (D) assuming that

02. The airport was closed to traffic because ······ was a snow storm that night.
    (A) of
    (B) that
    (C) there
    (D) it

03. Participants should return ······ name tags after the seminar is over.
    (A) them
    (B) their
    (C) his
    (D) our

04. According to the theory, more competition in the domestic market will create ······ opportunities and jobs.
    (A) more
    (B) much
    (C) less
    (D) little

解答 (A)　　　　　　　　　**分類** 接続詞
意味 雨が降るといけないから、傘を持っていくのを忘れないで。
解説 remember to do で「忘れずに〜する」。傘を持っていくのは「雨が降るといけないから」。したがって、in case (that) SV「SV の場合に備えて」が正解。A so that B は、(1)「A。そのため B」（結果）、(2)「B のために A」（目的）と 2 つの意味を表す。assuming that SV は assume「仮定する」という動詞の分詞構文の形が接続詞として定着したもので、「…と仮定すれば」という意味。

解答 (C)　　　　　　　　　**分類** 名詞・代名詞
意味 その夜は吹雪だったため、空港への車両乗り入れは禁止された。
解説 天候について述べているからといって、すぐに it を入れないこと。it が主語になるのは、rain や snow などを動詞として使うとき。ここは a snow storm と名詞になっているので、there was a snow storm とする。

解答 (B)　　　　　　　　　**分類** 名詞・代名詞
意味 参加者はセミナー終了後、名札をお返しください。
解説 a name tag は「名札」。複数形の主語の Participants「参加者」がつけていたものなので、their を入れる。

解答 (A)　　　　　　　　　**分類** 類義語（形容詞・副詞）
意味 その理論によれば、国内市場でもっと競争が行なわれれば、より多くのビジネスチャンスや雇用を創出することができるはずである。
解説 「競争が高まる」→「ビジネスチャンスや雇用が増える」と考えるのが自然なので、空所には more「より多くの」が入る。また、空所のあとが opportunities「機会」、jobs「仕事」という可算名詞なので、much / less / little は使えない。

05. Those wishing to be ······ for business expenses must present standard receipts.
  (A) returned
  (B) paid
  (C) reimbursed
  (D) disbursed

06. Recent changes in trade policy encouraged ······ exports last year than in all previous years.
  (A) much
  (B) more
  (C) many
  (D) most

07. In the last three years, changes in personnel and management policy have been ······.
  (A) frequently
  (B) frequence
  (C) frequency
  (D) frequent

08. Those who could not attend the lecture can read this ······ prepared by Mr. Anderson.
  (A) sum
  (B) summarize
  (C) summary
  (D) summarizing

09. The company offers low-interest loans for employees who wish to purchase their ······.
  (A) my homes
  (B) my home
  (C) household
  (D) own home

解答 (C) **分類** 類義語（動詞）

意味 立て替えた経費の払い戻しを受けたい場合は、規定の領収書を提示しなければならない。

解説 return は「（借りたものを）返す」、pay は「（代金・代償）を支払う」、reimburse は reimburse〈人〉for ～ で「（費用・損害を）〈人〉に返済［弁償］する」、disburse は「（預金・基金などから費用）を支出する」という意味の格式ばった語。business expenses「経費」の立て替え払いを返してもらうのは reimburse を使うのが正しい。主語の Those wishing ... は Those people who wish が短くなった形。

解答 (B) **分類** 比較

意味 最近の貿易政策の変更により、昨年は前年度までよりもいっそう輸出が促進された。

解説 than があるので比較構文であることがわかる。more exports の more は much の比較級ではなく、many の比較級。export は「輸出（業）」の意味では不可算名詞、「輸出品」の意味では可算名詞で、複数形で用いられることが多い。

解答 (D) **分類** 品詞

意味 過去の3年間で、人事および経営に関する方針変更が何度もあった。

解説 空所は、changes ... を主語とする SVC 構文の補語。frequently は副詞なので be 動詞の補語にはならない。形容詞の frequent が意味的にもっともぴったりくる。frequency「頻度、周波数」と frequece「頻繁・頻発」は名詞。

解答 (C) **分類** 品詞

意味 講義に出席できなかった人は、アンダーソンさんが書いたこのサマリーを読むことができます。

解説 this [　] で read の目的語となっており、prepared by ... が後ろから修飾している。したがって名詞形の summary「要約、サマリー」が正解。sum は名詞または動詞で「合計（する）」の意。summarize / summarizing は動詞。-ing 形は「～すること」の意の名詞になるが、「サマリーを書くこと」なので read の目的語にはならない。

解答 (D) **分類** 名詞・代名詞

意味 その会社は家を購入したい従業員に低金利のローンを組んでくれる。

解説 日本語では「持ち家」の意味で「マイホーム」という言い方をするが、英語の my home は文字通り「私の家」であり、話し手が自分の家を指す場合にしか使えない。主語が employees (＝they) なので、their (own) home と表現するのが正しい。

10. Your reservations may be canceled ······ you reconfirm them within 48 hours of departure time.
    (A) unless
    (B) whether
    (C) if
    (D) before

    ➡ Check! ☐☐☐

11. New Amsterdam was the Dutch name for the city ······ is now called New York.
    (A) where
    (B) what
    (C) which
    (D) how

    ➡ Check! ☐☐☐

12. DMC, the largest industrial ······ in the country, has offices in major cities around the world.
    (A) cooperation
    (B) corporation
    (C) composition
    (D) coordination

    ➡ Check! ☐☐☐

13. The Apex Corporation has ······ Zandor Pharmaceuticals to form the world's third largest drug company.
    (A) merged
    (B) merged with
    (C) merging with
    (D) been merged

    ➡ Check! ☐☐☐

14. Governments around the world ······ solar and wind power as clean alternatives to fossil fuels like coal and oil.
    (A) is promoting
    (B) are promoting
    (C) are promoted
    (D) is promoted

    ➡ Check! ☐☐☐

解答 (A) **分類** 接続詞
意味 出発時刻前48時間以内に予約の再確認をしなければ、キャンセルされてしまう可能性がある。
解説 「予約を再確認する」という文の後半と、「予約がキャンセルされる可能性がある」という文の前半の関係を考えると、「再確認しなければ、キャンセルされる」という否定の条件を表す unless を入れるのがもっとも適切。

解答 (C) **分類** 疑問詞・関係詞
意味 ニューアムステルダムは、現在ニューヨークと呼ばれている都市のオランダ語の名前でした。
解説 空所以下は、city を先行詞とする関係代名詞節。city など、場所を表す名詞が先行詞になっているからと言って、いつでも where がつながるとは限らない。called の目的語が欠けているので、関係代名詞 which (もしくは that) を入れる必要がある。

解答 (B) **分類** 類義語（名詞）
意味 DMCは、国内最大の工業会社であり、世界の主要都市に事務所を開設している。
解説 cooperation は「協力」、corporation は「企業」。綴りも発音も似ているので日本人には混同しやすい単語。composition は「構成、組織」、coordination は「調整」。DMCは、世界の主要都市にオフィスを持っている industrial corporation「工業会社」が正しい。

解答 (B) **分類** 時制
意味 エイペックス社はザンドール製薬と合併し、世界第3位の製薬会社になった。
解説 merge with ～ で「～と合併する」の意。merge には他動詞用法もあるが、受け身にするなら be merged with / into ～ のように前置詞が必要なので、(A) も (D) も誤り。to form ... は「形づくるために」という目的を表すのではなく、「...して形づくるようになった」と結果を表す不定詞の用法。

解答 (B) **分類** 動詞
意味 石油や石炭などの化石燃料に代わるクリーンなエネルギーとして、世界中の政府は太陽熱エネルギーや風力エネルギーを推進している。
解説 promote は「～を推進する」の意の他動詞。solar (power) and wind power という目的語が続いているので、受動態ではなく能動態となるはず。主語が governments と複数形なので、(B) are promoting が正解。solar は「太陽(熱)の」、alternative (to ～) は名詞用法で「代替物」で、alternative energy「代替エネルギー」のように形容詞にも使える。fossil fuel は「化石燃料」。

15. Mr. Ricco complimented the winners both for their excellent performances ...... for their highly professional attitudes.
    (A) but
    (B) and then
    (C) or
    (D) and

16. I plan to spend my vacation in ...... with members of my university mountain climbing club.
    (A) a mountain
    (B) the mountains
    (C) the mountain
    (D) mountains

17. Ms. Heron ...... a large bonus by the company for her very successful employee training sessions.
    (A) was given
    (B) was giving
    (C) has given
    (D) has been giving

18. To ...... money, please insert your cash card, then enter your personal identification number.
    (A) draw out
    (B) pull out
    (C) put out
    (D) get out

19. First-class passengers are requested to board the plane ...... than business-class travelers.
    (A) much early
    (B) more earlier
    (C) earlier
    (D) very earlier

解答 (D) **分類** 接続詞
意味 リッコ氏は、勝った選手らの素晴らしいパフォーマンスに対しても非常にプロ選手らしい態度に対しても賞賛の言葉を贈った。
解説 賞賛の理由である for their excellent performances と for their highly professional attitudes を、both A and B の形で結んだもの。したがって空所には (D) and が入る。

解答 (B) **分類** 名詞・代名詞
意味 大学の山岳部の部員たちと山で休暇を過ごす計画です。
解説 「山(の中)で」in the mountains と複数形にして定冠詞をつけるのが決まった表現で、(B) the mountains が正解。同様に「山へ行く」も go to the mountains となる。cf. go to the movies「映画を見に行く」

解答 (A) **分類** 動詞
意味 ヘロンさんは担当した従業員研修がたいへんうまくいったので、会社から多額のボーナスをもらった。
解説 by the company からもわかるように、受動態の文のはずだから (A) was giving が正しい。能動態では、The company gave Ms. Heron a large bonus. となる。

解答 (A) **分類** 類義語 (動詞)
意味 預金を引き出すには、キャッシュカードを入れてから暗証番号を入力してください。
解説 銀行口座からお金を「引き出す」という場合は、withdraw または draw out を使う。日本語の「引く」にあたる pull と draw の違いは、draw が滑らかに「引く」のに対し、pull は力を入れて「引っ張る」というニュアンスがある。put out は「外に出す、(火)を消す」、get out は「外に出る」。

解答 (C) **分類** 比較
意味 ファーストクラスのお客様はビジネスクラスのお客様より先にご搭乗くださるようお願いいたします。
解説 空所のあとに than があるので、(A) は不可。earlier 自体が比較級なので more earlier も不可。very は比較級を修飾することはないので (D) も不可。be requested to do は直訳すれば「〜することを要求される」だが、注意書きなどによく使われる表現で「〜してください」の意味。

実力問題 16 **201**

20. The old man who lived ······ in the house on the hill was found dead on the porch last month.
    (A) lonesome
    (B) alone
    (C) only
    (D) lonely

21. No one seems to know ······ Mr. Remy went to lunch with.
    (A) why
    (B) when
    (C) where
    (D) who

22. This month, only two members of the sales staff managed to meet their ······.
    (A) quotations
    (B) quotas
    (C) quotient
    (D) quorum

23. To cash a check, you must show some form of personal ······.
    (A) identification
    (B) identified
    (C) identify
    (D) identity

24. Mr. Tongas approved the statement that ······ in the annual report.
    (A) published
    (B) is publishing
    (C) had published
    (D) was published

解答 (B)　　**分類** 類義語(形容詞・副詞)
意味 丘の上の家に1人で住んでいた老人は先月、ポーチで死んでいたところを発見された。
解説 空所には動詞 lived を修飾する副詞が入る。lonesome は「〈人〉が孤独で、寂しい」「〈場所〉が人里離れて寂しい」の意の形容詞。alone は「1人で、単独で」の意の副詞で、これが正解。only は「唯一の、ただ」の意の形容詞と副詞。lonely は -ly で終わっていて副詞のように見えるが、「1人ぼっちの、寂しい」という意味の形容詞。alone には、「さびしい」というニュアンスはない。

解答 (D)　　**分類** 疑問詞・関係詞
意味 レミーさんが誰と昼食を食べに行ったのか、誰も知らないようだ。
解説 空所以下全体が know の目的語になっている。空所以下は with の目的語が欠けており、文意から考えて「誰とランチを食べに行ったか」という間接疑問文にしたいところ。前置詞の目的語なので、本来は目的格の whom を用いるべきだが、略式体では主格の who で代用されることが多い。ただし、前置詞が前に出てくる場合は whom を使う。ex. No one seems to know with whom Mr. Remy went to lunch.

解答 (B)　　**分類** 類義語(名詞)
意味 今月は、営業部のスタッフのうち、2名しかノルマを達成できなかった。
解説 この meet は「(要求などを)満たす」という意味。営業部員が満たさなければならないのは「ノルマ」。英語では (sales) quota を用いる。quota はもともと「(輸入額や移民数などの)割り当て分、持ち分」の意。quotation は quote「〜を引用する」という動詞の名詞形で「引用すること、引用された文章」。quotient は数学用語で「商(割算の結果)(⇔ product「積」)、指数」。intelligence quotient は「知能指数」(IQ)。以上の3語に共通する quot- という語根はラテン語で 'how many' を意味する。quorum は議決や会議の成立に必要な「定員数」。

解答 (A)　　**分類** 品詞
意味 小切手を換金するには、なんらかの身分証明書を提示しなければならない。
解説 形容詞 personal「個人の」の後ろなので空所には名詞が入る。選択肢の中で名詞は identification と identity の2つがあるが、identification は「身分証明(になるもの)」という意味で、文脈に合う。identify は「同一であると見なす」という意味の動詞。identity は「アイデンティティ」と日本語になっている。

解答 (D)　　**分類** 時制
意味 トンガス氏は年次報告書に発表された収支報告を承認した。
解説 that 以下は the statement「収支報告書、計算書」を先行詞とする関係代名詞節。主語が the statement なので、publish「発行する、発表する」は、受け身形 be published でなくてはならない。主節の述語動詞が approved「承認した」と過去になっており、発表されたのはそれよりも前のことだから、厳密には過去完了形を使うべきだが、「発表」→「承認」という順番で行われるのは自明のことなので過去 was published 形で構わない。

実力問題 17

01. The management and the union are still bargaining ······ about the bonus situation.
    (A) direct
    (B) actively
    (C) yet
    (D) each other

02. Managers should sometimes trust their own ······ judgments.
    (A) subject
    (B) subjected
    (C) subjective
    (D) subjunctive

03. Please refer to the ······ copy of the interim report for our progress in laboratory tests.
    (A) enriched
    (B) encoded
    (C) encrypted
    (D) enclosed

04. Developers are searching for reasonably ······ land near large cities.
    (A) price
    (B) pricing
    (C) priced
    (D) prices

解答 (B)　　　　　　　　　　**分類** 形容詞・副詞
意味 経営陣と労組は、ボーナスの支給に関して、まだ活発に交渉を行なっている。
解説 bargain は自動詞で「(値段に関する)交渉[取り引き]をする」という意味。「B について A と交渉する」であれば、bargain with A about [for] B とする。with がないので each other「お互い(に)」を入れることはできない。yet「まだ(…ない)」は否定語がないし、still「いまだに」という語と矛盾するので不可。direct は形容詞であり動詞を修飾することができないので、actively「活発に」が正解。

解答 (C)　　　　　　　　　　**分類** 品詞
意味 経営者は自分の主観的な判断を信じなければならないことがある。
解説 空所は own と judgments にはさまれているので、judgments を修飾する形容詞が入る。subjective「主観的な」(反意語は objective「客観的な」)が意味的にもっともぴったりくる。subject は名詞で「主題、科目」、形容詞で「〜にかかりやすい、〜の支配を受ける」(be subject to 〜 という形で使うことが多い)、動詞で「服従させる」の意味。subjunctive は形容詞で「仮定法の」。

解答 (D)　　　　　　　　　　**分類** 類義語 (形容詞・副詞)
意味 実験室テストに関する進捗状況につきましては同封の中間報告をご覧ください。
解説 enrich は「豊かにする、栄養を強化する」、encode は「暗号化する」(⇔ decode「暗号を解読する」)、encrypt は「暗号化する」(cryptogram「暗号文」)、enclose は「〜を同封する」。空所が修飾しているのは、copy of the interim report なので、enclosed「同封された」がもっとも適切。copy はここでは「複写されたもの」という意味ではなく、「(印刷物の) 1 冊」という意味。refer to 〜 は「〜を参照する」、interim report は「中間報告」、laboratory test は「(実地試験に対する) 実験室での試験」(laboratory は名詞)。

解答 (C)　　　　　　　　　　**分類** 動詞
意味 開発業者は大都市に近くて手頃な価格の土地を探している。
解説 price には「〜に値段をつける」という動詞用法がある。land「土地」と price という動詞とは受け身の関係が成り立つので、(C) priced が正解。「(適正な)値がつけられた土地」という意味になる。

05. If you do not attend the practice sessions ……, you will not make any progress.
   (A) frequent
   (B) regularly
   (C) repeated
   (D) constant

06. Mr. Orley made tea …… Ms. Karnap cleared the table.
   (A) despite
   (B) or
   (C) while
   (D) if

07. After …… all the applicants, the manager chose two new staff members.
   (A) interview
   (B) interviewed
   (C) interviewing
   (D) interviews

08. When he looked into his ……, he was shocked to find that all his money and credit cards were missing.
   (A) mallet
   (B) bullet
   (C) pellet
   (D) wallet

09. The president's visit had to be …… until the negotiations were completed.
   (A) canceled
   (B) postponed
   (C) scheduled
   (D) removed

解答 (B) **分類** 品詞
意味 練習に定期的に出席しなければ、進歩しませんよ。
解説 attend「参加[出席]する」は目的語を1つだけとる動詞なので、空所に補語になる形容詞や過去分詞が入る可能性はない。if節中で文法的に欠けている要素がないので、この位置に入るのは動詞を修飾する副詞だけ。選択肢のなかで副詞は (B) regularly のみなので、これが正解。

解答 (C) **分類** 接続詞
意味 カーナップさんがテーブルを片づけているあいだに、オーレイさんがお茶を入れた。
解説 空所のあとが文になっているので、前置詞である despite は不可。or「あるいは」にしてしまうと「オーレイさんがお茶を入れる」か「カーナップさんがテーブルを片づける」かのどちらかの出来事しか起こらなかったことになる。if「もし...なら」でも文意が通らないので、while「...しているあいだに」が正解。

解答 (C) **分類** 動詞
意味 応募者全員と面接をしたあと、マネージャーは2人の新しい従業員を選んだ。
解説 after は接続詞としても前置詞としても使われるが、接続詞だとしたらカンマまでの部分が主語と述語動詞を含む節でなければならない。空所に述語動詞を入れると主語がなくなってしまうから、ここは前置詞として使われていると判断する。前置詞のあとには名詞か動名詞が入るので、動名詞形の (C) interviewing が正解。applicant は「応募者」のこと。名詞を使うならば、After the interviews with all he ~ と前置詞が必要になる。

解答 (D) **分類** 類義語（名詞）
意味 彼は財布の中を見て、中に入っていたお金とクレジットカード類がすべてなくなっているのに気づき、ショックを受けた。
解説 お金とクレジットカードを入れておくのは wallet「財布」。mallet は「木づち」（ポロというスポーツで使う打球棒のこともマレットという）。bullet は「銃弾」、pellet にも「銃弾」という意味があるが、薬や小動物のえさなどの「小さな粒」のこと。

解答 (B) **分類** 類義語（動詞）
意味 大統領の訪問は交渉が終了するまで延期しなければならなかった。
解説 until ...「...まで」という副詞節があるので、cancel「キャンセルする」や schedule「予定する」、remove「(物を)取り除く」では意味が通らない。継続の意味を含む postpone「延期する」が正解。

実力問題 17

10. ······ the new computer is a hit, long-term sales depend on developing a wide range of software.
    (A) Until
    (B) However
    (C) Even if
    (D) Even

11. Mrs. Lee, ······ the new assistant director, will be in charge of customer relations.
    (A) however
    (B) yet
    (C) if
    (D) as

12. If I had seen a computer printer that I liked, I ······ it.
    (A) was buying
    (B) was bought
    (C) would bought
    (D) would have bought

13. When she was in high school, her parents were very strict and did not ······ her to travel abroad.
    (A) allow
    (B) forgive
    (C) admit
    (D) recognize

14. Please fax ······ your personal history and a list of your publications.
    (A) I
    (B) my
    (C) me
    (D) mine

解答 (C)　　　**分類** 接続詞

意味 たとえ新しいコンピューターがヒットしても、それが長期的に売れつづけるかどうかは幅広いソフトウェアを開発できるかどうかにかかっている。

解説 even if は「たとえ…だとしても」という譲歩を表す接続詞。even は副詞であり、単独で接続詞の働きをすることはない。however も「どのような方法であろうと」という譲歩の意味を表すことはあるが、ここでは文意が通らないので不可。

解答 (D)　　　**分類** 前置詞

意味 リーさんは新任の副部長として顧客対応の担当になります。

解説 前置詞 as は「～として」の意味になる。in charge of ～ は「～を担当して」。customer relations は「顧客窓口」。顧客だけでなく、広く一般の人を対象とする広報活動が public relations。投資家を対象とするのが investor relations (IR)。

解答 (D)　　　**分類** 時制

意味 もし気に入ったパソコンのプリンターがあったら、買っていただろう。

解説 If ... had +〈過去分詞〉, ... would have +〈過去分詞〉という典型的な仮定法過去完了の文。If I had seen ～「～を見つけていたら」(＝実際は見つからなかった), I would have bought ～「買っただろう」(＝実際は買わなかった)と過去の事実と反対のことを述べている。

解答 (A)　　　**分類** 類義語(動詞)

意味 彼女が高校生の頃、彼女の両親はたいへん厳しく、彼女が海外旅行に行くことを許さなかった。

解説 日本語の「許す」には「(過ちを犯したことに関して)許す」という意味と「(何かをすることを)許可する」という意味がある。英語では前者は forgive、後者は allow あるいは let を用いる。forgive〈人〉for〈事柄〉の形で「〈事柄〉に関して〈人〉を許す」、allow〈人〉to do あるいは let〈人〉do の形で「〈人〉が～することを許可する」。ここでは娘が「海外旅行をすることを許可しなかった」という意味であり、目的語 her のあとに to do と不定詞があるので allow が正解。admit は「(事実を)認める、(入場・入学を)許可する」、recognize は「～を識別する、～を(事実として)認める(＝admit)」の意味。

解答 (C)　　　**分類** 名詞・代名詞

意味 あなたの経歴書と著書のリストをファックスで送ってください。

解説 「～をファックスで送る」と言うとき、send ～ by fax のほか、fax を他動詞として使うこともできる。fax〈人〉〈物〉と目的語を2つとって、「〈人〉に〈物〉をファックスで送る」の意味。目的格の me が正解。

15. ...... the recent sales figures are evaluated, we will not know whether our ads were successful.
    (A) Despite
    (B) In case
    (C) While
    (D) Until

16. In the study, we showed the cosmetics commercials to a group of average housewives and asked for their ...... opinions.
    (A) candid
    (B) defective
    (C) ambiguous
    (D) impressive

17. The plastic changed ......, the more we heated it.
    (A) most quickly
    (B) as quickly
    (C) the more quickly
    (D) the quickly

18. If we get hungry, we can stop for lunch somewhere ...... the way.
    (A) in
    (B) along
    (C) before
    (D) at

19. When the manager has been absent, visitors to the office have found his assistant somewhat ...... and uncooperative.
    (A) amiable
    (B) extinct
    (C) rude
    (D) outgoing

解答 (D)　　**分類** 接続詞

意味 最近の営業成績の評価が出るまでは、当社の広告が成功したのかどうかはわからない。

解説 「最近の営業成績が評価される」のと「広告が成功だったかを知りえない」とのあいだには、「評価されるまでは」という時間的関係がある。したがって、until が正解。despite は前置詞なのであとに文がくることはないし、ほかの2つの接続詞では文意に合わない。

解答 (A)　　**分類** 類義語（形容詞・副詞）

意味 調査の中で、われわれは平均的な家庭の主婦グループにその化粧品のコマーシャルを見せ、彼女たちの率直な意見を聞いた。

解説 candid は「率直な」（＝frank / honest）、defective は「欠陥のある」、ambiguous は「あいまいな、不確かな」、impressive は「印象的な」。コマーシャルを見せて「意見を聞く」わけだから、空所には candid が入る。

解答 (C)　　**分類** 比較

意味 プラスチックに熱を加えるにつれて、変形する速度が速まった。

解説 The〈比較級〉..., the〈比較級〉～「...であればあるほどますます～だ」という構文は、前半が従節で後半が主節だが、問題文は主節が前半にきている形。通常の形に直せば、The more we heated the plastic, the more quickly it changed. となる。主節が前半にくる場合は、the〈比較級〉が文頭に出ないで通常の語順になる（ただし、the は省略されることもある）。正解は (C) the more quickly。

解答 (B)　　**分類** 前置詞

意味 おなかがへったら、途中どこかで休憩してお昼を食べればいい。

解説 along the way で「途中で」という意味。on the way も「途中で」という意味だが、on the way to ～「～へ向かう途中で」のように to ～ をつけることが多い。in the way は「道をふさいで、じゃまになって」。

解答 (C)　　**分類** 類義語（形容詞・副詞）

意味 課長が不在だと、彼のアシスタントがややぞんざいで非協力的になると訪問客たちは感じている。

解説 find＋O＋C の形で「O が C という状態であることを見つける［がわかる］」という意味。O＝C の関係が成り立つので、his assistant を描写する形容詞として、uncooperative「非協力的な」と並列になるのは rude「無礼な、乱暴な」。amiable は「愛想のよい」、extinct は「絶滅した」、outgoing は「社交的な、外向的な」。somewhat は程度を表す副詞で「いくぶん、やや」。

20. The presentation would have been more convincing if ...... had included charts or graphs.
    (A) it
    (B) they
    (C) his
    (D) those

21. I might have to work overtime today, in ...... case I will call you by three o'clock.
    (A) that
    (B) what
    (C) whenever
    (D) which

22. Since they were unfamiliar with the city, they asked me to recommend ...... near their hotel.
    (A) the restraurant
    (B) these restaurants
    (C) a restaurant
    (D) their favorite restaurant

23. The portable computer comes with a built-in modem and ...... batteries.
    (A) recharge
    (B) recharging
    (C) recharged
    (D) rechargeable

24. Mr. Childan bought some silk ties and ...... while he was in Hong Kong on business.
    (A) a new suits set
    (B) a new suits
    (C) a new suit
    (D) new set of suit

解答 (A)　　　**分類** 名詞・代名詞
意味 図かグラフが使ってあれば、その発表はもっと説得力が増しただろう。
解説 仮定法過去完了の文。include は「含む、含める」という意味の他動詞。その主語は主節の主語と同じ The presentation なので、三人称単数形 it が正解。convincing は他動詞 convince「〈人〉を説得する」から派生した形容詞で「説得力のある」の意味。

解答 (D)　　　**分類** 疑問詞・関係詞
意味 今日は残業になるかもしれませんが、その場合は 3 時までに電話を入れます。
解説 in that case で「その場合は」という意味。I ... today. In that case ... と 2 つの文になっている場合は、in that case を使うが、これには and のように 2 つの文を 1 つにつなぐ働きはない。ここは接続詞 and と that の意味を兼ねる which を入れ、in which case ... とすれば、「そしてその場合は」という意味を表せる。

解答 (C)　　　**分類** 名詞・代名詞
意味 彼らはこの街に不案内なので、滞在しているホテルの近くにあるレストランをどこか推薦してほしいと私に頼んだ。
解説 主語である「彼ら」から見ると、推薦してもらうのはあらかじめ特定されたレストランではなく、不特定のレストランなので不定冠詞 をつけた a restaurant か、何軒か推薦するのであれば some restaurants となる。unfamiliar with ～ = not familiar with ～「～をよく知らない」。the や these は特定のものを指すので、この場合は不可。

解答 (D)　　　**分類** 品詞
意味 その携帯用パソコンには内蔵モデムと充電可能なバッテリーが装備されています。
解説 and が a built-in modem と [　　] batteries を結び、前置詞 with の目的語の名詞をつくっている。「内蔵モデムと充電式電池」(built-in は「組み込み式の」という意味の形容詞)がコンピューターについている、ということ。「充電式の」は「再充電可能な」という意味の形容詞 rechargeable を使って rechargeable batteries とする。

解答 (C)　　　**分類** 名詞・代名詞
意味 チルダン氏は香港に出張したときに、シルクのネクタイ数本と新しいスーツを 1 着買った。
解説 suit は可算名詞なので、「スーツ 1 着」は上下あわせて a suit となる。日本語の発音に引きずられて suits や shirts のように複数形にしないこと。shirt「シャツ」も同様。suit にはこのほか、名詞で「訴訟」、動詞で「～に適する、似合う」という意味もある。

実力問題 18

01. Few corporations in those countries had moved their manufacturing facilities abroad prior ...... 2000.
    (A) around
    (B) in
    (C) before
    (D) to

02. The terms of the contract are ...... to negotiation and we are willing to make concessions wherever possible.
    (A) subjected
    (B) subject
    (C) subjective
    (D) in subjection

03. Income figures published in the latest annual report ...... that corporate profits are picking up.
    (A) indicates
    (B) has indicated
    (C) indicate
    (D) indicating

04. Ms. Posner is one of the ...... successful new staff members we have hired in many years.
    (A) most
    (B) top
    (C) highest
    (D) best

解答 (D) **分類** 前置詞
意味 これらの国で製造工場を海外に移した会社は、2000年以前にはほとんどなかった。
解説 prior to ~ で「~以前」の意。manufacturing は「製造(業)の」、facility は「設備、能力」(「設備」の意味では複数形で用いる)。

解答 (B) **分類** 品詞
意味 契約条件は交渉に応じますし、可能な部分では譲歩する用意もあります。
解説 subject は多品詞語。他動詞は「(国・人)などを服従させる、支配下におく」、名詞(第1音節にアクセント)は「科目、テーマ」という意味になる。形容詞は subject to ~ の形で「(~を)受ける必要がある、~次第である、~に従うべきである」という意味から、「~を受けやすい、~されることがある」という意味に発展する。ex. The prices are subject to change without notice.「価格は予告なしで変更されることがあります」。

解答 (C) **分類** 時制
意味 最新の年次報告で発表された所得額は、会社の収益が回復しつつあることを示している。
解説 この文の主語は Income figures ... in the ... report までだが、中心となる語は Income figures と複数なので、動詞も複数形になる。annual report「年次報告書」は企業が事業年度ごとに株主に送付する営業報告書のこと。corporate は「法人の」、pick up は他動詞では「拾い上げる」、自動詞では「回復する」の意味。

解答 (A) **分類** 比較
意味 これまでに採用してきた職員の中で、ポズナーさんはもっとも成功している1人だ。
解説 one of the 〈最上級〉〈名詞〉(複数) で、「もっとも~な〈名詞〉の1つ[1人]」の意味。successful は多音節語なので、最上級は the most successful。a staff member は「職員(1人)」のこと。

実力問題18 **215**

05. All the documents you requested are in the personnel department, ······ is located on the fifth floor.
    (A) where
    (B) what
    (C) which
    (D) that

06. She flies so frequently that she got a free flight as part of the airlines' ······ flyer plan.
    (A) frequence
    (B) frequently
    (C) frequency
    (D) frequent

07. The report's conclusions ······ on extensive research and in-depth interviews.
    (A) were basing
    (B) were based
    (C) have based
    (D) based

08. Three new computer programmers have been hired and will ······ the personnel department next month.
    (A) be joined
    (B) have joined
    (C) join
    (D) joining

09. While the questionnaire was voluntary, we were ······ to fill it out before leaving the plane.
    (A) required
    (B) ordered
    (C) requested
    (D) forced

解答 (C)　　　**分類** 疑問詞・関係詞
意味 あなたが請求した書類は全部、5階の人事部にあります。
解説 空所以下は the personnel department にかかっているが、場所を表す語だから where と短絡的に考えてはいけない。where や when などの関係副詞のあとには完全な文がこなくてはならないが、is located の主語が欠けているので、関係代名詞である which を入れる。that は非制限用法では使えないので、(D) は誤り。

解答 (D)　　　**分類** 形容詞・副詞
意味 彼女はしょっちゅう飛行機を利用するので、その航空会社のマイレージ・サービスで無料の航空券を手に入れた。
解説 frequence「頻繁」と frequency「頻度」は名詞。frequency には「周波数」の意味もある。frequently は副詞、frequent は形容詞。frequent flyer plan (FFP) とは、飛行機の利用回数や飛行距離に応じてポイントがたまり、いろいろな特典がもらえる制度のこと。mileage service [program]「マイレージ・サービス[プログラム]」とも言う。

解答 (B)　　　**分類** 時制
意味 広範囲にわたる調査と詳細な聞き取りに基づいてその報告書の結論が出された。
解説 base は他動詞で「(…)の根拠を(〜に)置く」の意味。通常は be based on 〜「〜に基づいている」と受け身形で用いる。主語は conclusions で複数なので、be 動詞は were になる。conclusion は「結論」、extensive research は「広範な調査」、in-depth は「詳細な」の意味。

解答 (C)　　　**分類** 動詞
意味 新任プログラマーが3名採用になり、来月から人事部のスタッフとして加わる予定です。
解説 will は助動詞なので、あとには動詞の原形がくる。join は自動詞用法も他動詞用法もあるが、他動詞用法の場合、後ろにとる目的語は1つだけなので、(A)の受け身は不可。next month という未来を表す表現と、(B)の完了形は意味的に合わない。personnel department は「人事部」のこと。

解答 (C)　　　**分類** 類義語（動詞）
意味 そのアンケートは任意提出のものだったが、飛行機から降りる前に記入するように要請された。
解説 questionnaire「アンケート」は voluntary「自発的な、任意の」だと言っているので、be required / ordered / forced to do「〜することを要求/命令/強制される」という表現は矛盾している。ここは「要請する、頼む」というニュアンスの requested が正解。

10. ⋯⋯ the plan was approved more than three months ago, almost no work has been done on the project.
    (A) Although
    (B) If
    (C) Until
    (D) Unless

11. If inflation continues to increase, the central bank will have no ⋯⋯ but to raise interest rates.
    (A) alteration
    (B) alternation
    (C) alternative
    (D) alternate

12. Their protest was successful ⋯⋯ that the board of directors agreed to reconsider the matter.
    (A) for
    (B) in
    (C) about
    (D) over

13. The ⋯⋯ dosage for adults is two tablets, three times a day with meals.
    (A) recommended
    (B) recommending
    (C) recommend
    (D) recommends

14. In recent years printing companies in this country have become ⋯⋯ profitable.
    (A) little
    (B) less
    (C) least
    (D) few

解答 (A)　　**分類** 接続詞
意味 その計画は3ヵ月以上も前に承認されたのに、プロジェクトはまだほとんど手つかずのままだ。
解説「3ヵ月以上前に承認された」と「何もなされていない」との関係は逆接でなければおかしい。逆接を表す接続詞は although。(even) though も可。

解答 (C)　　**分類** 品詞
意味 このままインフレが拡大し続ければ、中央銀行は金利を上げざるをえなくなる。
解説 alteration は alter「変える、変わる」の名詞形で「変更」。alternation、alternative、alternate はすべて関連語で、alternation は「交互にすること、交代」。alternative には形容詞で「代用の、二者択一の」、名詞で「代わりの手段・方法、選択肢」。alternate は動詞で「交替する[させる]、互い違いにする[させる]」、形容詞で「交互の、互い違いの」、名詞（発音は[形]と同じ）で「代役、代替物」。have no alternative but to do で「～するしか方法がない」という意味の決まった表現。

解答 (B)　　**分類** 前置詞
意味 取締役会が問題の再考を約束したという点では、彼らの抗議運動は成功だった。
解説 前置詞のあとにくるのは名詞あるいは動名詞であり、原則として that 節がくることはない。しかし、in that SV「…という点においては、…なので」と except that SV「…という点を除いては」の2つだけは例外。問題文も抗議が成功したのは「取締役会が問題を考え直すことに同意したという点において」という意味。

解答 (A)　　**分類** 動詞
意味 適切な服用量は大人で1日3回、食中に2錠ずつです。
解説 dosage は「(1回分の)投薬」、recommend は「推奨する」の意味。dosage is recommended の関係が成り立つので過去分詞 recommended が正解。three times a day は「1日3回」という意味の副詞句。

解答 (B)　　**分類** 比較
意味 近年、この国の印刷会社は(かつてほど)利益が出せなくなっている。
解説 than はないが、become が「変化」を表すので比較級の less が入る。than they used to be が省略されていると考えてもよい。In recent years「近年では」からも以前との比較だということを推定できるはず。

15. Jack will be chief of the small section at ....
    (A) good
    (B) well
    (C) better
    (D) best

16. Management has given a pledge that .... will be no job losses this year.
    (A) it
    (B) none
    (C) there
    (D) they

17. There will be a ten-minute .... after the performance of Brahms' Third Symphony.
    (A) absence
    (B) pause
    (C) intermission
    (D) rest

18. We need to present a marketing plan .... the next fiscal year.
    (A) on
    (B) for
    (C) to
    (D) with

19. The board will decide .... dividends will be paid out or reinvested.
    (A) whether
    (B) over
    (C) except
    (D) upon

解答 (D) **分類** 比較
意味 ジャックはせいぜい小さな課の課長止まりだろう。
解説 at best は「せいぜい、よくても」の意味で、(D) が正解。こういったイディオムは、こなれた訳を丸暗記する前に、「最高地点において」といったん直訳してから具体的なイメージをつかむとよい。なお、本問の chief のように、役職名が補語や as のあとで使われる場合はしばしば無冠詞になる。

解答 (C) **分類** 名詞・代名詞
意味 経営陣は、今年は失業者を出さないと確約している。
解説 日本語に訳しにくいが、no job losses「職を失うことがゼロ」という状態すなわち「職を失う人は出ない」という文意になるので、存在構文を用いて表す。したがって (C) there が正解。形式主語構文ではないので (A) では意味をなさず、(D) では先行詞となる複数名詞が存在しない。(B) は二重否定になってしまうし、none (=〈人〉) を主語にするなら、none of the employees will lose their job の形にしないといけない。

解答 (C) **分類** 類義語 (名詞)
意味 ブラームス交響曲第3番の演奏が終わったら、10分間の休憩が入ります。
解説 コンサートや演劇などの「幕間(まくあい)」は intermission ([英] interval) という。仕事や授業などの合間に「休憩をとる」という場合は、take [have] a break [rest] を使う。absence は「不在、欠如」という意味で、「(いるべきところに)いないこと」、「(あるべきところに)ないこと」を表す。pause は「息継ぎ、句切り」などの短い休止のこと、rest は「休息、休憩、睡眠」のように活動や労働を休止した状態。

解答 (B) **分類** 前置詞
意味 われわれは次年度のマーケティング計画を提出しなければならない。
解説 次の fiscal year「会計年度」のための計画ということなので、前置詞は for を使う。present は他動詞で「～を提示する」。

解答 (A) **分類** 接続詞
意味 配当を支払うか再投資に回すかは取締役会が決定するだろう。
解説 後半の部分に will be paid ... という述語動詞があるので、文になっていることがわかる。前半の文の述語動詞 will decide の目的語がないので、空所には decide の目的語となる名詞節を導く接続詞が必要になる。over や upon は前置詞なので不可。except には接続詞用法もあるが、except を入れると主節 decide の目的語が欠けることになり、意味が通らなくなる。正解は whether「…かどうか」。whether は whether A or B の形で用いられ、ここでは名詞節になる。

20. No matter ⋯⋯ advanced the new computers are, they must be easy to use.
    (A) why
    (B) how
    (C) which
    (D) where

21. Technological applications inevitably lag ⋯⋯ scientific discoveries.
    (A) from
    (B) back
    (C) behind
    (D) off

22. Mr. Heinrich predicts considerable market ⋯⋯ in Eastern Europe.
    (A) growing
    (B) growth
    (C) grows
    (D) grown

23. Ms. Lucia had to ⋯⋯ the meeting until next week because she had to make an emergency business trip to Spain.
    (A) put off
    (B) put away
    (C) put up
    (D) put in

24. The section chief is Robert Collins, ⋯⋯ prefers to be called "Bob" by the members of his staff.
    (A) he
    (B) which
    (C) who
    (D) that

解答 (B) **分類** 疑問詞・関係詞
意味 新しいコンピューターがどんなに進歩しているといっても、使いやすくなければいけない。
解説 no matter +〈疑問詞〉は「たとえ～であっても」という譲歩を表す言い方。〈関係詞〉+ -ever の複合関係詞も同じ譲歩の意味を表すが、no matter ... のほうが口語的。カンマまでの譲歩節は The new computers are〈very〉advanced. がもとの文。very「とても」は advanced の程度を表しているので、ここを疑問詞で言い換えるなら、程度を表す how を用いるのが適当。

解答 (C) **分類** 前置詞
意味 技術的応用は必然的に科学的な発見のあとになる。
解説 lag は自動詞で「遅れる、のろのろと歩く」、名詞で「遅れ、時間のズレ」という意味になる。jet lag なら「時差ぼけ」の意味。「～より遅れる」は lag behind ～ と behind を使う。application は「応用」、inevitably は「必然的に」の意味。

解答 (B) **分類** 品詞
意味 ハインリッヒ氏は、東欧の市場がかなり拡大するだろうと予測している。
解説 predict「予想する」はあとに (that) SV をとることがあるので空所には動詞を入れることもできるが、considerable「かなりの」という形容詞は market「市場」という名詞とは結びつかないので considerable market を主語と考えるのは難しい。〈形容詞〉+〈名詞＋名詞〉の形が predict の目的語になっていると考える。market growth で「市場の成長・拡大」の意味。

解答 (A) **分類** 類義語 (動詞)
意味 ルシアさんはスペインへ急に出張しなければならなくなったので、会議を来週まで延期せざるをえなかった。
解説 put は「位置させる」という意味で、後ろにしたがえる副詞や前置詞句によって「置く」「入れる」「片づける」などの訳語が出てくる。put off は「延期する」。put away は「片づける、(将来に備えて)とっておく」。put up は「建てる、掲げる、上げる」などいろいろな意味があるが、よく使われるのは put up with ～ の形で「～を我慢する」。put in は「入れる、(努力を)傾注する、(書類・要求などを)提出する」などの意味。ここでは、急な出張があって打ち合わせを「延期する」わけだから、put off が正解。put off は postpone で言い換えられる。

解答 (C) **分類** 疑問詞・関係詞
意味 課長はロバート・コリンズと言いますが、スタッフからは"ボブ"と呼ばれるのを好みます。
解説 prefer to do で「～することを(より)好む」。この主語が Robert Collins であることは文意からわかるが、he を入れると、カンマの前もあとも完全な文になってしまう。カンマだけでは２つの文を結びつけることはできないので、これは不可。また that は非制限用法(カンマをつける用法)で使うことはない。which か who だが、〈人〉が先行詞になっているので who が正解。

実力問題 19

01. To handle the increase in customers during the holiday season we need to ⋯⋯ fifty part-time employees.
  (A) tire
  (B) hire
  (C) wire
  (D) fire

02. The accountant checked the figures once more before handing ⋯⋯ in.
  (A) him
  (B) they
  (C) its
  (D) them

03. Vegetable prices shot up to new highs because of the ⋯⋯ cold in late summer and early fall.
  (A) inapplicable
  (B) unseasonable
  (C) subscribable
  (D) unnoticeable

04. The case has no direct bearing on the issues ⋯⋯ at the moment.
  (A) being considered
  (B) considering
  (C) to have considered
  (D) will consider

解答 (B)　　　　　　　　　　　**分類** 類義語(動詞)
意味 休暇の時季に客足が増えるのに対応するには、**50 名のパート従業員を雇用する**必要がある。
解説 tire は動詞では「~を疲れさせる、疲れる、飽きる」、名詞では「(車の)タイヤ」。hire は「雇用する、〈英〉(車・衣服・部屋などを)賃借りする」。wire は名詞で「針金、電線、電報」、動詞で「電報を打つ、配線する」。fire は名詞で「火、火事」、動詞で「〈人〉を解雇する」という意味。holiday season「(クリスマスなどの)休暇の時季」で「客足が増えるのに対応するため」と言っているので、hire が正解。

解答 (D)　　　　　　　　　　　**分類** 名詞・代名詞
意味 提出する前に会計士は数字をもう一度チェックした。
解説 accountant は「会計係[士]」、hand in は「提出する」という意味。何を提出したかを考えると、the figures「数字」しかないので them が正解。

解答 (B)　　　　　　　　　　　**分類** 類義語(形容詞・副詞)
意味 夏の終わりから初秋にかけて、季節外れの寒い天候が続いたせいで、野菜の値段がまた高値を更新した。
解説 high は本来は形容詞だが、可算名詞で「最高のもの(記録・得点・水準など)」という意味がある。new highs で「(値段の)新記録」という意味。cold も本来は形容詞だが、ここでは「寒さ、冷気」という名詞として使われている。unseasonable cold で「季節外れの寒さ」。-able は他動詞について「…できる」、名詞について「~の性質を持った」という意味の形容詞をつくる。inapplicable は in (= not) + apply「応用[適用]する」+ -able で「当てはまらない」。unseasonable は un (= not) + season「季節」+ -able で「季節外れの」。subscribable は subscribe「(新聞などを)購読する、(電話などに)加入する」+ -able で「購読[加入]できる」。unnoticeable は un (= not) + notice「注目、認知」+ -able で「人目を引かない、重要でない」。

解答 (A)　　　　　　　　　　　**分類** 動詞
意味 その事件は、現在考慮中の問題とは直接的な関係がない。
解説 名詞 issues と動詞 consider は、The issues are (being) considered.「問題が考慮され(てい)る」という受動関係にある。ここでは the issues (that are) being considered「(現在)考慮されつつある問題」の関係代名詞 + be 動詞が省略された構文で、(A) が正解。(B) は現在分詞で、(C) は完了形だが、いずれも能動の関係を表すので不可。(D) も能動の関係になり、かつ述語動詞の形なので名詞の修飾には使えない。

実力問題 19　**225**

05. I like that tie but it is a bit too ⋯⋯ to wear to the office.
    (A) fashionably
    (B) loud
    (C) color
    (D) well

    Check! ➡ ☐☐☐

06. It is very hard to stop ⋯⋯ if you are surrounded by smokers.
    (A) to smoke
    (B) smoked
    (C) smoke
    (D) smoking

    Check! ➡ ☐☐☐

07. While the system performs complex activities, its basic principles are ⋯⋯ simple.
    (A) pure
    (B) quite
    (C) surprise
    (D) much

    Check! ➡ ☐☐☐

08. A formal contract usually begins with definitions of ⋯⋯ like party of the first part.
    (A) teams
    (B) turns
    (C) terms
    (D) tunes

    Check! ➡ ☐☐☐

09. There was never a ⋯⋯ failure in our security system than the one that occurred last Monday.
    (A) big
    (B) bigger
    (C) biggest
    (D) bigger than

    Check! ➡ ☐☐☐

解答 (B)　　　　　　　　　　**分類** 形容詞・副詞
意味 あのネクタイは気に入っているが、会社にしていくにはちょっと派手すぎる。
解説 a bit は a little と同じで「少し」。too ~ to do は「…するには~すぎる」。a bit と too をはずせば、It (= the tie) is ~ という SVC の構文になっていることがわかる。正解は loud で、ここでは「派手な」の意味。-ly がつく様態を表す副詞は be 動詞の補語にはなれないので、fashionably は不可。color「色」は名詞なので、too color とは言えない。well には「元気な、適切な」という形容詞の意味もあるが、文意に合わない。

解答 (D)　　　　　　　　　　**分類** 動詞
意味 まわりに喫煙者が多いと、禁煙するのはかなり難しい。
解説 stop は目的語に不定詞をとらないので、「タバコを吸うのをやめる(禁煙する)」は stop smoking となる。stop to smoke は、stop が自動詞として使われており、「タバコを吸うために」という目的を表す不定詞をしたがえて「タバコを吸うために立ち止まる、(していることを)中断する」の意になる。

解答 (B)　　　　　　　　　　**分類** 形容詞・副詞
意味 そのシステムは複雑な作業をこなせるが、その基本原理はとても単純なものだ。
解説 be 動詞の補語の形容詞の前なので、空所は副詞以外は不可。pure「純粋な」は形容詞、surprise「驚かせる」は他動詞。much は原級の形容詞を修飾することはできないので、quite「かなり、とても」が正解。

解答 (C)　　　　　　　　　　**分類** 類義語(名詞)
意味 正式な契約書は、第一当事者などの用語の定義から始めるのが普通だ。
解説 formal contract「正式な契約書」に最初に書かれているのが definition of terms「用語の定義」。term は法律用語などの「専門用語」という意味のほか、「期間、学期」、複数形で「条件、間柄」といろいろな意味に使われる。terms and conditions は「(契約の)条件」(どちらも単独で「条件」という意味だが、法律文書では誤解を生まないよう同義語の重複表現が多い)。team「チーム」、turn「回転、順番」、tune「旋律、曲」。party はここでは「パーティー」ではなく、「当事者」という意味の法律用語。party of the first part で「第一当事者」(= the first party) のこと。

解答 (B)　　　　　　　　　　**分類** 比較
意味 わが社の警備システムにおいて、先週の月曜に起こった故障ほど大きなものは今までなかった。
解説 than があるので比較級になる。(B) を入れて a bigger failure とする。この文は形の上では比較級だが、「~ほど大きいものはなかった」=「~がもっとも大きい」と実質的には最上級の意味を表している。

10. She could not submit the order without ······ approval.
    - (A) officious
    - (B) officials
    - (C) officially
    - (D) official

11. This year's corn crop should be one of the biggest of the decade if ······ weather conditions continue.
    - (A) current
    - (B) concurrent
    - (C) recurrent
    - (D) incurrent

12. Since the company started exactly nine years ago, by this time next year, they ······ in business for a decade.
    - (A) will be
    - (B) were
    - (C) have been
    - (D) will have been

13. ······ it began snowing, the coaches decided to cancel the game.
    - (A) If
    - (B) Unless
    - (C) Once
    - (D) Even though

14. The country's development must begin with ······ of the inefficient transportation system.
    - (A) modernist
    - (B) modernization
    - (C) modern
    - (D) modernize

解答 (D) **分類** 品詞

意味 彼女は正式な許可なしには、その注文を出すことはできなかった。

解説 前置詞 without と名詞 approval「承認」にはさまれているので、空所には approval を修飾する形容詞が入る。形容詞は officious と official の2つ。officious は「おせっかいな」、official は「正式な」という意味。文意を考えると後者のほうが自然。なお、official には名詞で「役人」の意味もある。order は「順番、命令、注文、秩序」などの意味がある大切な多義語だが、ここでは「注文」の意味。

解答 (A) **分類** 類義語（形容詞・副詞）

意味 このまま現在のような天候が続けば、今年のトウモロコシの収穫量は、過去10年間のトップの部類に入るだろう。

解説 選択肢はいずれも形容詞で、current は「現在行なわれている、流行している、現在の」（名詞では「(水・空気などの)流れ」）、concurrent は「同時に起こる、ともに作用する、意見などが一致した」、recurrent は「繰り返し[周期的に]起きる」、incurrent は「(水が)流れ込んでくる」。文意を考えれば、current が正解。(B)〜(D) の形容詞のもとになった動詞はそれぞれ concur「(意見が)一致する、同時に作用[発生]する」、recur「繰り返し起きる、再発する」、incur「(負債・損失・罪などを)負う、(怒り・非難・危険などを)招く」。

解答 (D) **分類** 時制

意味 その会社はちょうど9年前に始まったので、来年の今頃は10年間営業していることになる。

解説 be in business で「商売をしている」という意味。by 〜 は「〜までに」。「来年の今頃」という未来のある1点までずっと商売を継続すると「10年間商売を続けたことになる」という意味なので、未来完了形 will have + 過去分詞を用いる。

解答 (C) **分類** 接続詞

意味 雪が降り始めるとすぐコーチたちは試合を中止することに決めた。

解説 once が接続詞として使われるときは「いったん…すれば、…するやいなや」という意味。文意から考えて、これ以外に当てはまらない。

解答 (B) **分類** 品詞

意味 この国の発展は非効率的な輸送システムの近代化から始めなければならない。

解説 空所は with と of という前置詞にはさまれているので、名詞が入ると推測できる。-ize は「…化する、…になる」という意味の動詞をつくる接尾辞で、modernize は「近代化する」。modern は「近代の」という形容詞。modernist は名詞だが、「近代主義者」という意味で、文意が通らないし、可算名詞なので単数形で使われる場合は a modernist と不定冠詞が必要。もう1つの名詞 modernization が正解。transportation system は名詞で「輸送システム」、inefficient は「効率の悪い」という意味の形容詞。

実力問題 19

15. We specialize in designing individual buildings, but city planning is beyond our ……….
    (A) capable
    (B) capably
    (C) capacious
    (D) capability

16. She …….. as an assistant manager for five years before she was promoted to manager.
    (A) had worked
    (B) has worked
    (C) is working
    (D) has had worked

17. The public relations officer refused to comment …….. the scandal before the investigation had been completed.
    (A) at
    (B) on
    (C) of
    (D) with

18. The most …….. thing I found in Europe was that many people spoke two or three languages fluently.
    (A) surprising
    (B) surprise
    (C) surprised
    (D) surprisingly

19. Mr. Ito gave Ms. Lemmer a complete update on investments …….. Monday.
    (A) over
    (B) at
    (C) to
    (D) on

解答 (D)　　　　　　　　　　**分類** 品詞

意味 当社は個々の建築物を専門としており、都市計画はわれわれの専門外です。

解説 specialize in ～ で「～を専門にする」という意味。individual building「個々の建築物」を専門にしているので、city planning「都市計画」のような広範にわたるものは「能力の限界を超えている」と言っている。「能力を超えて」は beyond one's capability という。capable は形容詞。capable of + -ing で「～する能力・才能がある、…が可能な」という意味。capacious も形容詞で「容量の大きい」の意。capably は副詞で「じょうずに」。

解答 (A)　　　　　　　　　　**分類** 時制

意味 彼女は部長に昇進する前の5年間、部長補佐として働いていた。

解説 後半の before 節の時制が過去形であり、「昇進した」という過去のある時点よりも前のことを述べている。さらに for five years という継続を表す語句があるので、過去完了形 had worked を選ぶ。

解答 (B)　　　　　　　　　　**分類** 前置詞

意味 広報担当官は、調査が終了しないうちはそのスキャンダルについてコメントすることを拒否した。

解説 「～に関する意見を述べる」は comment on [about] ～。public relations は「広報(活動)」。なお、scandal はおもには政治的なことに使い、日本で言う「(芸能人などの)スキャンダル」は gossip を使う。ex. a political scandal「政治スキャンダル」/ idle gossip「根も葉もないウワサ」。

解答 (A)　　　　　　　　　　**分類** 品詞

意味 ヨーロッパでもっともびっくりしたことは、2～3ヵ国語を流暢に話せる人が大勢いるということです。

解説 surprising と surprised は「驚かせる」という意味の他動詞 surprise から派生した形容詞。surprised は「〈人〉が驚いて」、surprising は「〈物事〉が驚くべき」という意味。surprisingly は「驚いたことに」という意味の副詞。空所は the most がついた形容詞で、thing を修飾している。〈物事〉を修飾しているので、surprising が正解。

解答 (D)　　　　　　　　　　**分類** 前置詞

意味 月曜日に伊藤氏はレマーさんに投資に関する完全な最新情報を与えた。

解説 「～曜日に」「～日に」のように曜日や日付を表すときは on を使う。update は名詞では「最新情報」のこと。

20. The conference began with ······ statement by Mr. Shariff, who gave a brief overview of the activities for the coming week.
    (A) an opening
    (B) opened
    (C) an open
    (D) opening in a

21. We are advertising in newspapers and magazines but not in ······ such as TV or radio.
    (A) the other medias
    (B) other medias
    (C) other media
    (D) the other mediums

22. The personnel department ······ the placement of women in management positions.
    (A) is actively promoted
    (B) is actively promoting
    (C) has actively promoting
    (D) was actively promoted

23. He said he had studied English for many years but still could not speak it well enough to do ······ abroad.
    (A) work
    (B) job
    (C) a career
    (D) business

24. His coworkers and his supervisor ······ very satisfied with the quality of his work so far.
    (A) are
    (B) is
    (C) has
    (D) have

| 解答 | (A) | 分類 | 動詞 |

意味 会議はシャーリフ氏の開会宣言で幕を開け、彼はその先1週間の予定について簡単なあらましを述べた。

解説 an open statement「開かれた声明」では意味が通らない。ここは an opening statement「開会声明」とする。opening は「開始(の)、冒頭(の)」の意味の名詞・形容詞。overview は「概要」(= summary)、coming は形容詞で「次の、これから先の、きたるべき」(= next) の意味。

| 解答 | (C) | 分類 | 名詞・代名詞 |

意味 当社では新聞や雑誌には広告を出しているが、テレビやラジオなど他のメディアには出していない。

解説 media はもともと medium「(通信・表現の)手段、媒体」の複数形。現在は media が単数として使われることも多くなっており、medias という誤用例も多いが、正しい複数形は media。advertise は「広告する」の意味。A such as B は「B のような A」。

| 解答 | (B) | 分類 | 動詞 |

意味 人事部は管理職への女性の登用を積極的に推進している。

解説 この promote は「〜を昇進させる」という意味ではなく、「〜を推進する」という意味の他動詞。The personnel department「人事部」が主語であり、空所のあとに目的語となる名詞 the placement of women「女性の配置」があるので、受動態ではなく能動態とする。現在進行形の (B) が正解。(C) は has actively been promoting なら正しい。

| 解答 | (D) | 分類 | 類義語 (動詞) |

意味 彼は何年も英語を勉強しているが、まだ海外で仕事ができるほど上手にはしゃべれないと言った。

解説 do は目的語にとる名詞によっていろいろな動詞の意味を表す。do business で「仕事[商売]をする」。job は可算名詞で、do a [the / one's] job のように冠詞や限定詞が必要であり、「特定の仕事をする」という意味になる。do work はそれ自体では使わず、not do any work のような形で用いる。career は do という動詞とは結びつかない。

| 解答 | (A) | 分類 | 名詞・代名詞 |

意味 彼の同僚と上司は彼のこれまでの仕事の質にたいへん満足している。

解説 この文の主語は His coworkers and his supervisor。coworkers と複数になっていて、さらに supervisor が1名加わるので、述語動詞も複数の are でなくてはならない。a coworker は「ともに働く人、仕事場の同僚」(= a colleague)、supervisor は「管理者、上司」、so [thus] far は「これ[ここ]までの」の意味で、his work にかかっている。

実力問題 20

01. Of the two candidates, Ms. Gallo was promoted because her record was ······ Mr. Alonzo's.
  (A) more superior to
  (B) superior than
  (C) superior to
  (D) more superior than

02. Mr. Miyazawa ······ for his brilliant speech by many who attended the conference last month.
  (A) was congratulated
  (B) has congratulated
  (C) congratulated
  (D) was congratulating

03. Though crime has increased somewhat recently, it is still a very ······ city.
  (A) safely
  (B) safety
  (C) safest
  (D) safe

04. I saw some works of the young artist at the museum ······ I visited last year.
  (A) when
  (B) to which
  (C) where
  (D) which

解答 (C) **分類** 比較
意味 2人の候補者のうち、アロンゾさんよりもギャロさんの業績のほうが優れていたので、ギャロさんが昇進した。
解説 ラテン語起源の形容詞 superior「優れた」は very superior cloth「とても上等な生地」のような使われ方をするが、superior 自体に比較の意味を含んでいる。したがって、more をつけることはない。また、比較の対象は、than ～ ではなく、to ～ で表すのも特徴である。superior のほか、inferior「劣った」、senior「上位の」、junior「後輩の」、prior「前の」、preferable「好ましい」なども同様に比較の意味を含み、to をとる。

解答 (A) **分類** 時制
意味 宮沢氏は先月の会議でたいへんすばらしい演説を行ない、出席者の多くから賞賛を受けた。
解説 congratulate は〈人〉を目的語にとり「〈人〉に祝いの言葉を述べる、賞賛する」の意味。brilliant speech「素晴らしい演説」をした Mr. Miyazawa が賞賛の言葉を受けたのだから、was congratulated と受動態にするのが正しい。

解答 (D) **分類** 形容詞・副詞
意味 最近、やや犯罪が多くなってきたとはいえ、そこはまだとても安全な街だ。
解説 safety は名詞で「安全(性)」。「安全のための」の意味で〈名詞＋名詞〉の形の合成語をつくることはあるが (ex. safety rule「安全ルール」/ safety belt「シートベルト」)、「安全な」という意味の形容詞としては safe を使う (ex. safe driving「安全運転」/ a safe place「安全な場所」)。crime は1件1件の「犯罪」というときは可算名詞だが、「犯罪全体」を意味するときは不可算名詞。somewhat は「やや、いくぶん」という意味の副詞。

解答 (D) **分類** 疑問詞・関係詞
意味 昨年、訪ねた美術館でその若手アーティストの作品を何点か見ました。
解説 〈場所〉を表す名詞を修飾するのは関係副詞 where という思い込みを突く問題。空所以下は visited の目的語が欠けているので、関係副詞ではなく関係代名詞を使うべきところ。もとの文が I worked at the museum last year. であれば、at the museum を where で言い換えることになる。

05. ······ traveler's checks rather than cash is safer when going abroad.
    (A) Carrying
    (B) Carries
    (C) Carried
    (D) Carry

    Check!

06. The training session in March was ······ and more difficult than the one in January.
    (A) long
    (B) longer
    (C) longest
    (D) longing

    Check!

07. Mr. Mochizuki was ······ confident that he would be promoted.
    (A) much
    (B) well
    (C) high
    (D) too

    Check!

08. As we drove into the city at rush hour we encountered heavy commuter ······ on the freeways.
    (A) tariffs
    (B) trains
    (C) traffic
    (D) tickets

    Check!

09. In currency trading today, the US dollar closed slightly ······ against the yen.
    (A) low
    (B) lower
    (C) lowest
    (D) lowering

    Check!

解答 (A)　　　　　　　　　　**分類** 動詞
意味 旅行に行くときには現金よりトラベラーズチェックを持っているほうが安全だ。
解説 空所は文頭に来ており、さらに後ろに述語動詞 is があるので、(B) Carries は不可。rather than は等位接続詞と同様の働きをし、A rather than B で「B よりはむしろ A」の意。この2つの名詞を目的語とする動名詞 Carrying を入れると「現金よりもトラベラーズチェックを持ち運ぶことは…」となって意味が通る。abroad は「外国で、外で」という意味の副詞。when going abroad は when you go abroad の意味。

解答 (B)　　　　　　　　　　**分類** 比較
意味 3月のトレーニング・セッションは、1月に行なわれたものより難しく、期間も長かった。
解説 than があるので、比較級 longer が正解。long は1音節なので longer とし、difficult は3音節なので more difficult とする。the one は the training session のこと。longing は名詞では「あこがれ」、形容詞では「切望する」の意味。

解答 (D)　　　　　　　　　　**分類** 形容詞・副詞
意味 望月さんは、自分が昇進できるだろうと自信を持ちすぎていた。
解説 confident that SV で「…であることを確信して」の意。much は very とともに very much confident とすれば可。well は副詞や前置詞の前に置かれて「かなり」の意味で使われるが、形容詞の前にはこない。too confident で「自信がありすぎた」(=実際は昇進しなかった)という意味になる。(C) は副詞形 highly なら正しい。

解答 (C)　　　　　　　　　　**分類** 類義語（名詞）
意味 ラッシュアワーに市街地へ運転して行ったので、高速道路では通勤車の渋滞に見舞われた。
解説 commuter は「通勤者」という意味。rush hour「ラッシュアワー」に freeway「高速道路」で encounter「遭遇する」のは heavy commuter traffic「通勤の車による交通渋滞」。traffic「交通」は heavy「多い」/ light「少ない」で量を表す。tariff「関税」、train「電車」、ticket「切符」。

解答 (B)　　　　　　　　　　**分類** 比較
意味 本日の為替相場は、米ドルが円に対し、やや安値で引けた。
解説 than はないが、against the yen とあるので、the US dollar と the yen を比較しているとわかる。low の比較級 lower が正解になる。close low は「（株価や為替相場の終値が）安値のまま引ける」という意味。

10. The trip to the building site ······ because of rain.
    (A) postponed
    (B) to postpone
    (C) will postpone
    (D) was postponed

11. Advanced computer skills have become ······ for students in all fields, from science and math to the humanities and the arts.
    (A) potential
    (B) essential
    (C) prudential
    (D) impartial

12. It is sometimes necessary for the government to intervene ······ the currency market.
    (A) with
    (B) in
    (C) through
    (D) to

13. If Ms. Atlee were more fluent in French, the company ······ her to Paris.
    (A) will transfer
    (B) would transfer
    (C) transfers
    (D) transferred

14. Most of the audience were ······ by the dull speeches.
    (A) boring
    (B) bores
    (C) bore
    (D) bored

解答 (D) **分類** 動詞
意味 建設現場の見学は雨のため延期された。
解説 postpone は「〜を延期する」という意味の他動詞。主語は The trip ... なので「延期される」と受け身形にしなければならない。(D) was postponed が正解。

解答 (B) **分類** 類義語（形容詞・副詞）
意味 コンピューターを使いこなせるようになることは、科学や数学から人文科学に至るまであらゆる分野の学生にとって必須のものになった。
解説 -(i)al は「〜の、〜のような」という意味の形容詞をつくる。potential は potency「力、潜在力、権威」+ -ial で「可能性のある、見込みのある」（名詞で「可能性、将来性」）。essential は essence「本質、神髄」+ -ial で「本質的な、欠くことのできない」（名詞で「不可欠なもの、要点」）。prudential は prudence「慎重さ、分別」+ -ial で「慎重な、分別のある」。impartial は partial「一方の部分に偏る、不公平な」に否定を表す im- (= not) がついて「公平な、偏見のない」。コンピューターはどんな分野でも「必要不可欠だ」と言いたいので、空所には essential が入る。the humanities も the arts も大学における科目を表す言葉で「（自然科学に対する）人文科学」。the arts はとくに「芸術」を指すこともある。

解答 (B) **分類** 前置詞
意味 政府が通貨市場に介入することが必要な場合もある。
解説 intervene in 〜 で「〜に介入する」の意味。intervene には「（年月・出来事が）〜のあいだに起きる・はさまれる、（場所が）〜のあいだにある」の意味もある。ex. A day of calm intervened between the hectic weeks.「忙しい数週間の中で、いっとき静かな１日を持つことができた」。

解答 (B) **分類** 時制
意味 アトリーさんのフランス語がもっと流暢なら、会社は彼女をパリに異動させるだろう。
解説 主語は Ms. Atlee と３人称単数なのに、be 動詞が were という形になっていることから、仮定法過去の文であることがわかる（ただし口語では was を使うことも多い）。仮定法過去の主節の述語動詞は would など助動詞の過去形を用いる。would transfer が正解。transfer 〜 to ... は「〜を ... に移動させる、転任・転校させる」。

解答 (D) **分類** 動詞
意味 聴衆の大半は単調な演説に退屈していた。
解説 bore は「（人を）退屈させる」という意味の他動詞。「〈人〉が退屈している」を表すときは be bored になる。boring だと「〈物事〉が〈人〉を退屈させるような、つまらない」という意味。後ろの by からも受け身とわかる。

15. The members of the audience gave Ms. Lucia ······ undivided attention.
    (A) its
    (B) their
    (C) our
    (D) her

16. Cutting all the trees in this area will cause enormous ······ to the environment.
    (A) injury
    (B) defect
    (C) damage
    (D) wound

17. They decided to get together regularly to ······ each other current issues in their field.
    (A) talk
    (B) discuss
    (C) teach
    (D) tell

18. ······ sent Mr. Anders the memo forgot to sign it.
    (A) Who
    (B) Whenever
    (C) Whoever
    (D) However

19. The award for this year's top salesperson includes two round-trip airplane tickets to ······ in the world he or she would like to go.
    (A) where
    (B) wherever
    (C) whichever
    (D) whatever

解答 (B) **分類** 名詞・代名詞
意味 聴衆の面々は、ルシアさんをじっと注目していた。
解説 undivided は形容詞で「分割されていない」「完全な、わき目もふらない」という意味。give A one's undivided attention で「Aにひたすら注目する」という意味になる。この文の主語の中心となる語は the audience ではなく the members なので、one's の部分に入るのは their。なお、get [have] one's undivided attention は「～の注目を一身に集める」という意味。

解答 (C) **分類** 類義語（名詞）
意味 この地域の木をすべて伐採すれば、大規模な環境破壊につながるだろう。
解説 injury は人・物・評判などに対する「傷」を表すもっとも一般的な語。defect は人や物の「欠陥、欠点」。damage は injury を受けた結果、価値や機能が受ける「損害、損傷」を表し、おもに無生物に用いる。wound は武器や凶器による「外傷」を意味する。the environment「環境」の場合は、damage を用いる。damage よりややくだけた語の harm「損害・被害」も類義語の1つ。cause [do, inflict] damage to ～ = do harm to ～「～に損害を与える」。

解答 (C) **分類** 類義語（動詞）
意味 彼らは定期的に集まって、それぞれの分野の最新情報をお互いに教えあうことにした。
解説 空所のあとに、each other「お互いに」（=〈人〉）と current issues「最近の話題」（=〈事柄〉）という2つの名詞句が連続しているので、2つ目的語をとる動詞が必要。talk は「〈人〉と〈事柄〉について話す」という場合は talk with〈人〉about〈事柄〉のように前置詞が必要になる。discuss は〈事柄〉を目的語にとり、discuss〈事柄〉with〈人〉の形で用いる。teach と tell には目的語を2つとる用法があるが、tell〈人〉〈事柄〉という形で〈事柄〉の部分に入るのは a story「話」、a fact「事実」、a secret「秘密」、a lie「嘘」などの名詞に限られる。したがって teach が正解。

解答 (C) **分類** 疑問詞・関係詞
意味 アンダースさん宛にメモを書いた人が誰にせよ、その人はサインをするのを忘れていた。
解説 問題文中に述語動詞となりえる語が2つ（sent と forgot）あるが、sent を述語動詞と考えると forgot 以下がその前の名詞とつながらなくなる。したがって、述語動詞は forgot。その直前までが主語になっており、空所には sent の主語が入らなくてはならない。Who では「誰が送ったのか」という間接疑問文になってしまうので、Whoever を入れて「送った人は誰にせよ」という意味の名詞節にする。

解答 (B) **分類** 疑問詞・関係詞
意味 今年の営業成績最優秀者への賞品には、世界のどこでも希望の場所までの航空券2枚が含まれている。
解説 airplane tickets to ～「～までの航空券」から空所には〈場所〉を表す語が入ることがわかる。選択肢の中で〈場所〉を表すのは where と wherever だが、文意から考えると「その人が行きたいところはどこへでも」としたいので、where ではなく wherever を選ぶ。

実力問題 20

20. His supervisor wrote him an enthusiastic ...... for the new job.
    (A) recommend
    (B) recommends
    (C) recommendation
    (D) recommending

21. He forgot to redeem his bonds until some months ...... they matured.
    (A) after
    (B) since
    (C) when
    (D) yet

22. She worked in Shanghai ...... she was transferred to Frankfurt.
    (A) although
    (B) when
    (C) before
    (D) while

23. Ms. Lau complained that she was passed ...... for a promotion.
    (A) over
    (B) out
    (C) upon
    (D) down

24. We ...... hold a party for new employees each year at the beginning of April.
    (A) ever
    (B) usually
    (C) timely
    (D) regular

解答 (C) **分類** 品詞
意味 上司は彼の新しい仕事のために熱意あふれる推薦状を書いた。
解説 形容詞 enthusiastic「熱心な」のあとなので空所には名詞が入る。recommendation「推薦(状)」が正解。recommend / recommends / recommending はすべて動詞。-ing 形は名詞としても使われるが、その場合は「推薦すること」という意味で行為そのものを指す。

解答 (A) **分類** 接続詞
意味 彼は持っていた社債が満期になって数ヵ月間も換金するのを忘れていた。
解説 after「…後」や before「…前」は、期間を表す語句を前に伴うことがある。until some months after ... で「…した数ヵ月あとまで」の意味になる。since は「…以来ずっと」という意味で、主節は現在完了になる。

解答 (C) **分類** 接続詞
意味 彼女はフランクフルトに異動になる前は上海で働いていた。
解説 空所の前も後ろも述語動詞が過去形だが、文意を考えれば空所に入るのは before がふさわしい。「上海で働いていた」時期は「フランクフルトに異動になった」時期よりも前なので、本来は She had worked … と過去完了にするべきだが、before や after, until, by the time など時間の前後関係が明確にわかる接続詞が使われるときは、過去形で代用されることが多い。

解答 (A) **分類** 類義語(動詞)
意味 ラウさんは昇進が見送られたと言って不満を述べた。
解説 pass over で「(昇進などから)はずす」の意味。ここでは受動態 be passed over for ~ で「~を見送られる」になっている。pass out は「配る」、pass (up) on は「次へ回す」、pass down は「手渡す、次へ回す」の意味。

解答 (B) **分類** 形容詞・副詞
意味 当社では毎年、新入社員のためのパーティーを通常、4月の初めに開きます。
解説 空所には hold を修飾する副詞が入る。ever が肯定文で使われるのは、(1) 条件節のなか、(2) 最上級・比較級とともに、(3) 強意を表す場合、だけで、普通の肯定文で使われることはない。timely は -ly で終わっているので副詞のように見えるが「タイミングのよい」という意味の形容詞。regular も形容詞なので不可。したがって、usually「通常は」が正解。

実力問題 21

01. Mt. Khalala, a volcano that had been dormant for many years, ... last week, burying two villages with ash.
   (A) burned
   (B) flushed
   (C) exploded
   (D) erupted

02. Travelers should be .... that smoking is no longer permitted on international routes.
   (A) allowed
   (B) aware
   (C) aloft
   (D) alleged

03. Almost everyone leaves at five o'clock, but there is usually .... working here until eight or nine.
   (A) nobody
   (B) everyone
   (C) someone
   (D) anyone

04. Mr. Randell is quite .... with his new pension plan.
   (A) satisfied
   (B) satisfying
   (C) satisfy
   (D) satisfaction

解答 (D)　　**分類** 類義語（動詞）
意味 カララ山は何年も火山活動を休止していた火山だったが、先週噴火し、2つの村が灰に埋もれてしまった。
解説 a volcano は「火山」、dormant は「活動が休止している、冬眠中の」という意味の形容詞。火山が「噴火する」は erupt という。burn は「燃える、燃やす、火傷させる」、flush は「水がどっと流れる、（トイレの水を）流す、（顔が）紅潮する」などの意。explode は「（爆弾や感情が）爆発する」という意味。

解答 (B)　　**分類** 類義語（形容詞・副詞）
意味 旅行者は国際線ではもう喫煙ができないということを知っておくべきである。
解説 allow と allege は他動詞で前者は「～を許可する」、後者は「～と主張する」という意味。いずれも〈人〉+ that 節を目的語にとることはない。aware は形容詞で「気がついて」、aloft は副詞で「空中に、空高く」。be aware that SV で「…であることがわかっている、～に気づく」という意味。

解答 (C)　　**分類** 名詞・代名詞
意味 ほとんどの人が 5 時で退社するが、たいてい 8 時か 9 時までここで仕事をしている人が何人かいる。
解説 nobody や everyone では前半の内容と矛盾する。anyone は肯定文で使うと「誰でも」の意味になり、there is … anyone「（通常は働いている人が）誰でもいる」と意味が通らなくなる。There is … someone「（通常は働いている人が）誰かいる」とすれば正解。almost / most の語法も、知らない人は文法書や辞書で確認しておくこと。

解答 (A)　　**分類** 品詞
意味 ランデル氏は自分の新しい年金プランにとても満足している。
解説 be satisfied with ～ で「～に満足している」という意味。satisfy は「（人を）満足させる」という意味の他動詞なので、「〈人〉が満足している」は〈人〉be satisfied と受け身の形になる。「〈物事〉が満足のいくような」を表す形容詞は satisfactory。

05. My sister asked me to help her ⋯⋯ a birthday present for her boyfriend.
   (A) pick up
   (B) pick off
   (C) pick out
   (D) pick on

06. After you finish this section of the test, please ⋯⋯ to the next section without pausing or turning back.
   (A) propose
   (B) proceed
   (C) process
   (D) precede

07. Weather conditions were so bad that the plane had to wait at the airport for six hours ⋯⋯ it was permitted to take off.
   (A) whenever
   (B) after
   (C) whether
   (D) until

08. The weather ⋯⋯ the tourist industry more than any other single factor does.
   (A) affects
   (B) affecting
   (C) which affects
   (D) is affected

09 One strategy for beginning a public speech is to start with an ⋯⋯ anecdote that will relax the audience.
   (A) amusement
   (B) amusing
   (C) amusingly
   (D) amused

解答 (C) **分類** 類義語（動詞）

意味 妹が恋人へのプレゼントを選ぶのを手伝ってほしいと私に頼んできた。

解説 日本語では「選ぶ」という意味で「ピックアップする」と言うが、英語の pick up は「拾い上げる、（物）を取りに行く・（人）を迎えに行く、手に入れる」という意味。複数の中から「選ぶ（＝choose）」は pick out を使う。pick off は「摘み取る」、pick on は「～のあら探しをする、～をいじめる」の意。

解答 (B) **分類** 類義語（動詞）

意味 テストのこのセクションを終えたら、休んだり前の問題に戻ったりしないで次のセクションへ進んでください。

解説 「このセクションを終えたら、次のセクションへ」と言っているので、空所には「進む」という意味の動詞が入る。propose は「提案する」、proceed は「進む」でこれが正解。process は「～を処理する」、precede ～ は「～より先にくる［行く］、先立つ」。pre- も pro- も「前」を表す接頭辞だが、pre- は「時間や順序が前（先）」(before / in advance) という意味であり、pro- は「前のほうへ」(forward) という意味。

解答 (D) **分類** 接続詞

意味 気象条件があまりにも悪かったので、その飛行機は離陸許可が出るまで6時間も空港で待機しなければならなかった。

解説 空所前の「待たなければならなかった」と空所後の「離陸が許可された」という文の関係は「許可されるまで」と時間的な関係を考えるのがもっとも自然。したがって接続詞 until を入れるのが正解。

解答 (A) **分類** 動詞

意味 旅行産業は、他のどんな要素よりも天候の影響を強く受ける。

解説 affect を述語動詞とする SVO 構文なので、述語動詞になる affects が正解。(B) と (C) は the weather にかかる修飾語になってしまうので、文が成立しなくなる。(D) は is affeted by なら文法的には成立するが、「旅行産業によって天候が影響される」となり、意味的におかしい。

解答 (B) **分類** 品詞

意味 人前でスピーチをするときに、話を始めるよい方法の1つは、聞き手をリラックスさせるようなおもしろい逸話から始めることです。

解説 amuse という感情を表す動詞から派生した形容詞が -ing 形になるか、-ed 形になるかという問題。amused は「〈人〉がおもしろがっている」という意味。ここは anecdote 「逸話、こぼれ話」を修飾するので、amusing「〈人〉をおもしろがらせる、ゆかいな」と -ing 形にしなくてはならない。(A) は名詞、(C) は副詞なので空所には入らない。

10. If you had checked the figures carefully, you ······ the mistake.
    (A) caught
    (B) would catch
    (C) were catching
    (D) would have caught

11. When they finally found their lost child, the boy was ······ than frightened.
    (A) more confusing
    (B) confused much
    (C) more confused
    (D) confused more

12. Ms. Okamoto, our new interpreter, is fluent in English and French, ······ Japanese.
    (A) in addition and
    (B) in addition
    (C) and besides
    (D) besides

13. Even though actual tests showed the camera to be ······, the manufacturer claimed it was an excellent product.
    (A) mediocracy
    (B) mediocre
    (C) mediocrities
    (D) mediocrity

14. They designed ······ restructuring plan to be implemented over a three-year period.
    (A) their
    (B) theirs
    (C) them
    (D) that

解答 (D)　　　**分類** 時制
意味 あなたが数字を注意深く確認していれば、その間違いを見つけられたはずです。
解説 仮定法の構文。if 節が仮定法過去完了なので、主節は would have caught「見つけられたはずだった」(実際には見逃した)の形にする。

解答 (C)　　　**分類** 比較
意味 迷子になった息子を彼らがようやく見つけたとき、少年は恐がっているというよりも混乱していた。
解説 後ろに than があるので、比較級の文だとわかる。confused は他動詞 confuse「～を混乱させる」からできた形容詞で「混乱して」という意味。共通する特性の程度について 2 人[2 つ]を比較するのではなく、1 人[1 つ]が持つ 2 つの特性を比較した「Y というよりはむしろ X」という表現は、形容詞の音節数に関わらず、more X than Y とする。

解答 (D)　　　**分類** 前置詞
意味 新しい通訳者の岡本さんは、日本語に加えて、英語とフランス語に堪能です。
解説 fluent は「(言葉などが)よどみのない」(She speaks fluent English)、「(人が言葉に)流暢な」(She is fluent in English.) という意味。besides ～ は「～に加えて」という意味の前置詞で、and は不要。in addition は、「その上」という意味で、文修飾の副詞的に使われる。前置詞的な用法は、in addition to ～。

解答 (B)　　　**分類** 品詞
意味 実際の検査でそのカメラは並みの製品であることがわかったが、メーカー側はそれが一流品だと主張した。
解説 show A to be B は「A が B であることを示す」。このとき A is B. の関係が成り立つ。mediocracy と mediocrity は名詞で、それぞれ「凡人による支配」、「凡庸さ、凡人」の意。いずれも camera とイコールにはならない。mediocre「並みの、二流の」という形容詞であれば camera とイコールの関係が成り立つ。mediocrities は mediocrity の複数形。

解答 (A)　　　**分類** 名詞・代名詞
意味 彼らは合理化計画を 3 年期にわたって実行するように策定した。
解説 述語動詞 designed は目的語を 1 つしかとらないので、空所には目的語となりうる theirs や them や that は入らない。designed [their ... plan] が正しい読み方。implement は「実行する」の意味。時間の長さや年齢を表す数量表現が形容詞として用いられるときは、a three-year period のように year を単数形にし、ハイフンでつなぐ。

実力問題 21

15. Because they had entered the company at the same time, ······ worked closely together.
    (A) and they
    (B) but they
    (C) they
    (D) when they

16. Customers can send in their comments by fax or by e-mail, ······ is convenient.
    (A) whenever
    (B) whoever
    (C) whichever
    (D) wherever

17. Traffic in the downtown area is so ······ that it takes longer to drive across town than to walk.
    (A) congested
    (B) congesting
    (C) congest
    (D) congestion

18. Mr. Pruit missed the 9:30 shuttle flight from Washington to Boston, but ······ there was another flight at 10:45.
    (A) in fortune
    (B) fortunate
    (C) fortunately
    (D) a fortune

19. With a minus growth rate once again in the third quarter, the gross domestic ······ (GDP) continued to shrink.
    (A) production
    (B) profit
    (C) productivity
    (D) product

| 解答 | (C) | 分類 | 接続詞 |

意味 彼らは同期入社だったので、親しい仕事仲間であった。

解説 Because で始まる従節はカンマまでで完結しているので、カンマのあとは主節の SV が来るはず。従節の主語と同じ they から始まるのが正解で、and、but、when など接続詞をつけると文として成立しなくなる。

| 解答 | (C) | 分類 | 疑問詞・関係詞 |

意味 顧客はファックスでも電子メールでも、どちらか都合のよいほうでコメントを送ることができる。

解説 「ファックスでも電子メールでもどちらでも都合のよいほうで」という意味なので、whichever が正解。whenever や wherever は主語になれないので、後ろに完全な文が必要。whoever は「〜である人なら誰でも」という譲歩節を導くが、〈人〉is convenient とは言えないので不可。

| 解答 | (A) | 分類 | 動詞 |

意味 市の中心地区では道がとても混むので、車で街を抜けるのは歩くより時間がかかる。

解説 congest は「混雑させる」の意味の他動詞であり、主語が traffic なので、過去分詞形を用いて traffic is congested で「交通が渋滞している」の意味になる。このように形容詞化された動詞の現在分詞、過去分詞は程度を表す副詞 so で修飾できる。so 〜 that … は「あまりに〜なので…だ」。it take〈時間〉to do で「〜するのに〈時間〉がかかる」の意味。

| 解答 | (C) | 分類 | 品詞 |

意味 プルイットさんは9時半のワシントン・ボストン往復便に乗り損ねたが、幸運なことに、もう1便10時45分の便があった。

解説 fortune は名詞、fortunate は形容詞、fortunately は副詞。カンマまでの文と空所以下の文が but で結ばれた等位接続文。空所に入れるのは there is 構文全体を修飾する語として副詞の fortunately「幸運なことに」でなければならない。

| 解答 | (D) | 分類 | 類義語（名詞）|

意味 第3四半期で再びマイナス成長に転じたため、国内総生産は引き続き減少した。

解説 GDP は「国内総生産」の意味の acronym（頭文字をとってつくった語）。G = gross「総計」、D = domestic「国内の」、P = product「生産物、生産高」。production は「製造、製品」、profit は「利益」、productivity は「生産性」。

実力問題 21

20. They estimate that totally free trade would boost the nation's economy ...... at least 10 percent within five years.
    (A) in
    (B) by
    (C) with
    (D) for

    Check!

21. The more we spend on advertising, the ...... our products seem to sell.
    (A) best
    (B) better
    (C) well
    (D) even more

    Check!

22. It is hoped that the textile factory ...... over one million yards of cotton cloth next year.
    (A) produce
    (B) produced
    (C) will produce
    (D) had produced

    Check!

23. The founder of the company ...... in 1985.
    (A) was dead
    (B) died
    (C) is dead
    (D) has died

    Check!

24. The store has a wide ...... of sports goods and camping equipment.
    (A) selective
    (B) selection
    (C) select
    (D) selecting

    Check!

解答 (B)　　**分類** 前置詞

意味 完全な自由貿易が実現すれば、5年以内にその国の経済を最低10パーセントは押し上げるだろうと彼らは予測している。

解説 「～を10パーセント増やす[減らす]」、「3ドル多く請求された」のように、増減や差異の程度を表したい場合は、前置詞 by を使う。「～を10パーセント増やす[減らす]」は increase [reduce] ~ by 10 percent、「3ドル多く請求された」は I was overcharged by three dollars. となる。数詞とともに用いられる by として、by the dozen「ダース単位で」、by five o'clock「5時までに」、24 divided [multiplied] by 6 is ~.「24割る[かける]6は～」なども重要。

解答 (B)　　**分類** 比較

意味 広告に経費をかければかけるほど、商品がよく売れるようだ。

解説 The〈比較級〉..., the〈比較級〉~ は「...であればあるほどますます～だ」という意味の比例関係を表す表現。わかりにくければ、普通の語順にし、比較級も原級に戻して考える。前半は、We spend〈much〉on advertising.「広告に多くの費用を使う」、後半は Our products seem to sell〈well〉.「われわれの製品はよく売れる」だから、空所には well の比較級が入る。well（副詞「よく」）の活用は well - better（比較）- best（最上級）で、better が正解。good（形容詞「よい」）の活用も同じ。

解答 (C)　　**分類** 時制

意味 その繊維工場は来年、100万ヤード以上の綿布を生産することが期待されている。

解説 It は仮主語で that 節がその内容。that 節中に next year という未来を表す副詞句があるので、(C) will produce が正解。

解答 (B)　　**分類** 時制

意味 この会社の創業者は1985年に亡くなった。

解説 dead は形容詞で「死んでいる」という状態を表す。「死亡する、亡くなる」は自動詞 die を使う。「死ぬ」という行為は継続することができないので、(D) のように現在完了形にすることはできない（また現在完了は in 1985 のように過去の1点を表す語と一緒に使うこともできない）。ただし、問題文は He has been dead since 1985. と言い換えることができる。この表現は日本人の発想ではなかなか出てこないので覚えておきたい。

解答 (B)　　**分類** 品詞

意味 その店はスポーツ用品やキャンプ用品の品揃えがいい。

解説 〈冠詞〉+〈形容詞〉と of にはさまれているので空所には名詞が入る。選択肢の語尾を見れば、selection をすぐに選択できるはず。a wide selection of ~ で「バラエティ豊かな～の品揃え」の意。a fine selection of ~ なら「高級な～の品揃え」。select / selecting は動詞、selective は「選り好みをする、選択的な」という意味の形容詞。

実力問題 22

01. The magazine reports on many of the latest technological breakthroughs before ······ are released to the general public.
  (A) it
  (B) them
  (C) they
  (D) those

  Check!

02. Of all the markets in town, Green Mart has the ······ vegetables.
  (A) fresh
  (B) fresher
  (C) freshest
  (D) most freshest

  Check!

03. The partnership ······ have been proceeding smoothly.
  (A) talks
  (B) talking
  (C) talked
  (D) talk

  Check!

04. Please find out which national capital has the world's ······ consumer prices.
  (A) high
  (B) higher
  (C) more higher
  (D) highest

  Check!

解答 (C) **分類** 名詞・代名詞

意味 その雑誌は最新の科学技術の成果の多くを、一般に公表される前に伝えてくれる。

解説 空所のあとの are released は述語動詞なので、before 以下が従節になっているとわかる。空所に入るのは are released の主語。前出の名詞 many of … breakthroughs を言い換えているので (C) they が正解。指示代名詞 (this, that, these, those) は、通常、実際に目の前にあるものを指さしながら「あれ」「これ」と指示するときに使う。breakthrough は「(科学技術などの)飛躍的な発展、(難問などの)打開策」のこと。

解答 (C) **分類** 比較

意味 街のマーケットの中では、「グリーンマート」の野菜がいちばん新鮮だ。

解説 of all +〈複数名詞〉は「～の中では」と比較する対象の範囲を表し、最上級とともに使われることが多い。ここは fresh の最上級 freshest が正解。「この町の中では」とか「日本では」のように比較する範囲が場所を表す場合は、in +〈場所〉になる。

解答 (A) **分類** 品詞

意味 提携に向けた協議はこれまでのところ滞りなく進んでいる。

解説 talk は動詞と名詞の用法があるが、have been proceeding が述語動詞なので、空所に動詞は入らない。名詞の talk は可算名詞で「談話、講話」、複数形で「会談、協議」という意味。ex. peace talks「和平交渉」。have は複数名詞を受けるので、(A) の talks が正解。partnership talks で「提携に向けた協議」。proceed smoothly は「スムーズに進行する」の意味。

解答 (D) **分類** 比較

意味 どの国の首都の消費者物価が世界でいちばん高いかを調べてください。

解説 consumer prices は「消費者物価」のこと。price の高低は high / low で表す (expensive や cheap は品物に対して用いる)。the world's +〈最上級〉で「世界でいちばん～な」の意味。したがって、ここは (D) highest が正解。なお、「世界で 2 [3] 番目に高い」は the second [third] highest … in the world. とする。

05. They built their new offices in ……. used to be the old waterfront area.
   (A) where
   (B) that
   (C) what
   (D) which

06. The advertisements ……. by Jim Marcus for Ace Electronics won several awards.
   (A) write
   (B) wrote
   (C) written
   (D) writing

07. Tropical Juice has ……. introduced a new product called Aloha, a blend of peach, orange, and pineapple juices.
   (A) ever
   (B) always
   (C) still
   (D) just

08. ……. the old factory will be cheaper than building a new one.
   (A) Renovated
   (B) Renovate
   (C) Renovation
   (D) Renovating

09. Although our health care plan may ……. satisfactory in the past, it no longer meets the current needs of our employees.
   (A) be
   (B) been
   (C) have been
   (D) being

解答 (C)　　　**分類** 疑問詞・関係詞

意味 彼らはかつてウォーターフロントだった地区に新しい事務所を建設した。

解説 空所以下全体が前置詞 in の目的語になっている。used to be という述語動詞があるので、空所には主語が必要だが、1 語しか入れられないので先行詞を兼ねるものを入れる。選択肢の中で先行詞を兼ねていて主語になれる関係代名詞は what だけ。ここでは an area which と言い換えられる。

解答 (C)　　　**分類** 動詞

意味 ジム・マーカスが書いたエースエレクトロニクス社の宣伝コピーはいくつかの賞を受賞した。

解説 The から Ace Electronics までが長い主語になっていることをまず確認する。空所に動詞を入れるとすれば、-ing 形か -ed 形にしなければならないが、広告は「書かれる」ものなので、過去分詞 written が正解となる。won は win「勝ち取る」の過去形で、発音は one と同じ [wʌn]。

解答 (D)　　　**分類** 形容詞・副詞

意味 トロピカル・ジュース社は、ピーチとオレンジとパイナップルの果汁をブレンドした、アロハという名の新製品を出したばかりだ。

解説 選択肢はすべて副詞で、いずれも現在完了とともに使われるが、ever は〈経験〉を尋ねる疑問文で、always や still はそれぞれ「常に」「ずっと」という意味で〈継続〉を表すときに使われる。この文の現在完了は「…したばかりだ」という〈完了〉を表しているので、「ちょうど今、たった今(…したばかり)」という意味を表す just が正解。

解答 (D)　　　**分類** 動詞

意味 その古い工場を改修したほうが新しい工場を建てるより安上がりだろう。

解説 will be が述語動詞なので、空所からその直前までが主語になり、その全体を名詞句にする必要がある。空所に動詞を入れるなら、-ing をつけて動名詞にするか、不定詞の名詞用法にするしかない。正解は renovate「改修する」の動名詞形 (D) Renovating になる。名詞 renovation には前置詞 of が必要。

解答 (C)　　　**分類** 時制

意味 我が社の健康管理体制は今までは十分だったかもしれないが、現在ではもはや従業員のニーズに合っていない。

解説 助動詞 may のあとなので been や being が入ることはない。in the past と過去を明示する語句があるので現在に対する推測を表す may be では意味が合わない。may have done と完了形を用いると「…したであろう」という意味になり、過去のことを推測するときの言い方。

10. The government commission was questioning all those ······ knew anything about the incident.
    (A) which
    (B) who
    (C) they
    (D) whenever

    Check!
    ➡ ☐☐☐

11. Although the section chief will be leaving next month, the personnel department is still looking for a replacement for ······.
    (A) himself
    (B) him
    (C) his
    (D) he

    Check!
    ➡ ☐☐☐

12. ······ there are no further questions, we will proceed to the next speaker.
    (A) Therefore
    (B) Despite
    (C) If
    (D) Nevertheless

    Check!
    ➡ ☐☐☐

13. Due to an accident on the Bay Freeway, commuters are advised to take an alternate ······ into the city.
    (A) trip
    (B) route
    (C) line
    (D) ride

    Check!
    ➡ ☐☐☐

14. The merger will ······ in the elimination of three divisions and many jobs.
    (A) remove
    (B) result
    (C) restore
    (D) retain

    Check!
    ➡ ☐☐☐

| 解答 | (B) | 分類 | 疑問詞・関係詞 |

意味　政府委員会は、その事件に関して情報を持っている人すべてに事情聴取を行なっていた。

解説　those は関係代名詞節を伴って「…である[する]人々[物]」という意味。ここで those は knew anything「何かを知っていた」の主語なので〈物〉ではなく〈人〉。したがって、関係代名詞は who でなければならない。

| 解答 | (B) | 分類 | 名詞・代名詞 |

意味　課長が来月退職することになっているが、人事部はいまだに彼の後任を探している。

解説　a replacement for ～ は「～の代わりの人[物]」という意味。ここでは来月退職する the section chief「課長」を指す代名詞の目的格 him を入れる。この課長が「彼」だとわかるのは選択肢が全部「彼」だからであって、問題文だけで性別は判断できないということに注意。この文のような状況では性別がわからないということはないが、法律の条文などで性別不明の場合あるいは両方の可能性がある場合は him or her のように表すのが普通。

| 解答 | (C) | 分類 | 接続詞 |

意味　ほかに質問がなければ、次のスピーカーに移らせていただきます。

解説　Therefore は副詞なので、文と文をつなぐ働きはない。(1) SV, and therefore SV. (2) SV; therefore (,) SV. (3) SV. Therefore, SV. (4) S, therefore, V. という使い方はできるが、問題文や ×(5) SV, therfore SV. のような使い方は不可。nevertheless も同様。このような使い方をする副詞には、ほかに then, however, otherwise, consequently などがある。despite は前置詞で、目的語に文はとれない。接続詞 if が正解。

| 解答 | (B) | 分類 | 類義語(名詞) |

意味　湾岸高速で事故があったため、通勤者たちは市街地への迂回路を使うように指示された。

解説　freeway「高速道路」での事故のため、commuters「通勤者」は an alternate route「別の道」を通るよう指示されている。trip は「旅行」なので通勤時の移動を指す語ではない。line は交通に関するものだと「(列車・バスの)路線」という意味があるが、freeway を使って自動車通勤をしている人々なので、「代わりの路線」という表現は不適切。ride は動詞でもあり名詞でもあるが、「(乗り物に)乗る(こと)」という意味。alternate ride は別の乗り物に乗り換えることを意味するので、この場合は不適切。

| 解答 | (B) | 分類 | 類義語(動詞) |

意味　この合併により、3つの部署と多くの職務がなくなることになる。

解説　remove は「～を取り除く」、restore は「～を復旧する、元に戻す」、retain は「～を保有する、維持する」で、いずれも他動詞。ここは空所のあとに in という前置詞があるから、他動詞は入らない。result in ～ で「～という結果になる」という意味。merger は「(企業同士の)合併」。

15. Mr. Kantor is ······ the most talented photographers in the advertising world.
    (A) among
    (B) between
    (C) of
    (D) about

16. Lunch is served in the cafeteria ······ 11:30 a.m. to 2:00 p.m.
    (A) at
    (B) in
    (C) from
    (D) between

17. She was one of the ······ applicants with truly excellent qualifications.
    (A) little
    (B) few
    (C) small
    (D) least

18. We are meeting ······ lunch hour to plan the company skiing tour.
    (A) while
    (B) during
    (C) when
    (D) about

19. Most factory workers take ······ vacations at the end of the year.
    (A) they
    (B) their
    (C) them
    (D) theirs

解答 (A) **分類** 前置詞
意味 カンター氏は広告業界ではもっとも才能のある写真家の1人だ。
解説 one of the most ～「もっとも～な人[物]の1人[1つ]」を予測するところだが、(C) は one が不足しているので不可。(A) among が one of ～「～の1人」の意味で使われることを覚えておくこと。

解答 (C) **分類** 前置詞
意味 カフェテリアでランチをやっているのは午前11時30分から午後2時までです。
解説 from ～ to [through] … で「～から…まで」の意味。問題文は between 11:30 a.m. and 2:00 p.m. としても意味は同じ。

解答 (B) **分類** 形容詞・副詞
意味 彼女は本当にすばらしい資質を備えた数少ない候補者のうちの1人です。
解説 applicant は「応募者、候補者」という意味の可算名詞。little や least (little の最上級) は「小さい」という意味以外では不可算名詞につく。small も「小さな」という意味なので、全体の意味が通らなくなる。可算名詞の前につくのは、この4つの中では few だけ。a few applicants と不定冠詞とともに用いられれば「少しはいる」という肯定的な見方を示し、不定冠詞をつけずに few applicants とすると「ほとんど…ない」と否定的な見方を示す。

解答 (B) **分類** 前置詞
意味 私たちは昼休みに集まって、会社のスキー旅行の打ち合わせをする予定です。
解説 while と during にはどちらも「～のあいだ」という意味があり混同されやすいが、during は前置詞、while は接続詞。during のあとには名詞句のみ、while のあとには SV がくる (または S が省略され、-ing が続くこともある)。ここでは名詞句 lunch hour が続いているので during が入る。

解答 (B) **分類** 名詞・代名詞
意味 工場の従業員のほとんどは年末に休暇をとります。
解説 take a [one's] vacation で「休暇をとる」の意味。他人の休暇をとることはできないので、空所に入るのは主語と同じ人物の所有格でなければならない。主語が most factory workers と複数だから、their「彼らの、彼女らの」が正解。

20. The bank is well known for its ······ package of benefits.
    (A) genteel
    (B) generous
    (C) genial
    (D) genetic

    Check!

21. The advertising agency produced a series of commercials that were eye-catching and very ······.
    (A) fun
    (B) amusement
    (C) funny
    (D) amused

    Check!

22. ······ it will be very expensive, the metropolitan government decided to switch to electric cars to cut down on pollution.
    (A) Even though
    (B) In case
    (C) Because
    (D) Provided that

    Check!

23. The success of this project depends on the understanding and ······ of local residents.
    (A) supportive
    (B) supporting
    (C) supporter
    (D) support

    Check!

24. The results of the ······ survey suggest that a full-scale study would yield important results.
    (A) preliminary
    (B) final
    (C) complete
    (D) in-depth

    Check!

解答 (B)　**分類** 類義語（形容詞・副詞）
意味 その銀行は、諸手当が充実していることで有名である。
解説 genteel は「気取った、上品ぶった」という形容詞。gentle「紳士的な」と同語源だが、やや軽蔑的なニュアンスを持つ。generous は「気前のよい、寛大な」。genial は「親切な、温和な」という意味で、格式ばった語。genetic は gene「遺伝子」という名詞から派生した形容詞で「遺伝子の、遺伝学的な」の意。benefit はここではさまざまな「給付・手当」のこと。a package of 〜 でいろいろな給付がひとまとめになっていることを表す。給付の内容が「充実している」という場合は、generous がもっとも適切。

解答 (C)　**分類** 形容詞・副詞
意味 その広告代理店は、おもしろくて人目を引く一連のコマーシャルを制作した。
解説 eye-catching and very [　] で were の補語になっており、空所の前の very から形容詞が入るとわかる。fun と amusement は名詞。amused は形容詞として使われるが、もともとは amuse「〈人〉を楽しませる」という意味の他動詞の過去分詞であり、「〈人〉が楽しんでいる、おもしろがっている」という意味になる。ここは a series of commercials のことを言っているので、amused ではおかしい。したがって、funny「おかしな、こっけいな」が正解。eye-catching は「人目を引くような」という意味の形容詞。

解答 (A)　**分類** 接続詞
意味 都議会は公害を減らすために、莫大な費用がかかるけれども、電気自動車に切り替えることを決定した。
解説 接続詞には単独で用いられるもののほかに、even though SV「SV ではあるけれども」、even if SV「たとえ SV だとしても」、in case (that) SV「SV である場合は、SV である場合に備えて」、provided / providing (that) SV「SV という条件で」など、2語以上の語からなる「群接続詞」がある。空所には、文意から考えて譲歩を表す even though が適切である。

解答 (D)　**分類** 品詞
意味 このプロジェクトの成否は、地域住民の理解と協力にかかっている。
解説 空所には understanding と並列される名詞が入る。supportive は形容詞で「支えとなる」。supporting は動名詞だが、supporting of 〜 で「〜をサポートすること」の意なので不可。supporter of 〜 は「〜をサポートする人」になってしまい、文意に合わない。プロジェクトの成否を決めるのは地域住民の understanding and support「理解と支援」であるから (D) が正解。

解答 (A)　**分類** 類義語（形容詞・副詞）
意味 予備調査の結果は、本格的な研究をすれば重要な結果が得られるだろうということを示唆している。
解説 suggest「示唆する」という動詞の目的語が that 以下の節。「本格的に研究すれば、重要な結果が得られるだろう」と言っているので、まだ本格的な調査をしたわけではないことがわかる。本格的な調査の前に行なうのは preliminary「予備的な、準備のための」survey。final「最終的な」、complete「完全な」、あるいは in-depth「徹底的な」調査では a full scale study をする意味がなくなってしまう。

実力問題 23

01. The audience was so ……. by the performance that they gave the soloist a standing ovation.
  (A) impressed
  (B) depressed
  (C) expressed
  (D) oppressed

02. It was not clear ……. Mr. Endo had been passed over in favor of Mr. Ito for the promotion.
  (A) what
  (B) why
  (C) who
  (D) whom

03. Few economists in the 1960s could ……. the oil crisis of the 1970s or the stock market boom of the 1980s.
  (A) predict
  (B) be predicted
  (C) have been predicted
  (D) predicted

04. Mr. Auden ……. with the firm for ten years and deserves this promotion to vice president.
  (A) has been
  (B) who has been
  (C) who he has been
  (D) is who was

解答 (A) **分類** 類義語（動詞）
意味 観客はその演奏にたいへん満足し、起立してソリストに拍手喝采を贈った。
解説 選択肢の4語に共通する -press は「押しつける」という意味。impress の im- は "on" の意味で、「心の上に押しつける」から「印象[感銘]を与える」。depress の de- は "down"、つまり「下に押しつける」から「落胆させる、（需要・価格を）低下させる」、express の ex- は "out"、つまり「外に押し出す」から「（気持ち・考えなどを）表現する」、oppress の op- は "toward" あるいは "against" を表し、「抑圧する」という意味になる。a standing ovation はすばらしい演奏や演技に対して観客が席から立って拍手を贈ること。それほどの演奏だったのだから、観客は impressed「感動させられた＝感動した」はず。

解答 (B) **分類** 疑問詞・関係詞
意味 今回の昇進でなぜ遠藤さんが見送られ、伊藤さんが選ばれたのかは不明だ。
解説 空所以下が完全な文になっているので、名詞が欠けていることを示す what や who、whom が入ることはない。空所には why が入り、「なぜ…なのか」という間接疑問文の形の名詞節になる。It は仮主語で、この名詞節が真主語である。pass over は「（昇進などから）はずす」、in favor of ～ は「～を支持して、～のほうを選んで」という意味。

解答 (A) **分類** 動詞
意味 1970年代の石油危機や1980年代の株式市場の活況を1960年代に予測できた経済学者はほとんどいない。
解説 助動詞 could のあとだから、動詞の原形が来る。predict は「～を予測する」の意の他動詞であり、主語となっている economists が予測するわけだから、(B) や (C) の受け身形ではおかしい。したがって (A) predict が正解。

解答 (A) **分類** 疑問詞・関係詞
意味 オーデン氏は、この会社に10年間勤めており、今回の副社長への昇進は当然である。
解説 固有名詞は限定用法の関係代名詞節の先行詞にはならないが、もしカンマがあったとしても（＝非制限用法）、文末まで関係代名詞節の切れ目が見つからないので、(B) や (C) は不可。(D) は who 節が be 動詞の補語になっている形だが、who は先行詞を含む関係代名詞ではないので、be 動詞の補語にはなれない。(A) が正解で、これは has been と deserves という2つの述語動詞が並列された構文。

05. It is the ...... of the cleaning crew to lock up the building at night.
    (A) response
    (B) responsibility
    (C) responsible
    (D) responding

06. Yesterday we received ...... from our bank that our line of credit had been extended.
    (A) a good news
    (B) good news
    (C) any good news
    (D) good piece of news

07. This month's unemployment figures ...... that the recession has hit bottom.
    (A) approve
    (B) find out
    (C) prove
    (D) seem

08. The stockholder's report will not ...... until next week due to a strike at the printing plant.
    (A) be published
    (B) have published
    (C) publish
    (D) be publishing

09. Although the Iijima twins look almost exactly alike, Hiroshi is ...... of the two.
    (A) tall
    (B) tallest
    (C) the taller
    (D) the more tall

解答 (B)　　　　　　　　　　**分類** 品詞
意味 夜間にビルの施錠を行なうのは清掃員の責任である。
解説 仮主語 it で始まる文。意味上の主語は to lock up … 以下の不定詞。空所は the と前置詞 of にはさまれているので名詞が入ると推測できる。responsibility「責任、任務」が最適。〈the＋形容詞〉で「～な人々」という名詞をつくる用法もあるが、ここでは文意が通らないので responsible は不可。

解答 (B)　　　　　　　　　　**分類** 名詞・代名詞
意味 昨日、取引銀行からわれわれの融資枠が拡大されたというよい知らせを受け取った。
解説 news「知らせ」は不可算名詞なので a はつかない。無冠詞の good news が正しい。1つ、2つと数えるときは、a piece [an item] of news あるいは a news item とする必要がある。some good news も可だが、any は否定文でないと不可。「1つのいい知らせ」は a piece of good news とする。a good piece of news も可。

解答 (C)　　　　　　　　　　**分類** 類義語（動詞）
意味 今月の失業率の数字は不況が底を打ったことを証明している。
解説 approve は「（行動・計画などを）認める、是認する」という意味で、目的語に that 節をとることはない。find out、prove、seem はいずれも that 節を目的語にとることはできるが、主語が figures なので、意味的に prove「証明する、はっきりと示す」がもっとも適切。hit bottom は文字通り「底を打つ」。

解答 (A)　　　　　　　　　　**分類** 動詞
意味 印刷工場のストライキのせいで、株主レポートは来週まで発行されないだろう。
解説 publish は「～を発行する」の意味の他動詞。ここでは The stockholder's report「株主レポート」が主語なので受動態にする必要がある。

解答 (C)　　　　　　　　　　**分類** 比較
意味 双子の飯島兄弟はほとんどうりふたつだが、ヒロシのほうが背が高い。
解説 of the two「2人のうち」から比較だとわかる。2人(2つ)を比べて「一方のほうがより…である」という場合は、比較級に the をつけて、the taller of the two のようにする（口語では the tallest of the two と最上級にすることもある）。A と B が「似ている」というときの表現としては、A and B look alike.、A looks like B.、A resembles B. などがある。

10. It is Mr. Ingram ······ I need to talk to about the plan to build a resort in Australia.
    (A) which
    (B) that
    (C) whoever
    (D) to whom

    Check!

11. We had a copy of the report you requested ······ it seems to have been lost.
    (A) and
    (B) as
    (C) but
    (D) although

    Check!

12. If all the members of the engineering team ······, we can start testing the new model in June.
    (A) is agreeing
    (B) agree
    (C) agrees
    (D) are agreed

    Check!

13. Students cannot participate in the Study Abroad Program without written ······ from their parents.
    (A) permit
    (B) permitting
    (C) permission
    (D) permissible

    Check!

14. As the person ······ with the subject, Mrs. Harridan will make up the agenda.
    (A) familiarest
    (B) most familiar
    (C) best familiar
    (D) the familiar

    Check!

解答 (B)　　**分類** 疑問詞・関係詞
意味 オーストラリアのリゾート建設計画について、私がお話したいのはイングラムさんです。
解説 It is A that SV. は強調構文といい、「…なのはAである」とAの部分を強調する言い方。Aには名詞句・節か副詞句・節が入る。Aが〈人〉を表す名詞句であれば、who / whom が用いられることもある。to whom は talk to の to と重複するので不可。したがって (B) が正解。〈物〉の場合には which が使われることもあるが、that のほうが普通。

解答 (C)　　**分類** 接続詞
意味 あなたから請求されたレポートのコピーは以前はあったのですが、どうも紛失してしまったようです。
解説 空所の前と後ろの文の関係を考えると、「コピーを持っていた。しかし、紛失したようだ」という逆接の関係がもっとも文意が通る。逆接を表す接続詞は but と although だが、A although B. だと「紛失したけれども、コピーを持っていた」と矛盾した意味になってしまう。

解答 (B)　　**分類** 名詞・代名詞
意味 エンジニアリング・チームのメンバー全員が同意すれば、6月には新モデルのテストを始めることができる。
解説 If 節の主語の中心になる語は all the members であるから、複数動詞の (B) agree が正解。agree には他動詞用法もあるが、主語が〈人〉なので、(D) の受動態は不可。

解答 (C)　　**分類** 品詞
意味 両親から書面で許可をもらわなければ、生徒は留学プログラムに参加することはできない。
解説 written は「書かれた、書面による」。文書による許可が必要だと言っているので、permission が正解。permit は動詞では「〜を許可する」、名詞では「許可証」という意味(アクセントの位置が異なるので注意)。permissible は形容詞で「許可しうる」の意。

解答 (B)　　**分類** 比較
意味 その問題にもっとも精通した人物として、ハリダンさんが議事日程をつくる予定です。
解説 familiar は 3 音節なので、最上級は most familiar となる。the person のあとには who is が省略されており、familiar は叙述用法(動詞の補語になる用法)。叙述用法の最上級は、the が省略されることも多い。subject は名詞では「テーマ、問題」、familiar with 〜 は「〜に精通して」、make up は「つくり上げる、でっち上げる」、agenda は「(会議における)議題、協議事項」の意味。

15. The company offers an excellent package of ...... to attract and keep the best employees.
    (A) benefactors
    (B) benefits
    (C) beneficiaries
    (D) benefactions

16. The union changed its strategy and was willing ...... greater job security rather than higher wages.
    (A) to be negotiated
    (B) negotiate for
    (C) to negotiate for
    (D) to have negotiated

17. You can get to the park by train, bus or car, but you can only reach the lake ...... foot.
    (A) by
    (B) with
    (C) over
    (D) on

18. Falling interest rates have ...... the real estate market.
    (A) been stimulated
    (B) stimulating
    (C) stimulated
    (D) stimulates

19. The instructors in our in-company language training program are ...... Americans.
    (A) most of
    (B) almost
    (C) mostly
    (D) of most

解答 (B)　　　　　　　　　　　　**分類** 類義語（名詞）
意味 その会社は、優秀な従業員を確保するために、抜群の諸手当を支給している。
解説 bene- は 'good / well' を意味する語根。benefactors は、「恩恵を施す人、恩人、寄贈者」、benefit は「利益、（複数形で）給付金」、beneficiary は「受益者」、benefaction は「善行、慈善」の意。企業が従業員に給付する給与以外のさまざまな福利厚生を (fringe) benefit という。そのうち、「残業手当」などの現金給付は allowance、産休などの休暇は leave という。

解答 (C)　　　　　　　　　　　　**分類** 動詞
意味 労働組合は戦略を変更し、賃上げよりもむしろ雇用の安定を求めて交渉しようとしている。
解説 be willing to do で「～するのをいとわない」の意味。Negotiate for ～ は「～に向けて交渉[協議]する」。「〈人〉と〈事柄〉について交渉する」は、negotiate with〈人〉about [on, over]〈事柄〉となる。他動詞用法では「（協定・契約・価格などを）取り決める」の意。

解答 (D)　　　　　　　　　　　　**分類** 前置詞
意味 その公園には電車かバスか車で行けるが、湖まで行くには歩くしかない。
解説 交通手段を表すには、by train「電車で」、by bus「バスで」、by car「車で」のように by を用いるが、「徒歩で」は on foot で表す。

解答 (C)　　　　　　　　　　　　**分類** 時制
意味 金利の低下が不動産市場を刺激している。
解説 stimulate は「～を刺激する」の意味の他動詞。have があるので (B) や (D) は不可。空所のあとに目的語となる名詞があるので、受け身にもならない。have +〈過去分詞〉の現在完了形で、(C) stimulated が正解。interest rates は「利率」、real estate は「不動産」の意味。

解答 (C)　　　　　　　　　　　　**分類** 形容詞・副詞
意味 当社の社内向け語学研修プログラムの講師はほとんどがアメリカ人です。
解説 almost「ほとんど」は副詞で、ある数量や状態を表す語句（形容詞や数詞など）の前についてその数量や状態に近いという意味を表す。問題文のように「ほとんどアメリカ人である」という場合、「ほとんど」が「アメリカ人」にかかっているわけではなく、インストラクターのうちの「大部分は」という意味なので、mostly という副詞を使う。almost を使うなら、全体を Almost all the instructors in … program are Americans. とする。in-company は「社内の」（= in-house）という意味の複合形容詞。

20. This project must be completed ······ because weather conditions can change suddenly, making work outdoors very difficult.
    (A) speedily
    (B) speedy
    (C) full speed
    (D) speeding

21. After work tomorrow, we are going ······ for decorations for the office New Year's party.
    (A) to shopping
    (B) shopping
    (C) to shop
    (D) in a shop

22. Executives in such a highly competitive industry ······ under constant pressure to increase sales.
    (A) has been
    (B) is
    (C) are
    (D) goes

23. Douglas made ······ efforts to improve his reading.
    (A) strenuous
    (B) ambiguous
    (C) sumptuous
    (D) sensuous

24. Financial experts say that the ······ for investors is not very bright.
    (A) outflow
    (B) outlet
    (C) outlook
    (D) outrage

解答 (A)　　　　　　　　　　**分類** 品詞

意味 このプロジェクトは迅速に完了させる必要がある。天候が急に変わるかもしれず、そうなると屋外での作業が困難になるからだ。

解説 「速い・遅い」を表す副詞 fast, quick, slow などは形容詞と副詞が同じ形だが、speedy は形容詞にしか使えない。ここは must be completed という動詞を修飾しているので speedily という副詞が正解。making 以下は、結果を表す分詞構文で、make＋O＋C の形になっている。O が work outdoors、C が very difficult。outdoors はここでは形容詞で「屋外での」の意味。work「仕事」を後ろから修飾している。

解答 (B)　　　　　　　　　　**分類** 動詞

意味 明日、仕事が終わったら、会社の新年会用の飾りを買いに行くつもりだ。

解説 go＋-ing 形で「…しに行く」という意味になるので、to は不要。go shopping「買い物に行く」のほか、go dancing「踊りに行く」、go surfing「サーフィンをしに行く」、go skiing「スキーをしに行く」などがあるが、-ing 形になる動詞はスポーツや娯楽を表すものに限られる。また、「湖に泳ぎに行く」のように場所を特定したい場合は、-ing 形の行為が行なわれる場所を表す前置詞を使う。したがって、「泳ぐ」なら湖の中で行なわれるので、go swimming in the lake、「スケートをする」なら湖の上で行なわれるので、go skating on the lake となる。

解答 (C)　　　　　　　　　　**分類** 名詞・代名詞

意味 そのように競争の激しい業界の経営者たちは、売上げを伸ばさなければならないというプレッシャーをたえず感じている。

解説 この文の主語は空所の前までで、中心となる語は Executives。複数なので述語動詞は (C) are が正解。competitive は「競争的な、競争力のある」の意味。

解答 (A)　　　　　　　　　　**分類** 類義語（形容詞・副詞）

意味 ダグラスは読む力を磨こうと熱心に努力した。

解説 strenuous は「熱心な」、ambiguous は「曖昧な」、sumptuous は「豪華な」、sensuous は「感性に訴える」の意味なので、strenuous が正解。選択肢にある語を知っているかどうかを試す問題。make an effort [efforts] で「努力する」の意味。improve は「～を向上させる、改善する」。

解答 (C)　　　　　　　　　　**分類** 類義語（名詞）

意味 金融の専門家は、投資家にとっての展望はあまり明るくないと言っている。

解説 共通の接頭辞 out- は「(中から)外へ」の意味を表す。(C) outlook は「外を見る→様子をうかがうこと」から「見通し、展望」の意味で、これが正解。prospect が同義語である。(A) outflow は「外へ流れる→流出(物)」、(B) outlet は「外へ出す→排出(口)、はけ口」で、ビジネスでは「支店、代理店」の意味でも使われる。(D) outrage の rage は「怒り」。outrage は「激怒すること」また「激怒させる行為」すなわち暴行、侮辱などを指す。

part 3
単語補充問題編

新テストで追加された問題形式です。この形式は、文法力や語彙力だけでなく、読解力も必要です。したがって、ここまでに培ってきた文法力や語彙力を磨く総仕上げとしての要素も持っています。本書ではこの問題形式をPart 3に置き、「文法・語彙力＋読解力」を鍛えるトレーニング問題に位置づけることにしました。最初から目標時間を1問あたり1分半から2分くらいに設定して、できるだけ時間内で解答することを目指してください。英文の長さに圧倒されないよう、日頃から英語の長文を読み通す訓練を積むことが大切です。

01

Mr. Peter Jones
12 Carlington Way,
Boston

ABC Systems
164 Haley Street
Boston
Personnel Dept.

Re: Position of Computer Programmer

Dear Mr. Jones

I received your letter dated August 14th inquiring 1._____ the position of computer programmer with ABC Systems. The details outlined in your resume seem satisfactory, and I am pleased to inform you that we would like you to appear at our head office for an interview at 14:00 on Wednesday September 2nd.

If this date is unsatisfactory for you, please contact my secretary, Miss. Holden, on extension #24 to reschedule.

You will be informed of our decision regarding your employment by mail within one week of the 2._____. ABC Systems is a constantly-expanding systems design company that values enthusiastic and talented young people, and I hope that we get the opportunity to work together in the near future.

In the 3._____, I look forward to meeting you during your interview.

Sincerely Yours,

Harold F. Johnson

1. (A) with (B) of (C) after (D) for

2. (A) telephone (B) date
   (C) month (D) interview

3. (A) time now (B) substitute
   (C) meantime (D) waiting

> 全訳

ピーター・ジョーンズ様　　　　　　　　　　ABC システムズ
カーリントン・ウェイ 12 番地　　　　　　　　ハーレイ・ストリート 164 番地
ボストン　　　　　　　　　　　　　　　　　ボストン
　　　　　　　　　　　　　　　　　　　　　人事部

<u>コンピュータープログラマー職について</u>

ジョーンズ様

弊社コンピュータープログラマー職に関する 8 月 14 日付のお問い合わせを受領いたしました。履歴書の内容を拝見したところ、弊社の求める条件を満たしていると判断いたしました。面接試験を行ないますので、9 月 2 日（水）14:00 に本社までお越しください。

上記の日程に不都合がある場合は日程を変更いたしますので、秘書のホールデン（内線#24）宛にご連絡ください。

結果につきましては、面接後 1 週間以内に郵送にて連絡を差し上げます。ABC システムズは、システム設計会社として常に事業拡大を目指し、才能と熱意のある若いスタッフを重視しております。近い将来、一緒に仕事をする機会があることを期待しています。

まずは面接でお目にかかるのを楽しみにしております。

ハロルド・F・ジョンソン

> 正解と解説

1. (C) after　　inquire after ～ で「～について（の状態や結果などを）尋ねる」。ask after ～ と同意。inquire for ～ は「〈人〉に面会を求める、（店などに商品の有無）を尋ねる」の意。inquire of ～ は「〈人〉に尋ねる」。

2. (D) interview　　文全体は「採用か不採用かの結果を 1 週間以内に知らせる」の意。within one week of ～ でいつから 1 週間以内なのかを示している。先に「9 月 2 日に面接に来るように」という文があるので、答えは interview「面接（試験）」だとわかる。

3. (C) meantime　　空所を含む前置詞句は、前のパラグラフの「将来、一緒に仕事ができるのを希望している」という文と、空所に続く「面接で会えるのを楽しみにしている」という文をつなぐ transitional phrase（移行句）である。「将来」に対し、in the meantime で「それまでは、今のところは」の意。(A) time now は「現時点」の意味だが、in the time now という表現はない。(B) substitute は「代用の人・物」、(D) waiting は「待ち時間、待機時間」の意で、いずれも in the に続く形では用いられない。

Win a Year's Season Ticket for Two to Your Favorite Baseball Park

Supermart Sports is 1._____ to announce a competition in which ten lucky winners can win season tickets for two to their favorite Major League baseball park for a whole year.

Simply answer the questions below and send your answers to Supermart Sports by November 15th at the latest. Answers will only be 2._____ on postcards filled out with the following information:

```
Your name: _____
Address:   _____
           _____
Zip Code:  _____
Age:       ____ Years Old

Answer #1: _____
           _____
Answer #2: _____
           _____
Answer #3: _____
           _____

Favorite Baseball Park:
           _____
```

Questions

1. Which team won the World Series in 2006?

2. Who holds the record for the most home runs in a single season?

3. Which pitcher has the most career wins?

Mail your answers to:
Season Ticket Competition
Supermart Sports Inc.
1734 West Avenue
Chicago

Answers Must Arrive by November 15th

3._____ of Competition:
1) Entries are limited to one per person.
2) Entries must arrive at Supermart Sports by November 15th.
3) Entries by minors (under the age of 18) must be countersigned by a parent or guardian.
4) Employees of Supermart Sports are not eligible for entry.
5) Supermart Sports reserves to right to refuse entry applications.

1. (A) please
   (B) pleasure
   (C) happiest
   (D) delighted

2. (A) sent
   (B) arrive
   (C) accepted
   (D) recognized

3. (A) Rules
   (B) Regulation
   (C) Stipulate
   (D) Discipline

> 全訳

好きな球場の年間ペアチケットを当てよう！

スーパーマート・スポーツでは、抽選で10名様にお好きなメジャーリーグ球場の年間ペアチケットが当たる懸賞を実施いたします。

以下の問題の答えを記入し、11月15日までにスーパーマート・スポーツへお送りください。必要事項が記入されたハガキでの応募のみ受け付けます。

氏名：＿＿＿＿＿＿＿＿＿＿＿＿
住所：＿＿＿＿＿＿＿＿＿＿＿＿
　　　＿＿＿＿＿＿＿＿＿＿＿＿
郵便番号：＿＿＿＿＿＿
年齢：＿＿＿歳

解答 #1：＿＿＿＿＿＿＿＿＿＿
　　　　　＿＿＿＿＿＿＿＿＿＿
解答 #2：＿＿＿＿＿＿＿＿＿＿
　　　　　＿＿＿＿＿＿＿＿＿＿
解答 #3：＿＿＿＿＿＿＿＿＿＿
　　　　　＿＿＿＿＿＿＿＿＿＿
ご希望の球場名：＿＿＿＿＿＿＿

問題

1. 2006年ワールドシリーズで優勝したのはどのチーム？
2. シーズン最多ホームラン記録保持者は誰？
3. 通算最多勝利記録を持つピッチャーは誰？

ハガキの送付先：
シーズンチケット懸賞係
スーパーマート・スポーツ
ウエスト・アベニュー1734
シカゴ

応募は11月15日必着

応募ルール
1) 応募はお1人1回のみです。
2) 解答は11月15日までに弊社に届いたもののみ有効です。
3) 未成年者(18歳未満)のご応募には保護者の同意が必要です。
4) 弊社従業員は応募できません。
5) 弊社は応募の受付を拒否する権利を留保します。

正解と解説

1. (D) delighted　be delighted to do は、「喜んで〜する」。他の選択肢は (A) please → pleased、(B) Supermart Sports is pleasure → It is a [our] pleasure、(C) happiest → happy とすればほぼ同意になる。

2. (C) accepted　「解答は以下の情報が記入されたハガキでのみ受け付ける」が文意。懸賞への応募として「受け付ける」の意を表す動詞は (C) の accepted。

3. (A) Rules　選択肢はいずれも「決まり」に関連する単語だが、(B) regulation は authority（当局や行政機関）によって定められた、行動を制限するための「規制」、(C) stipulate は法律や契約などで「〜を規定する」という意味の他動詞、(D) discipline は決まりを守ることから生まれる「規律」の意で、いずれも「応募の決まり」の意味では用いられない。したがって正解は (A) rule で、もっとも一般的な「規則、決まり事」の意。

Reduced Literacy with College Graduates

The average level of English literacy for college graduates in the United States has dropped significantly over the past decade, 1._____ results of a nationwide test released last week. The National Assessment of Adult Literacy is a very important test for determining how well adult Americans can read. The results of the test also indicated sharp declines in the English literacy of Hispanics, but favorable increases for blacks and Asians.

The results of the previous test, implemented in 1992, indicated that 40 percent of the nation's college graduates scored at the 2._____ level, which means that they were capable of reading lengthy, complicated English texts and making complex conclusions. During the recent test, however, only 31 percent of the graduates demonstrated the same levels of skill.

The ratio of college graduates who 3._____ to demonstrate acceptable levels of proficiency included 53 percent who scored at the intermediate level and 14 percent who scored at the basic level. The basic level is defined as being able to read and understand short, commonplace prose texts. Three percent of college graduates — or some 800,000 Americans — displayed levels of literacy that were below the basic level, meaning that they were only able to perform very simple skills and were not capable of locating easily identifiable information in short prose.

1. (A) according (B) according with
   (C) according to (D) accordingly

2. (A) proficient (B) profound
   (C) professional (D) profitable

3. (A) had (B) failed (C) tried (D) wished

> 全訳

大卒者の読み書き能力が低下

大学を卒業したアメリカ人の平均的な英語の読み書き能力がここ 10 年で大きく低下していることが、先週発表された全国規模の調査の結果から明らかになった。この「全米成人識字能力調査」は、成人アメリカ人の識字能力を測る調査としてアメリカで非常に重要なものである。調査の結果からは、ヒスパニック系人口の英語識字能力も急速に低下していること、しかし黒人やアジア系の英語識字能力は順調に向上していることもわかった。

1992 年に実施された前回の調査では、大卒者の 40% が「堪能」レベル、すなわち長くて複雑な英文を読み、複雑な結論付けを行なうことができるというレベルのスコアを獲得できていた。しかし、今回の調査でこのレベルに達していたのは大卒者のわずか 31% であった。

許容レベルの習熟度に達しなかった大卒者のうち、53% は中級レベル、14% が基礎レベルであった。基礎レベルは、ごく一般的な短い散文を読んで理解できるというレベルである。さらに、大卒者の 3%、すなわち約 80 万人のアメリカ人は、基礎レベル以下の識字能力しかないことが明らかになった。これは、ごく単純な作業程度しかできず、簡単に特定できる情報を短い散文の中から見つけることができないというレベルである。

> 正解と解説

1. (C) according to　according は動詞 accord「一致する・調和する」から派生した形容詞で「一致した、調和のとれた」の意。according to ～ は「～にしたがって、～によれば」という意味の群前置詞。with は according とともには用いず、in accordance with の形で用いる。accordingly は副詞で、前の文を受けて「それに応じて、したがって」の意（= in accordance, correspondingly）。

2. (A) proficient　which means 以下で lengthy, complicated English texts（長くて複雑な英文）を読むことができ、complex conclusions（複雑な結論付け）ができると説明されているので「堪能なレベル」、すなわち proficient が正解。(B) profound は「深遠な」、(C) professional「プロ（の）」、(D) profitable「儲かる、有益な」。

3. (B) failed　前のパラグラフの「堪能」レベルの大卒者と比較して、short, commonplace prose texts（一般的な短い散文）を読むことができるレベルの大卒者を指しているので、空所には demonstrate acceptable levels of proficiency（許容レベルの習熟度を示す）を否定するような動詞が入る。fail to do「～し損ねる」で、who did [could] not demonstrate … と同意である。

Curriculum Vitae

Jeffery Haversham
1092 Baytree Drive
Austin, TX. 78700
(512) 123–4567

Objective:
Seeking a position related to the sale and servicing of office 1._____, computer software and / or computer hardware.

Summary:
Over fifteen years experience in selling, servicing and 2._____ training related to electronic office equipment, computer software and computer hardware.

Experience:
Company: Bryers Business Systems, Inc. (1994 to present)
Position: Service and Sales Representative
Duties: Providing technical information related to the servicing of electronic equipment and computer software systems designed for business purposes.
Sale of electronic equipment and computer software designed for business purposes.
Providing on-the-job training for new employees.

Company: ISB Office Automation, Inc. (1991 to 1994)
Position: Field Service Engineer
Duties: Involved in the repair of 3._____ office equipment at the customers' premises.

Education:
High School: Austin Del Valle High School
College: Austin Business College, Austin, TX
Major: Applied Science in Office Technology
Degree: Associate of Applied Science Degree
References provided upon request.

1. (A) automation
   (B) space
   (C) supplies
   (D) equipment

2. (A) provided
   (B) providing
   (C) provision
   (D) provide

3. (A) faulty
   (B) break
   (C) functional
   (D) defect

> 全 訳

履歴書

ジェフリー・ハヴァシャム
ベイトリー・ドライブ 1092 番地
テキサス州オースティン　78700
(512) 123–4567

希望職種：
OA機器、コンピューターソフトウェア、コンピューターハードウェアの販売およびサービスに関わるポジションを希望

経歴サマリー：
オフィス電子機器、コンピューターソフトウェアおよびハードウェアの販売、アフターサービス、研修業務に15年間従事。

職歴：
企業名：	プライヤーズ・ビジネス・システムズ株式会社（1994年〜現在）
職種：	カスタマーサービスおよび営業
職務：	業務用電子機器およびコンピューターソフトウェアシステムのアフターサービスに関わる技術情報の提供
	業務用電子機器およびコンピューターソフトウェアの販売
	新入社員に対するOJT指導
企業名：	ISBオフィスオートメーション株式会社（1991〜1994年）
職種：	フィールドサービスエンジニア
職務：	オフィス機器の訪問修理に従事

学歴：
高等学校：	オースティン・デル・ヴァレ高等学校
大学：	オースティン・ビジネス・カレッジ（テキサス州オースティン）
専攻：	オフィステクノロジー応用科学
学位：	応用科学準学士

ご要望により照会先を提出いたします。

> 正解と解説

1. (D) equipment　　sales and servicing「販売と修理」が可能なのは office equipment「事務機器」。equipment は不可算名詞で「機器類(全体)」の意味。(A) office automation「オフィスオートメーション」。OA機器は office automation equipment。(B) office space「オフィススペース」、(C) office supplies「事務用品(消耗品)」はいずれも servicing「修理、アフターサービス」がきかないもの。

2. (B) providing　　空所は、selling、servicing とともに前置詞 in の目的語になっているので、selling、servicing 同様、動名詞(-ing 形)でなければならない。

3. (A) faulty　　repair of ～「～の修理」とあるので、office equipment の前に入るのは「壊れた、故障した」を意味する形容詞。(A) faulty「欠陥がある、故障した」。(B) break「壊す」は他動詞であるから、broken と過去分詞にすれば「故障した」の意になる。(C) functional は「機能的な、有効な」。(D) defect は「欠陥、不良」という名詞で、形容詞 defective にすれば文法的には入るが、これは「始めから欠陥のあった」の意味で用いられる語。

Wedding Announcement

Mr. & Mrs. Peter Williamson are delighted to announce the 1._____ of their son, Graham to Mary, daughter of Mr. & Mrs. Arnold Hodges

The ceremony will take place at 14:00 on Saturday May 16th at St. Jude's Church, New York.

The wedding breakfast will be 2._____ at the Wintergarden Hotel immediately after the ceremony, and Graham and Mary will 3._____ for their honeymoon to the Caribbean on Sunday May 17th. We hope you will join with us in our happiness on this joyous occasion.

Donations to OXFAM or flowers sent to the Eastside Central Hospital are requested in lieu of gifts.

1. (A) celebration
   (B) marriage
   (C) nuptial
   (D) ceremony

2. (A) held
   (B) taken place
   (C) happened
   (D) holding

3. (A) go
   (B) departed
   (C) departure
   (D) depart

> 全訳

結婚式のお知らせ

ピーター・ウィリアムソン夫妻より、謹んでお知らせします。
私どもの息子グレアムが
アーノルド・ホッジズ夫妻の令嬢メアリと結婚することになりました。

結婚式は 5 月 16 日(土) 14:00 より
ニューヨーク市聖ユダ教会にて執り行なわれます。

結婚式に続き、ウィンターガーデン・ホテルにて結婚披露宴を催します。グレアムとメアリは 5 月 17 日(日)、カリブ海へ新婚旅行に出発します。ぜひご列席を賜り、この喜び機会をともに祝福していただければ幸いに存じます。

ご祝儀の代わりに、OXFAM へご寄付いただくか、イーストサイド・セントラル病院へ花をお贈りいただければ幸いです。

> 正解と解説

1. (B) marriage 空所の後ろに続く their son, Graham to Mary の前置詞 to がヒント。「A と B の結婚」は marriage of A to B または marriage of A and B となる。nuptial は「婚礼の」という意味の形容詞で、「婚礼」の意味の名詞として使う場合には nuptials と複数形で用いる。celebration「祝典」や ceremony「式典」はそのあとに of〈人〉ではなく、of〈事柄〉(one's birthday など、お祝いする理由)がくる。

2. (A) held wedding breakfast は「結婚披露宴」(午前中でなくても breakfast を使う)。「披露宴」が主語なので、be held と受動態にする必要がある。take place は自動詞なので The wedding breakfast will take place であれば正しい。happen「(偶然)起こる」も自動詞であり、受動態にはならない。

3. (D) depart 空所の前に助動詞 will があり、続く前置詞が for なので、原形の depart for their honeymoon「新婚旅行に出発する」が正解。go を使う場合は go on their honeymoon となる。departed は形容詞で「旅だった→亡くなった」(the 〜 で「故人」)、departure は「出発」の意の名詞。

06

Interoffice Memo

ATTN: All Employees   Date: October 24th
FROM: President's Office

Re: Use of Company Computers

It has come to my 1._____ that company computers are being used for personal reasons on an ever-increasing basis. I would like to point out that these computers are company property, and their illegal use for accessing the Internet or sending and receiving personal e-mail will not be tolerated. For this reason, 2._____ software will be installed in the system over the next few weeks, and all terminals will be monitored for illegal use starting from December 1st of this year.

Staff members found using the computers for any reason other than business purposes will be issued a warning for a first offence, but severer measures will be taken for a second or subsequent offence.

As much as I dislike 3._____ freedom within the company, the amount of time wasted on these activities is costing us a substantial sum and it can no longer be permitted.

Thank you

J. P. McCullen (President)

1. (A) attention   (B) note   (C) desk   (D) office

2. (A) application   (B) discovery
   (C) research   (D) surveillance

3. (A) restricting   (B) limit   (C) spoiling   (D) reduce

全訳

社内通達

全従業員宛　　　　　　　　　　　　　　　　　　　　　　10月24日
社長室より

会社のコンピューターの使用について

最近、会社のコンピューターの個人使用がますます増えているように感じます。会社のコンピューターは会社の資産であり、インターネットへの接続や個人的な電子メールの送受信等、不正使用は認められないということを改めて指摘しておきます。そこで、来週から数週間かけてシステムに監視ソフトをインストールし、12月1日より全端末で不正使用の監視を実施することとします。

業務以外の目的でコンピューターを使用したことが判明した場合、1回目は警告を、2回目以降はより厳しい罰則を科します。

社内の自由を制限することを私は好みませんが、このような行為に費やされている時間により膨大なコストが発生しており、これ以上黙認するわけにはいきません。

以上
J. P. マッカレン
社長

正解と解説

1. (A) attention　attention は「注意、注目」。It comes to one's attention that ～ は形式主語構文で、「～であることに気づく」の意（報告を受けて知った場合にも用いられる）。note は名詞では「覚書、メモ、注釈」、動詞では「気に留める、留意する、注目する」の意。

2. (D) surveillance　不正使用を「監視する」ためにインストールするソフトウェアであるから、surveillance software「監視用ソフトウェア」がふさわしい。なお、動詞形は survey だが、「監視する」の意味では使われない（monitor を使う）。(A) application software「応用ソフト」はワープロや表計算などの実用ソフトを指す。(B) discovery「発見」、(C) research「研究」と software との組み合わせはない。

3. (A) restricting　監視ソフトを使用することで自由を「制限する」ことになるので (A) restricting が正解。他動詞 dislike の目的語なので動名詞(-ing 形)でなければならない。(B) limit や (D) reduce も「制限する、限定する」の意だが、原形なので不可。(C) spoiling は「台無しにする」で、この文脈では意味が強すぎる。

07

Grace Harland
242 Harley Avenue
Brixham, Devon
August 19, 2006

Re: Position of Software Programmer / Analyst

Dear Sir / Madam,

    I am writing with regard to your newspaper ad in the August 2 edition of the *Brixham Chronicle* 1._____ your need for a software programmer and analyst. I believe that I have the qualifications, experience, and enthusiasm that you are looking for, and would like to be considered for the post.

    I graduated from Sheffield University with a bachelor's degree in computer science in the summer of 2001, and since then I have been working for an insurance company in London as a system administrator. I have recently moved to the Brixham area for 2._____ reasons, which means that I had to give up my job in London, and I am therefore looking for a position locally.

    I would be extremely grateful if you would consider me for the post. I am free every day at the moment and can therefore 3._____ an interview whenever it is convenient for you. I have enclosed a copy of my resume with this letter, but please let me know if you need references from my previous employer.

    I look forward to receiving your reply.

                                        Sincerely,

                                        Grace Harland

Resume encl.

1. (A) regard   (B) pertain   (C) concerning   (D) concern

2. (A) personal   (B) my   (C) difficult   (D) married

3. (A) participate   (B) go   (C) attend   (D) join

> 全訳

グレイス・ハーランド
ハーレー・アベニュー 242 番地
ブリッグズハム、デヴォン州
2006 年 8 月 19 日

ソフトウェアプログラマー／アナリストの求人について

拝啓

8 月 2 日付けの『ブリッグズハム・クロニクル』紙に掲載されていた貴社のソフトウェアプログラマーおよびアナリストの求人広告に関してお便りさせていただきます。私は、貴社が求める資質、経験、熱意を備えていると思いますので、ぜひ採用をご検討いただけますようお願いいたします。

私はシェフィールド大学でコンピューター・サイエンスの学士号を取得し、2001 年の夏に卒業いたしました。卒業後はロンドンの保険会社にシステム管理者として勤務してまいりましたが、最近、一身上の理由によりブリッグズハムに転居したため、ロンドンでの仕事を退職し、地元での仕事を探しているところです。

つきましては、上記職種の候補者としてご審査いただきたくお願い申し上げます。現在は時間の自由が利きますので、貴社のご都合に合わせて面接にうかがうことが可能です。履歴書を同封いたしますが、前の勤務先からの紹介状が必要な場合はお知らせください。

ご連絡をお待ちしております。

敬具
グレイス・ハーランド

同封：履歴書

> 正解と解説

1. (C) concerning　concerning は、他動詞 concern「〜に関係する、関わる」から派生した前置詞で「〜について、〜に関して（＝about）」。(A) regard と (B) pertain も -ing 形 (regarding、pertaining) にすれば「〜に関して」の意になる。

2. (A) personal　for personal reasons で「個人的な理由で」。my reasons は、I've got my reasons.「私には私の事情がある」のように使う。married は「結婚した、既婚の」の意。形容詞だが、×for married reasons とは言わない。

3. (C) attend　interview は「面接」。「面接を受ける」は attend an interview と (C) attend「〜に参加する、出席する」という他動詞を使う。(A) participate「参加する」と (B) go「行く」はどちらも自動詞なので、go to an interview、participate in an interview の形で前置詞が必要。join は「〜に加入する」で、join an interview はすでに進行中の面接に途中から「加わる」の意味になる。

08

Company Fire Emergency Instructions

Important: These instructions must be kept accessible to staff members at ALL TIMES

If you detect smoke or fire in any part of the building, observe the following instructions and depart the building 1._____ after raising the alarm.

— Call 911 and activate the nearest alarm.
— Notify your supervisor and Emergency Coordinator.
— Listen carefully to and carry out the Safety Team's instructions.
— Feel doors for heat.
— If cool, exit carefully.
— If hot, do not open the door. Stay where you are.
— If you see smoke, crouch near the floor as you 2._____ .
— If you see fire, confine it by closing doors and windows.
— Use extinguishers on small fires only if safe to do so.
— Pull the pin in the handle.
— Aim at the 3._____ of the fire.
— Squeeze the lever while sweeping the extinguisher back and forth
— Evacuate downstairs or to the roof only as a last resort.
— Never use the elevators during a fire evacuation.

1. (A) immediately (B) speedy (C) quick (D) fast

2. (A) sit (B) return (C) walk (D) exit

3. (A) base (B) underneath
   (C) foundation (D) flame

> 全 訳

火災時の緊急行動マニュアル

重要：このマニュアルは従業員の手が届きやすい場所に常時保管しておくこと。

ビル内で煙または火災を発見した場合は、以下の指示に従い、警報を鳴らしたあと直ちにビルから避難してください。

― 911番に電話し、近くにある火災報知機を作動させる。
― 上司と災害コーディネーターに知らせる。
― 安全チームの指示をよく聞き、指示通りに行動する。
― ドアに触れて、熱いかどうかを確認する。
― ドアが冷たければ、注意深く外へ出る。
― ドアが熱ければ、ドアは開けずにその場で待機する。
― 煙が見えたら、床近くまで身をかがめながら外に出る。
― 火の手が見えたら、ドアと窓を閉めて火を遮断する。
― 消火器は、小規模火災で安全が確保できる場合に限って使用する。
― ハンドルのピンを抜く。
― 火の根元に狙いを定める。
― レバーを握り、床を掃くように動かしながら消火剤を噴射する。
― 階下への避難、または屋上への避難は最終手段とする。
― 火災で避難する際は、絶対にエレベーターを使用しない。

> 正解と解説

1. (A) immediately after raising the alarm「火災報知器を鳴らしたあとに」という前置詞句を直前から修飾するには副詞でなければならないので、形容詞の (B) speedy「迅速な」と (C) quick「即座の」は不可。(D) fast は形容詞と副詞の両方に用いられるが、fast は動作の素早さを表すので、「時間的に間をおかずに」という意味の immediately が正解。quick を quickly と副詞にすれば immediately と同意になる。

2. (D) exit as ～ は「～する際には」の意の副詞節。主節で「身をかがめよ」と言っているので、(A) sit や (C) walk は物理的に不可能。(B) return「戻る」では避難できなくなる。exit は「出口」という名詞であるが、「退出する」という自動詞としても用いられる。

3. (A) base 消火器で火を消す際、どこを狙うかを指示した文。of the fire「火の」という前置詞句が続いているので、空所には名詞が入る。(B) underneath「～の真下に」は前置詞なので不可。(D) flame「炎」は fire と意味が重複するのでこれも不可(「火の炎」とは言わない)。(C) foundation は「(物理的・抽象的なものの強固な)基礎」という意味であり、火の根元を表すには (A) base がもっとも適切。

09

Sent: cmajor@abc_server.com
Received: "Jessica Mallard" <jessimal@xyz_server.com>
Subject: An addition to the family
Date: 23rd Jan. 2007 23:19

Hi, Jessica!

I'm so sorry for not getting in contact with you sooner, but I have been so busy with work and other things that it was difficult to find the time for normal 1.____.

The fact of the matter is, Pauline gave birth to a bouncing baby boy on January 7th! We have named him Gerald 2.____ my father, and both mother and baby are in fine health. Pauline and Gerald only stayed in hospital for five days, so I have now had nearly two weeks of sleepless nights … ☺

As you can imagine, Greta is overjoyed with her new little brother and can't take her eyes off him. Pauline lets her feed the baby sometimes, so I already have many photographs of the two of them together. The look of wonder on Greta's face as she feeds him is really cute. I'll get some copies of the photographs made and send them to you.

You know you are always welcome to come and visit us if you are ever in the neighborhood. Pauline would be 3.____ to see you, I'm sure. If you can manage to get a few days off work and travel out to Maine, then please let me know. You can stay with us for as long as you want.

Well, I'd better get back to work. Hope to see you soon …

All the best, Charles

1. (A) corresponding (B) writing
   (C) correspondence (D) correlation

2. (A) for (B) because (C) with (D) after

3. (A) delighted (B) nice
   (C) please (D) appreciated

> 全 訳

送信者： cmajor@abc_server.com
宛先： "Jessica Mallard" <jessimal@xyz_server.com>
件名： 家族が増えました。
日時： 2007年1月23日　23:19

ジェシカへ

ご無沙汰してしまい、申し訳ありません。仕事やその他のことで忙しく、きちんとメールを書いたりする時間が取れませんでした。

実は、ポーリーンが1月7日に元気な男の子を出産しました。僕の父の名前をとってジェラルドと命名しました。母子ともに健康です。ポーリーンとジェラルドは5日間しか入院しなかったので、僕はこの2週間ほど、睡眠不足です… ☺

ご想像どおり、グレタは弟が生まれたことがうれしくてたまらず、いっときも目を離しません。ポーリーンは、赤ちゃんにミルクを飲ませるのをグレタに頼むことがあります。すでに2人一緒の写真が山ほど撮れています。弟にミルクをやっているときのグレタの不思議そうな表情がたまらなくかわいいのです。何枚か焼き増しして送りますね。

もし近くまで来たときはぜひ遊びに来てください。ポーリーンもきっと喜ぶと思います。数日休みがとれてメイン州まで来る機会があれば知らせてください。我が家に好きなだけ滞在してください。

では、仕事に戻ります。近いうちに会えるといいですね。

元気でね。チャールズ

> 正解と解説

1. (C) correspondence　文意は「忙しくてメール（等の通信全般）をする時間がなかった」。メールを含め、手紙や電話などの「通信」を意味するのが (C) correspondence。(A) corresponding は「相当する、付随する」の意の形容詞。(B) writing は「書くこと、文書」、(D) correlation は「相関関係」。

2. (D) after　この after は「〜にならって、〜の流儀で」の意で、name〈人〉after 〜 で「〜にちなんで〈人〉に名前をつける」。そのほか、a painting fashioned after Van Gogh「ゴッホ風の絵」、after the same pattern「同じパターンに従って」のように用いられる。

3. (A) delighted　「〜に会えてうれしい」は〈人〉を主語にした場合は be delighted to see 〜 となる。(B) nice を使う場合は It's nice to see 〜「〜に会えてうれしい」のように it が主語になる。(C) please も delight 同様、be pleased to see 〜 で「〈人〉が〜に会えてうれしい」の意。(D) appreciated は appreciate「感謝する、評価する」の過去・過去分詞で「喜ばれている、高く評価されている」の意なので、〈事柄〉が主語になる。

10

Sunbake Durable Floor Tiles — Cleaning Instructions

Thank you for purchasing Sunbake Durable Floor Tiles. To 1._____ that the tiles maintain their durability and color, it is necessary to clean them thoroughly at least once a month. Cleaning should be carried out with a mixture of water and a mild, natural soap. Further details are provided below.

When cleaning Sunbake Durable Floor tiles, it is important to observe the following:

— Always use a natural soap. Never 2._____ detergent.
— Water should be cold to lukewarm, and temperatures must never exceed 100 degrees Fahrenheit (38 degrees Celsius).
— Dry naturally in the air. Never apply heat to Sunbake Durable Floor tiles for the purpose of drying them.
— Clean off any stains that are noticed immediately.

When Sunbake Durable Floor tiles are used on patios or other outdoor locations:

— Brush off all loose dirt.
— Wash all loose soiling away from the surface with the use of a hosepipe.
— Prepare a cleaning mixture of water and mild, natural soap (no detergents.)
— Use a soft bristle brush to scrub the tiles.
— Allow the soap to soak in for 3._____ ten minutes.
— Rinse thoroughly.
— Dry naturally in the air.
— If stubborn stains persist, use a diluted chlorine bleach / soap mixture for spot cleaning.

1. (A) ensure   (B) explain   (C) suggest   (D) realize

2. (A) wash   (B) place   (C) use   (D) enter

3. (A) gradually   (B) absolutely
   (C) appropriately (D) approximately

> 全 訳

サンベイク耐久性フロアタイル──クリーニング方法

サンベイク耐久性フロアタイルをご購入いただき、誠にありがとうございます。タイルの耐久性と色彩を保つためには、1ヵ月に最低1回は徹底的にクリーニングをしていただく必要があります。クリーニングには、水にマイルドな自然せっけんを溶かした洗浄液をご使用ください。くわしいクリーニング方法を以下に述べます。

サンベイク耐久性フロアタイルのクリーニングを行なうときは、以下の指示に従ってください。

― 必ず自然せっけんを使用すること。合成洗剤は絶対に使用しないでください。
― 水は低温またはぬるめのものを使ってください。華氏100度〈摂氏38度〉以上のお湯は絶対に使用しないでください。
― 自然乾燥させてください。乾燥のために熱を当てることは絶対におやめください。
― シミに気づいたらすぐにふき取ってください。

サンベイク耐久性フロアタイルをパティオ等、屋外で使用している場合:

― 砂ぼこりをすべてブラシではらってください。
― ホースで水を流しながら、表面の汚れを洗い流してください。
― 水とマイルドな自然せっけん(合成洗剤は不可)の洗浄液を用意してください。
― やわらかい毛ブラシでタイルをこすります。
― せっけん成分が浸透するまで10分ほど待ちます。
― 十分にすすいでください。
― 自然乾燥させてください。
― 落ちにくいがんこな汚れには、水で薄めた塩素系漂白剤とせっけんを混ぜたものを使って部分洗浄してください。

> 正解と解説

1. (A) ensure 選択肢はいずれも that 節を目的語にとれる動詞だが、文意を考えると (A) ensure that ~「〈that 節の内容〉が確実に行なわれるようにする」が最もふさわしい。(B) explain「説明する」、(C) suggest「提案する」、(D) realize「理解する」ではいずれも文脈に合わない。

2. (C) use Never は否定の命令文 Do not ~. を強く言う言い方。選択肢はいずれも他動詞だが、detergent「合成洗剤」は、wash「~を洗う」、place「~を置く、設置する」、enter「~に入る、~を入力する」の目的語にはならない。(C) use「~を使用する」が正解。

3. (D) approximately allow X to do で「X が~するままにさせておく」の意。せっけんが浸透するまで待つ時間は「約10分」。数量・時間などを表す語句を前から修飾して「およそ、だいたい」を表すのは (D) approximately。(A) gradually は「徐々に」。この副詞は意味的に soak in を修飾しうるが、その場合は for のあとではなく soak in のあとにくる。(B) absolutely「絶対的に」、(C) appropriately「適切に」はいずれも時間を修飾することはないし、動詞を修飾するにしても意味が通らない。

Increase Sales with *Antiques Online*

If you are involved in any way with the antiques business, then this message could change your future. Advertise with *Antiques Online* and watch your sales expand within a few short weeks.

Antiques Online offers inexpensive and comprehensive advertising packages for every person 1._____ in the field of antiques, from small dealers through to major auction houses. Our customers are comfortable purchasing merchandise online and are constantly searching for antiques, collectibles and related services. If your business 2._____ under any of the following headings, then you cannot afford to miss this opportunity:

— Auction Houses (online and offline)
— Antique & Collectible Shows
— Antique & Collectible Merchants & Suppliers
— Shipping & Freight Companies
— Antique Shops (online and offline)
— Independent Dealers

Take a look at the following statistics 3._____ from our on-line web site and make your own decision:

— Average hits per day 2,900,000 +
— Average unique users per day 84,000 +
— Male to Female ratio: 58% female
— Percent of *Antiques Online* shoppers that purchase online: 63%
— Age Groups: 32% over 50, 62% under 50
(The above information was collected from over 1.3 million users registered with *Antiques Online*.)

Inquiries:
Call 1–888–511–2222 or email inquiries@antiquesonline.

1. (A) occupied
   (B) involved
   (C) employed
   (D) operated

2. (A) becomes
   (B) arrives
   (C) locates
   (D) comes

3. (A) taken
   (B) calculated
   (C) given
   (D) transmitted

> 全訳

アンティークス・オンラインで売上げを増やそう

あなたがもし、なんらかの形でアンティーク・ビジネスに関わっていらっしゃるなら、このメッセージがあなたの将来を変えるかもしれません。アンティークス・オンラインに広告をお出しになりませんか？ わずか数週間で売上げ増が実現すること間違いなしです。

アンティークス・オンラインでは、小規模のディーラーから大手オークション会社まで、アンティーク関連のビジネスに携わっている方々のために、低料金で包括的な広告パッケージをご用意しております。当サイトを利用されるお客様はオンラインで商品を購入されることに抵抗がなく、常にアンティークやコレクターズアイテム、その他の関連サービスを求めている方々ばかりです。 もし、貴社のビジネスが次のようなカテゴリーに当てはまるとすれば、このチャンスを逃す手はありません。

— オークション会社(オンラインおよびオフライン)
— アンティーク＆コレクターズアイテム・ショー
— アンティーク＆コレクターズアイテムの小売りおよび卸売り販売
— 輸送・配送会社
— アンティークショップ(オンラインおよびオフライン)
— 独立系ディーラー

当社のウェブサイトで収集した以下の実績をご覧いただき、ご判断ください。

— 1日の平均ヒット数 290万件以上
— 1日の平均ユニークユーザー数 8万4000人以上
— 男女比：58％が女性
— アンティークス・オンラインの利用者がオンラインで買い物をする割合：63％
— 年齢層：32％が50歳以上、62％が50歳未満
(上記の情報は、アンティークス・オンラインに登録されている、130万人を超えるユーザーを対象として調査した結果です)

お問い合わせ：
1–888–511–2222へお電話いただくか、inquiries@antiquesonline 宛にメールをお送りください。

> 正解と解説

1. (B) involved　every person _____ in the field of antiques の部分は「アンティークの分野に関わっているすべての人」の意。involve は「〈人〉を関与させる」の意の他動詞であり、その過去分詞 involved は「関係している、関わりあって」という意味になる。(A) occupied は occupy「占有する」の過去・過去分詞（occupation は「職業」だが、occupied に「仕事を持つ」の意味はない）。(C) employed は employ「雇用する」、(D) operated は operate「運営する」の過去・過去分詞で意味的に合致しない。

2. (D) comes　come under ～ で「～の部類に入る（分類される）」の意。become は補語を伴って「～になる」、arrive「到着する」は自動詞なので、到着した場所を示す語句が必要。locate は「(場所や位置)を特定する、(居所や事務所など)を設置する」の意の他動詞。

3. (A) taken　from our on-line web site という句が統計の出所を示している。「当社のウェブサイトで収集した」という意味にしたいので、taken が正解。その他の選択肢は from 以下が次のような語句であれば可能。calculated from sample data（サンプルデータから（に基づいて）計算された統計」、given from the government（政府から提供された統計）、transmitted from the U.S. branch「米国支店から送信された統計」。

Position Vacant

**St. Pauline's Eastside School Seeks
an Elementary Music Teacher's Aide**

St. Pauline's Eastside School is looking for a music teacher / teaching assistant. St. Pauline's Eastside is an independent K-12 school on Chicago's east side, dedicated to 1._____ a college prep education to inner-city children.

Although not affiliated with any church or denomination, we offer a Christian education with an emphasis on discipline, hard work, and honorable behavior. The ideal 2._____ for this job would be able to assist with the teaching of music classes in grades K-5, plus provide administrative assistance to the head of department as needed. A degree in music education would be desirable.

Special Benefits Include:
— Casual dress code
— Health 3._____
— Educational reimbursement
— Special hours for summer months

Applications:
Send your application together with your resume to:
　　Michelle Baker
　　St. Pauline's Eastside School
　　42 Eastside Avenue
　　Chicago
You will be contacted by mail once we have processed your application.

1. (A) providing　　(B) given
   (C) offered　　　(D) promoting

2. (A) nominate　　　(B) candidate
   (C) representative　(D) employment

3. (A) environment　(B) insure
   (C) insurance　　(D) gym

全訳

求人のお知らせ

**セントポーリーンズ・イーストサイド・スクールが
初等科の音楽補助教員を募集いたします。**

セントポーリーンズ・イーストサイド・スクールでは、音楽科の補助教員を募集しております。当校は、シカゴのイーストサイドにある、幼稚園から高校まで12年制の私立学校で、市中心部在住の子どもたちに大学入学に向けた教育を実践しています。

特定の教会や宗派には属していませんが、キリスト教の教えに基づき、規律、勤勉、高潔な行ないを重視した教育を実践しています。候補者は、幼稚園から第5学年までの音楽の授業の補助、および必要に応じて音楽科主任の事務補助を行なっていただきます。音楽教育の学位を持っていることが望ましいです。

特別待遇:
— カジュアルな服装で勤務可
— 健康保険加入
— 研修補助あり
— 夏季特別勤務時間を設定

応募:
応募は、履歴書を同封の上、下記宛に郵送してください。
  ミシェル・ベイカー
  セントポーリーンズ・イーストサイド・スクール
  イーストサイド・アベニュー42番地
  シカゴ
応募書類の処理が済み次第、郵便でご連絡を差し上げます。

正解と解説

1. (A) providing　K-12は"K through twelve"と読み、kindergarten (幼稚園) から第12学年 (日本の高校3年に相当) までを指す。dedicated to ... で「～に打ち込む」であるが、このtoは不定詞ではなく前置詞であることに注意。したがって動詞は原形ではなく動名詞 (-ing形) になる。したがって (A) providing「提供すること」のみが正しい語形。動詞の目的語はa college prep education「大学入学前教育」なので、(B) given、(C) offered ともに動名詞にすれば正しい。(D) promoting は promote「推進する」の-ing形。promoto〈目的語〉to〈人〉という形はとらないので不可。

2. (B) candidate　ideal candidateで「理想の候補者」の意味になるので(B)が正解。(A) nominateは「～を推薦する、ノミネートする」の意の他動詞。(C) representativeは「代表者」、(D) employmentは「雇用」。

3. (C) insurance　health insuranceで「健康保険」の意。(A) environmentは「環境」、(D) gymは「スポーツジム」だが、通常、healthという単語とは結びつかない。(B) insureは他動詞で「～に保険をかける、保険に入る」の意。

13

New York City Tours

The Best Tour Value in New York:
Manhattan Shuttle Tours offers New York's most comprehensive 5 hour sightseeing tours on our fleet of luxury coaches. We provide our customers more personal 1._____ and better customer service, which sets us apart from the competition. Our daily New York tours provide an overview of Manhattan and all it has to offer.

New Tour Times:
We now offer two New York City tours per day owing to increased demand. A morning tour departs from Times Square at 9 am and ends at approximately 2 p.m., and an afternoon tour that starts at 3 pm and ends at approximately 8 p.m., both of which will provide you with a glimpse of the bright lights of New York City.

Best NYC Tour Guides:
A licensed, New York City tour guide stays with you the entire time and gives you the history of each New York attraction and landmark.

Statue of Liberty:
The tour guide will take the group on the Staten Island Ferry for breathtaking 2._____ of the Statue of Liberty and Manhattan and will give you the history of the statue during the tour.

Smaller tour groups on our shuttle buses allow more intimate communication with your NYC tour guide and other 3._____ — you'll learn more about New York.

Free refreshments: Free sodas and bottled water on ice in the shuttle for all our mixed-group New York tours.

1. (A) careful   (B) interest   (C) care   (D) attention

2. (A) look   (B) views
   (C) scene   (D) panorama

3. (A) passengers   (B) riders   (C) person   (D) customer

> 全訳

ニューヨークシティ・ツアー

最高のニューヨークツアー:
マンハッタン・シャトル・ツアーズは、豪華大型バスでめぐる、ニューヨークでもっとも包括的な5時間の観光ツアーをご提供します。お客様ひとりひとりを大切にした、より質の高いサービスは、旅行会社の中でも群を抜いています。毎日運航されるこのニューヨークツアーでは、マンハッタンを概観し、この街の魅力をすべてご堪能いただけます。

新しいツアースケジュール:
お客様からのご要望の増加に応えて、ニューヨークシティ・ツアーを1日2回運航することになりました。モーニングツアーは、午前9時にタイムズ・スクエアを出発し、午後2時頃帰着、アフタヌーンツアーは、午後3時に出発し、午後8時頃帰着します。どちらのツアーでも、ニューヨークシティの華やかな素顔を垣間見ることができます。

最高のニューヨークシティ・ツアーガイド:
ツアーには、資格を持ったニューヨークシティ・ツアーガイドが全行程お供し、ニューヨークの名所や旧跡の歴史を解説いたします。

自由の女神:
スタテン島フェリーに乗り、息をのむような自由の女神とマンハッタンの景観をご覧いただきます。ツアーガイドが自由の女神にまつわる歴史についてご説明します。

シャトルバスの中では、少人数のグループに分かれますので、ツアーガイドとも他のお客様ともより親密なコミュニケーションをとっていただくことが可能です。ニューヨークについて、さらにいろいろな情報を得ることができるでしょう。

ドリンクサービス:当社のニューヨークシティ・ツアーにご参加のお客様には、無料の炭酸飲料と冷やしたミネラルウォーターをシャトル車内にご用意してあります。

> 正解と解説

1. (D) attention　more personal ＿＿＿ は provide の直接目的語なので空所には名詞が入る。したがって (A) careful は不可。(B) personal interest「個人的な興味・関心」はお客様に提供できるものではない。(C) care は「身体的な世話」、(D) attention は「配慮」を意味するので、ここでは (D) の personal attention「ひとりひとりに気を配ること」が適切である。

2. (B) views　breathtaking は「息をのむような」の意の形容詞。of のあとに Statue of Liberty「自由の女神」と Manhattan と2つあるので、空所には複数形の名詞が必要であり、唯一複数形の (B) views が正解。

3. (A) passengers　文意は「小人数のグループだからガイドや他の乗客と親密になれる」。other のあとは、可算名詞であれば複数形にする必要があるので (C) person は不可。乗り物などの客は passenger「乗客」を使う。rider は、馬、バイク、自転車など、またがって乗るものに乗る人のこと。subway / train / bus rider のような使い方もするが、ツアーの「客」には使わない。customer は店や会社から物やサービスを購入する人を指す。

14

Safety Instructions

WARNING!

Follow these instructions to help ensure against injury to yourself and damage to the system.

— Read all safety and operating instructions before you operate the DVD Player.
— 1._____ all safety and operating instructions for future reference.
— Heed all warnings on the DVD Player and in the safety and operating instructions.
— Follow all installation, operating, and use instructions.
— Unplug the DVD Player from the AC power outlet before cleaning. Use only a damp cloth for cleaning the exterior of the DVD Player.
— Do not use accessories not recommended by the manufacturer, as they may cause hazards and void the warranty.
— Do not operate the DVD Player in high humidity areas or expose it to water or moisture.
— Do not place the DVD Player on an unstable cart, stand, tripod, bracket, or table, as this may result in it falling, 2._____ serious personal injury and damage to the DVD Player.
— Do not block or cover slots and openings in the DVD Player. These are provided for ventilation and protection from overheating. Never place the DVD Player near or over a radiator or heat register. Do not place the DVD Player in an enclosure such as a cabinet without 3._____ ventilation.
— Operate the DVD Player using only the type of power source indicated on the marking label.
— Unplug the DVD Player power cord by gripping the power plug, not the cord.

1. (A) Realize   (B) Restore   (C) Retain   (D) Recollect

2. (A) bringing   (B) resulting   (C) occurring (D) causing

3. (A) proper   (B) nice   (C) accurate   (D) precise

> 全訳

安全のしおり
警告

使用者の負傷および機器の破損を避けるため、次の指示に従ってください。

— DVD プレーヤーの操作を行なう前に、安全のしおりと操作説明書をすべてお読みください。
— 安全のしおりと操作説明書は、今後の参照のために保管しておいてください。
— DVD プレーヤー本体、安全のしおり、操作説明書に書かれた警告をすべてお守りください。
— 設置、操作、取扱いに関する指示をすべてお守りください。
— クリーニングするときには DVD プレーヤーの電源をコンセントから抜いてください。DVD プレーヤーの表面を拭くときには必ず湿った布をご使用ください。
— メーカー推奨品以外の付属品を使用しないでください。危険であるばかりでなく、保証が無効になる場合があります。
— DVD プレーヤーを湿度の高いところで使用すること、水がかかったり湿気が多いところに設置することはおやめください。
— 不安定な台、スタンド、三脚、棚、テーブル等に DVD プレーヤーを置かないでください。プレーヤーが落下し、深刻なケガや本体の損傷につながる可能性があります。
— DVD プレーヤーのスロットや開口部をふさいだり、被ったりしないでください。これらは通気および過熱からの保護のためのものです。本製品を暖房機や温風吹き出し口の上、またはその付近に置かないでください。本製品は、キャビネットなど適切な換気が行なえない密閉空間には置かないでください。
— 本製品を操作する場合、表示ラベルに示してあるタイプの電源のみお使いください。
— コンセントから電源コードを抜くときは、コードではなく、必ずプラグを持って抜いてください。

> 正解と解説

1. (C) Retain　for future reference で「将来の参照のために」の意。将来、必要に応じて参照するためには、しおりと説明書を (C) Retain「保管する」必要がある。(A) Realize「理解する」、(B) Restore「修復する、もとに戻す」、(D) Recollect「思い出す」。

2. (D) causing　空所に入る現在分詞は、「結果」を表す分詞構文。falling「落下」の結果として、ケガとプレーヤーへの損傷を「引き起こす」ということなので、(D) causing が正解。(A) は bringing about であれば「引き起こす」という意味になる。(B) result は result in 〜 で「〜という結果になる」、(C) occur は自動詞で、出来事を主語にとって「〜が起きる」の意。

3. (A) proper　proper ventilation「適切な換気」の意味になる (A) proper「適切な」が正解。(C) accurate と (D) precise はどちらも「正確な」という意味で、「正確な換気」では意味をなさないので除外。(B) nice を使うと、人がその中にいて「換気が行き届いている」と感じていることを示す。

Population Estimates for the United Kingdom

In mid-2005 the UK was home to 60.2 million people, of which 50.4 million lived in England. The 1._____ age was 38.8 years, an increase on 1971 when it was 34.1 years. In mid-2005 approximately one in five people in the UK were aged under 16 and one in six people were aged 65 or over.

The UK has a growing population. It grew by 375,100 people in the year to mid-2005, and the average growth per year has been 0.5 per cent since mid-2001. The UK population increased by 7.7 per cent since 1971, from 55.9 million. Growth has been faster in more 2._____ years. Between mid-1991 and mid-2004 the population grew by an annual rate of 0.3 per cent.

The mid-2005 population of the constituent countries of the United Kingdom is estimated as follows:

	Population	Percentage of total UK population
England	50,431,700	83.8
Wales	2,958,600	4.9
Scotland	5,094,800	8.5
Northern Ireland	1,724,400	2.9
United Kingdom	60,209,500	

The UK has an ageing population. This is the result of declines both in fertility rates and in the mortality rate. This has led to a declining proportion of the population aged under 16 and an increasing proportion aged 65 and over.

In every year since 1901, with the exception of 1976, there have been more births than deaths in the UK and the population has grown due to natural change. Until the mid-1990s, this natural increase was the main driver of population growth. Since the late 1990s, although there has still been natural increase, net international migration into the UK from 3._____ has been an increasingly important factor in population change.

Source: *Mid-year population estimates* Office for National Statistics, General Register Office for Scotland and Northern Ireland Statistics and Research Agency.

1. (A) middle
   (B) approximate
   (C) average
   (D) about

2. (A) late
   (B) recent
   (C) future
   (D) past

3. (A) other place
   (B) different country
   (C) foreign
   (D) abroad

> 全訳

イギリスの人口予測

イギリスの人口は、2005年央で6020万人、そのうち5040万人がイングランドの居住者であった。平均年齢は38.8歳で、1971年の34.1歳よりも延びている。また、2005年央ではイギリスに住むおよそ5人に1人が16歳未満、およそ6人に1人が65歳以上であった。

イギリスでは人口の増加が続いている。2004年央から2005年央までの1年間で37万5100人増加した。2001年央以降の年間平均増加率は0.5%である。5590万人であった1971年以降は、7.7%の増加率となっている。最近は増加の速度が速まっている。1991年央から2004年央までの間は、年0.3%の増加率を見せている。

イギリス(連合王国)を構成する国(地域)の2005年央推定人口は以下の通り。

	人口	イギリス全人口に占める割合
イングランド	50,431,700	83.8
ウェールズ	2,958,600	4.9
スコットランド	5,094,800	8.5
北アイルランド	1,724,400	2.9
イギリス全土	60,209,500	

イギリスでは高齢化も進んでいる。これは、出生率と死亡率が両方とも低下したためである。その結果、16歳未満の人口減少と65歳以上の人口増加につながっている。

1901年以降、1976年を例外としてずっと出生数が死亡数を上回っていたので、自然変化で人口増加が続いてきた。1990年代中期まで、人口増加はこの自然増加が主な要因であった。1990年代後期以降は、自然増加は続いていたものの、人口変動の要因としては諸外国からイギリスへの国際移民が徐々に重要性を増してきた。

出典:『年央推定人口』イギリス国家統計局、スコットランド統計局、北アイルランド統計・調査局

正解と解説

1. (C) average　空所は定冠詞 the と名詞の間なので、形容詞が入ることがわかる。したがって前置詞の (D) about は不可。(A) middle age は「中(高)年」の意で、数字で表すとすれば「〜代」とか「〇歳〜〇歳」のような形になるはず。(B) approximate は「おおよその、概算した」の意であり、38.8歳と小数点第1位まで細かく出した数字とは釣り合わない。したがって (C) average age「平均年齢」が正解。

2. (B) recent　in more recent years で「さらに最近では」の意。(A) late は単音節なので比較級は later となり、more late は不可。(C) future「未来の」、(D) past「過去の」はどちらも比較級をつくらない。(B) recent「最近の」が正解。

3. (D) abroad　international migration は「国際移民」。into the UK from 〜 で「どこからイギリスへ移民してくるか」を示している。国際移民なのだから、海外から UK に入ってくるのは自明。1か国(1か所)のみから入ってくるわけではないので、単数形の (A) other place や (B) different country は不可。(C) foreign は形容詞としての用法しかないので、foreign countries のように後ろに名詞が必要。(D) abroad は副詞であり、× to abroad / in abroad のような前置詞はつかないが、from abroad「外国から」の形でなら使える(名詞用法と考えてもよい)。

Allow us to Welcome You to California
Maximize Your Stay with Us at the Anaheim Crystal Inn

The Anaheim Crystal Inn is a first-class hotel that offers an abundance of amenities for our guests staying in Anaheim, CA. We continue to increase value to our guests by constantly 1._____ our rooms and suites, and improving our facilities. We are continually striving to provide the best accommodations and amenities for the most discerning traveler.

This AAA approved hotel is located approximately 30 miles from Los Angeles International Airport & only 15 miles from Orange County / John Wayne Airport. We are located only ten minutes from Disneyland's Main Gate and provide a shuttle bus service that runs between LA International, Disneyland, and the Anaheim Convention Center.

Hotel Facilities:
The entire hotel is kept spotlessly clean, and we offer the following facilities to make your stay with us as comfortable and relaxing as possible:
— Restaurant   — Coffee Shop   — Bar (open until 2 a.m.)
— Game Room   — Gift Shop   — Safe Deposit Boxes
— Guest Laundry

Comfortable and Spacious Rooms:
All of our 65 rooms and suites are comfortably furnished and air-conditioned, and are 2._____ with the following amenities:
— Hairdryers   — Trouser Presses   — Pay-Per-View Movies
— Iron / Ironing Board   — Mini-bar   — Voice Mail
— Fax Service   — Data Ports   — Coffee Machines
— Dry Cleaning Service

Friendly Atmosphere:
When you make your hotel 3._____, know that we are committed to providing you with the highest quality services and accommodations of any discount hotels. We have never been more intent on consistently providing comfort and value to each of your experiences with us. At the Anaheim Crystal Inn, we know that little things matter when you are away from home. That's why our employees are dedicated to providing excellent customer service in a friendly and inviting atmosphere.

1. (A) upgrading
   (B) cleaning
   (C) maintenance
   (D) expand

2. (A) installed
   (B) equipped
   (C) included
   (D) attached

3. (A) book
   (B) appointment
   (C) reserve
   (D) reservation

> 全訳

カリフォルニアへようこそ
アナハイム・クリスタル・インで至高の時間をお過ごしください。

アナハイム・クリスタル・インは、カリフォルニア州アナハイムを訪れたお客様に豊かなアメニティを提供するファーストクラスのホテルです。当ホテルでは、客室のグレードアップや設備の改善を常に心がけ、お客様にとっての価値を高める努力を続けています。旅慣れて目の肥えたお客様にとって最高の宿泊施設と快適さをご提供するために日々努力しております。

AAA の格付けを受けた当ホテルは、ロサンゼルス国際空港から約 30 マイル、オレンジ郡のジョン・ウェイン空港からわずか 15 マイルというロケーションにあります。また、ディズニーランドのメインゲートへはわずか 10 分という距離です。当ホテルからロサンゼルス国際空港、ディズニーランド、アナハイム・コンベンション・センターを周遊するシャトルバスを運航しております。

館内設備：
ホテル内はすべて完璧なまでに清潔に保たれており、お客様ができるだけ快適にくつろいでお過ごしいただけるように次のような設備をご提供しております。
- ─ レストラン　　　　　─ コーヒーショップ　　　─ バー（深夜２時まで営業）
- ─ ゲームコーナー　　　─ ギフトショップ　　　　─ セーフティーボックス
- ─ コインランドリー

快適でゆったりした客室：
スイートルームを含む客室は全部で 65 室。快適な設備と空調を完備した室内には以下のようなアメニティをご用意しております。
- ─ ヘアドライヤー　　　─ ズボンプレッサー　　　─ 有料映画サービス
- ─ アイロン／アイロン台　─ ミニバー　　　　　　─ ボイスメール
- ─ ファックスサービス　　─ データポート　　　　─ コーヒーメーカー
- ─ ドライクリーニングサービス

フレンドリーな雰囲気：
ホテルのご予約をされる際、お心に留めていただきたいことがあります。アナハイム・クリスタル・インはディスカウントホテルとして最高レベルのサービスとおもてなしをご提供するよう全力で取り組んでおります。お客様に当ホテルでのご滞在を快適で価値あるものと感じていただけるよう、これまで以上の努力を重ねております。旅先では些細なことが重要になってくるものです。だからこそ、当ホテルではフレンドリーで心地よい雰囲気の中、卓越したサービスでお客様をお迎えできるよう、従業員一同、全力で取り組んでおります。

> 正解と解説

1. (A) upgrading　increase value to our guests「お客様にとっての価値を高める」ためにホテルがしているのが、(A) upgrading「性能・品質・価値を高めること」。(B) cleaning「そうじ」や (C) maintenance「維持管理」（文法的には動名詞 maintaining にすることが必要）はホテルとしては当然するべきことなので当てはまらない。(D) expand「拡大させる」もやはり -ing にする必要がある。

2. (B) equipped　amenities は「生活を便利にするもの（設備）」のこと。そのような設備が「備わっている」の意味なので、(B) equipped が正解。be equipped with ～ で「～を備えている」の意。ドライヤーやアイロンは部屋の中で移動できるので、(A) install「（特定の場所に）設置する」、(C) include「含む」、(D) attach「（しっかりと、または密着させて）取り付ける」などの動詞では不適切。

3. (D) reservation　make your (hotel) reservation で「（ホテルの）予約をする」。(A) book は動詞で「予約する」の意があり、make と一緒に使うなら make a booking とする。(B) appointment は「（人と会うための）予約、約束」、(C) reserve は動詞では「予約する」の意だが、名詞としては「蓄え、予備」といった意味になる。

17

ANNOUNCEMENT

From the desk of: Gregg Majors, President

To: All Staff Members
Date: September 14th, 2006

I would like to take this opportunity to introduce you all to a new 1._____ to the company. Helen Frazer will join us as our new Quality Assurance Manager from Monday September 18th. Helen has 2._____ more than twenty years of experience in the field of engineering and quality control, most of which has been gained in the automobile industry. She will make a very valuable contribution to the company, and I hope you will all 3._____ her with open arms.

Helen holds a bachelor's degree in mechanical engineering and has in-depth training in automated production lines. She also has a passion for continuous improvement, and it was this attitude that convinced me that she would be perfect for the job.

Helen's contact information is as follows:
    Helen Frazer
    Tel: (951) 311–0101, Ext. 34
    Fax: (951) 311–0102
    E-mail: helenfrazer@genauto.com

Feel free to contact Helen about anything related to quality control.

Thank you, Gregg Majors

1. (A) employer　(B) staff　(C) substitute　(D) addition

2. (A) accumulated　(B) stocked　(C) managed　(D) undertaken

3. (A) be nice　(B) see　(C) welcome　(D) hospitable

> 全 訳

お知らせ

グレッグ・メジャーズ社長のデスクより

スタッフ各位
2006 年 9 月 14 日

このたび新しく入社したスタッフを紹介します。9 月 18 日（月）付けで品質保証部長に就任するヘレン・フレイザーさんです。ヘレンは、エンジニアリングおよび品質管理の分野で 20 年以上の経験を持ち、そのキャリアのほとんどを自動車業界で積み上げてきました。当社においても価値ある貢献をしてくれることでしょう。皆さん、どうぞ彼女を温かく迎えてあげてください。

ヘレンは大学で機械工学を専攻し、自動生産ラインに関しては専門的な訓練を重ねてきました。また彼女は、継続的な改善に取り込むことに熱心であり、その姿勢こそ、私が彼女はこの仕事に適任だと判断した理由です。

ヘレンの連絡先は以下の通りです。
　　ヘレン・フレイザー
　　電話　　　　(951) 311–0101 (内線 34)
　　ファックス　(951) 311–0102
　　メール　　　helenfrazer@genauto.com
品質管理に関することは、遠慮なくヘレンに問い合わせてみてください。

以上

グレッグ・メジャーズ

> 正解と解説

1. (D) addition　新入社員は会社に新しく「加わる人」なので、(D) addition が正解。「追加、付加」の意味では不可算名詞だが、可算用法だと「人」にも使えることに注意。(A) employer は「雇用主」。Quality Assurance Manager「品質保証部長」は管理職ではあるが、雇用主ではない。(B) staff は集合名詞なので「新しいスタッフ 1 人」の場合は、a new staff member としなければならない。(C) substitute は「交代要員」。substitute to 〜 で「〜に代わる者・物」。

2. (A) accumulated　accumulate experience で「経験を積む」の意味の決まり文句。(B) stock は「〜を蓄える」、(C) manage は「〜を管理する」、(D) undertake は「（仕事・責任などを）引き受ける」の意で、いずれも experience を目的語にとることはない。

3. (C) welcome　welcome 〜 with open arms で「〜を両手を広げて（＝心から）歓迎する」。(D) hospitable「歓待する」は形容詞。(A) be nice「親切である」のように be 動詞が必要となる。さらに、nice も hospitable も her の前に「〜に対して」という意味を表す前置詞 to が必要。(B) see「見る」は意味的に with open arms とは結びつかない。

Super UL350 Child Seat Instruction Manual

Introduction

Thank you for purchasing the Super UL350 Child Seat manufactured by ABC Automobile Accessories, Inc. We hope that it will make your child's travel safer, easier, and more pleasant. We believe the UL350 is the easiest child seat to use for vehicle traveling. We do more 1._____ than any other company to make it as safe as possible. Moreover, we use the latest methods to assure the highest quality.

Only ABC Automobile Accessories monitors the molding of every key plastic part. Our FreeMold technology allows us to monitor 2._____ part as it is molded to guarantee perfect quality control. In addition, we place a number on each seat so that key parts can be traced. You will find this number on the bottom of your seat.

We have tried very hard to keep these instructions simple and understandable. We apologize for beginning the instructions with so many warnings, but they are very 3._____ to ensure that the Super UL350 Child Seat is used correctly in order to provide the highest levels of protection for your child. Make sure you read and fully comprehend all of these instructions and warnings prior to use. The safety of your child depends on it!

If you have any questions or need assistance, please contact the ABC Automobile Accessories, Inc. staff at 1–888–287–1695.

1. (A) inspection   (B) examination
   (C) testing   (D) surveillance

2. (A) all   (B) every   (C) most   (D) key

3. (A) essential   (B) indispensable
   (C) importance   (D) important

(全 訳)

スーパー UL350 チャイルドシート取扱い説明書

はじめに

ABC オートモービル・アクセサリーズ社製のスーパー UL350 チャイルドシートをご購入いただき、誠にありがとうございます。当製品をご利用いただくことで、お子様の移動をより安全に、より簡単に、より快適に行なっていただけるものと思います。UL350 は自動車での移動のためのチャイルドシートの中ではもっとも使いやすいものだと自負しています。最高の安全性を確保するため、他社よりも数多くのテストを実施しています。さらに、最高品質を保証するために最新の方法を採用しています。

主要なプラスチック製パーツの成型工程をすべてモニタリングしているのは ABC オートモービル・アクセサリーズ社だけです。完璧な品質管理を保証するため、当社独自の「フリーモールド」技術により、全パーツの成型工程をモニタリングしています。さらに、全シートに番号をつけ、主要パーツを追跡できるようにしています。この番号はシートの底についています。

当社は、できるかぎりシンプルでわかりやすいマニュアルづくりを心がけました。最初から警告ばかりになってしまって申し訳ありませんが、これらは、スーパー UL350 チャイルドシートを正しくご使用いただき、お子様に最高レベルの安全性を確保するためにはきわめて大切なことです。指示や警告をすべてお読みいただき、完全に理解した上でご使用ください。お子様の安全はそれにかかっています。

ご質問やサポートが必要な場合は ABC オートモービル・アクセサリーズ社 1–888–287–1695 までご連絡ください。

正解と解説

1. (C) testing　チャイルドシートの安全性を確保するために製造過程で行なうのが (C) testing「テスト、実験」。(A) inspection は完成品の不備がないかどうかを確認するための「点検、検査」。(B) examination は技能や知識に関する「試験」、観察や分析による「調査」。(D) surveillance は何らかの嫌疑がある場合の「監視、調査」。

2. (B) every　part が単数形なので、複数形とともに用いる (A) all や (C) most は不可。(D) key「主要な」は数に関係のない形容詞(名詞の形容詞用法)だが、後ろに続く名詞が単数形であれば冠詞が必要となる。

3. (D) important　直前に very があることに注目する。(A) essential は「必須の、本質的な」、(B) indispensable は「絶対に必要な、不可欠な」で、どちらも「非常に大切な」の意味を含むので very で強調することはしない。(D) important「重要な」は段階性のある (gradable) 形容詞なので、very で強調することができる。(C) importance「重要性」は名詞なので品詞が合わない。

Application for a Student Visa

It is your responsibility to fill in all information on this form. Failure to do so could affect your visa status.

PLEASE PRINT 1_____

Indicate your name as it appears in your passport:
Family Name _____ First Name _____ Middle Name _____
Date of Birth: Month _____ Day _____ Year _____
Gender: Male ☐ Female ☐
Marital Status: Single ☐ Married ☐
Country of Birth: _____
Country of Citizenship: _____
Country of Permanent Residence _____

2._____ **(Home) or International Address:**
Address 1: _____
Address 2: _____
City: _____
Province / Territory: _____
Postal Code: _____
Country: _____
Contact Name: _____
3._____ to you: _____
Contact Phone Number: _____
Contact Email: _____

U.S. Address:
Address 1: _____
Address 2: _____
City: _____ State: _____
Zip Code: _____
Phone Number: _____
Cell Phone or Other Phone Number: _____
Contact Email: _____

1. (A) CLEARLY
   (B) NORMALLY
   (C) APPROPRIATELY
   (D) INITIALLY

2. (A) Parent
   (B) Permanent
   (C) Living
   (D) Resident

3. (A) Family
   (B) Connect
   (C) Relationship
   (D) Relations

> 全 訳

学生ビザ申請書

この申請書のすべての項目に記入する義務があります。
記入もれがあった場合、ビザのステータスに影響することがあります。

活字体ではっきりと記入してください。
パスポートに書かれている通りの氏名を示してください。
姓 _____ 名 _____ ミドルネーム _____
生年月日：月 _____ 日 _____ 年 _____
性別：男性 □　女性 □
婚姻の有無：独身 □　既婚 □
出身国：_____
市民権を有する国：_____
永住権を有する国：_____
定住所(自宅住所)または国外の連絡先：
住所1：_____
住所2：_____
市：_____
州 / 準州：_____
郵便番号：_____
国：_____
連絡先氏名：_____
申請者との関係：_____
連絡先電話番号：_____
連絡先メールアドレス：_____

米国での連絡先：
住所1：_____
住所2：_____
市：_____ 州：_____
郵便番号：_____
電話番号：_____
携帯電話またはその他の電話番号：_____
連絡先メールアドレス：_____

> 正解と解説

1. (A) CLEARLY　(B) NORMALLY は「(機能などが)正常に」、(C) APPROPRIATELY は目的や状況に対して「適切に」の意。(D) INITIALLY は「初めに」。PRINT「活字体で記入する」という行為を修飾する副詞としてはいずれも不適切。(A) CLEARLY「はっきりと」が正解。

2. (B) Permanent　(B) permanent は「恒久的な、常駐の」という意味であり、permanent address で「(本籍地や実家など)短期間で変更されるおそれのない住所」を指す。(D) resident は形容詞ならば「居住する、常駐する」、名詞ならば「居住者、住民」の意。current resident address は「現住所」を意味する。

3. (C) Relationship　空所の1行上の Contact Name の欄に記入するのが permanent address に居住していて、「あなた」のことについて連絡が取れる人の氏名。人と人との関係を聞く場合は relationship を使うのが一般的。複数形の relations は「利害関係、交友関係、性的関係」の意。

Michael Peterson
65284 Princetown Avenue
Louisville, KY 39130
Tel: (502) 832–4692

Re: Complaint Regarding Faulty DVD Unit

Dear Sir / Madam,

I recently purchased a Whiterod POA0025 DVD player for my own personal use. 1._____, after only two months, the player is nearly unusable due to frequent skipping and/or freezing-up. I request that you please replace the entire cost of this DVD player, a total of $247.69.

My local store does not sell DVD players, so I purchased the POA0025 from a UseMart store here in Louisville. The date of purchase was October 18th, 2006. For the first 35–40 days, I experienced no problems with the 2._____. However, around late-November I began to notice inconsistencies in the quality of play, including skipping and sometimes freezing-up altogether. As of December 9th, 2006, the player will no longer advance the DVD past the title screen. It is at this point that it freezes up and no operations can be performed.

When I called UseMart, they told me that they could do nothing, considering it was after their 14-day defective return policy. I spoke to the manager, and he said that after the policy 3._____, the problem is in the hands of the manufacturer. I therefore decided to contact you directly.

I have enclosed the original receipt of purchase to prove that I did, in fact, purchase the DVD player on October 18th, 2006, as stated above. As you can see at the bottom of the receipt, I paid a total of $247.69 with my VISA card. I would therefore be grateful if you would reimburse my VISA account with the same sum at your earliest convenience.

Sincerely,

Michael Peterson

Enclosure: Receipt of purchase

1. (A) Unfairly
   (B) Regretful
   (C) Fortunate
   (D) Unfortunately

2. (A) defect
   (B) unit
   (C) kit
   (D) noise

3. (A) finishes
   (B) changes
   (C) expires
   (D) passes

> 全訳

マイケル・ピーターソン
プリンストン・アベニュー 65284 番地
ケンタッキー州ルーイヴィル 39130
Tel: (502) 832–4692

DVD ユニットの故障に関するクレーム

前略

私は最近、個人使用を目的としてホワイトロッド社製 DVD プレーヤー POA0025 を購入しました。残念なことに、わずか 2 ヵ月で頻繁に映像飛びやフリーズが起きるようになり、ほとんど使用不能になってしまったため、DVD プレーヤーの代金 247 ドル 69 セントを全額返還していただくことを要望いたします。

私の近所の店では DVD プレーヤーを販売していないので、POA0025 をルーイヴィルのユーズマートで購入しました。購入日は 2006 年 10 月 18 日です。最初の 35～40 日は何の問題もありませんでした。しかし、11 月下旬から、映像飛びや時には完全にフリーズするなど、再生時の質が一定でないことに気づきはじめました。2006 年 12 月 9 日には、DVD のタイトル画面から先に進まなくなりました。この時点でフリーズしてしまい、まったく操作を受け付けなくなってしまうのです。

ユーズマートに連絡しましたが、初期不良返品条件の 14 日間を過ぎているため、どうすることもできないと言われました。ユーズマートの店長に相談したところ、返品期限が過ぎた後は、メーカーの責任だと言われたため、直接ご連絡申し上げた次第です。

私が上記のとおり本 DVD プレーヤーを確かに 2006 年 10 月 18 日に購入した証拠として、購入時のレシート原本を同封しました。レシート最下段に示されているように、VISA カードで合計 247 ドル 69 セントを支払いました。早急に私の VISA のアカウントに同額を払い戻しいただければ幸いです。

草々
マイケル・ピーターソン

同封：購入時のレシート

> 正解と解説

1. (D) Unfortunately　空所には「残念なことに」の意の文修飾の副詞が入る。(A) Unfairly は「不当なことに」、(B) Regretful は形容詞なので不可。副詞の regretfully は「遺憾なことに」の意の文修飾の副詞として使われることもあるが、regrettably のほうが正しいとされる。(C) Fortunate は「幸運な」の意味の形容詞なので文法的にも意味的にも文脈に合わない。

2. (B) unit　購入後の 35～40 日間は experienced no problems with ～「～に関する問題はまったく経験しなかった」のだから、空所には (A) defect「欠陥」や (D) noise「雑音」のように問題を意味する単語が入ることはない。DVD プレーヤーやパソコンなどの装置一式は unit で表す。(C) kit は、道具など細かい品目一式。

3. (C) expires　空所の前の the policy は「保険契約 = 保証期間」のこと。「保証期間が切れた後は、メーカーの責任となる」が文意。「期限が切れる」は expire で表すので (C) が正解。(A) finish「～を終える」は他動詞なので、「終わる、切れる」の意味では使えない。(B) change「変化させる」、(D) pass「経過する」は意味的に合致しない。

著者紹介

★木村哲也(きむら・てつや)★

1959年東京生まれ、河合塾講師。上智大学大学院外国語学研究科修士課程修了(言語学)、ウィスコンシン州立大学留学。『TOEICテストスーパートレーニング 基本暗唱例文555』『辞書という本を「読む」技術』『英語らしさに迫る』(いずれも研究社)ほか多数、訳書に『英語前置詞の意味論』(研究社)がある。ハイレベルな授業と、とことんまで調べこんだくわしい解説で、高校生・大学受験生・大学生・TOEIC受験者・TOEFL受験者など幅広い層から高い評価を受けている。

★クリストファー・ベルトン(Christopher Belton)★

1955年ロンドン生まれ。フリーランスライター・翻訳家。著書に『英会話の勉強の仕方』『はじめてのロンドン』『イギリス英語教本 ベーシックコース』『イギリス人に学べ! 英語のジョーク』(いずれも研究社)ほか多数。小説家としてアメリカ英語とイギリス英語を自由に使いこなす才人で、在日のイギリス人作家として英語圏で高い評価を受けている。また、英語の教材開発にも多く携わり、あらゆるタイプの英語を書き分け、その質の高さでも定評がある。

★水嶋いづみ(みずしま・いづみ)★

翻訳家・フリーランスライター。テキサス大学言語学科卒。著書に『TOEICテストスーパートレーニング 基本暗唱例文555』『英検準1級合格パック 文法・語彙・リーディング編』(いずれも研究社)ほか、訳書に『日本人の英文法Ⅲ』『言語学的に言えば…』(いずれも研究社)ほか多数。翻訳コーディネーターを経て実務翻訳家としてビジネス英語の最前線に立ち、多くのジャンルをまたいで膨大な量の翻訳をこなす実力派。2006年の新TOEICテストの最高スコアは975点。

新 TOEIC® テストスーパートレーニング
文法・語彙問題編

● 2007年6月1日　初版発行 ●
● 2014年12月5日　7刷発行 ●

●著者●
木村哲也　クリストファー・ベルトン　水嶋いづみ
©Tetsuya Kimura, Christopher Belton, Izumi Mizushima, 2007

●発行者●
関戸雅男

●発行所●
株式会社　研究社
〒102-8152　東京都千代田区富士見2-11-3
電話　営業 03-3288-7777（代）　編集 03-3288-7711（代）
振替　00150-9-26710
http://www.kenkyusha.co.jp/

KENKYUSHA
〈検印省略〉

●印刷所●
研究社印刷株式会社

●表紙デザイン●
寺澤彰二

●本文レイアウト●
古正佳緒里

ISBN978-4-327-43059-7 C1082　Printed in Japan

忙しいあなたに朗報！

『新 TOEIC® テストスーパートレーニング　文法・語彙問題編』が
携帯電話でいつでもどこでも学習できる！！

TOEIC® テスト文法トレーナー

powered by KINJIRO-

『新 TOEIC® テストスーパートレーニング　文法・語彙問題編』の問題 580 題が携帯電話でいつでもどこでも勉強できる携帯アプリ学習ソフト「TOEIC® テスト文法トレーナー」で、効率的に勉強しよう。

パソコンか携帯で http://www.kinjiro.jp/o/kenkyusha/ にアクセス！

「TOEIC® テスト文法トレーナー」の特徴

1. 通勤電車や公園などで、気軽に TOEIC® テストのためのトレーニングが可能に

　1 度ダウンロードすれば、完全に身につくまで、いつでもどこでも繰り返し学習することができます。
　※使用可能期間はダウンロードしてから 3 ヶ月です。

2. 間違えた問題を効率的に復習できる KINJIRO- の独自の最新システムを導入

　認知心理学を応用し、学習能力に合わせて復習問題を抽出、間違った問題や苦手な問題だけを集中的に解きなおすことができます。ひとりひとりに最適な学習環境を実現しました。

3. 学習結果をフィードバック

　学習達成率・正解率・総学習時間を確認できるので、前の結果を次の学習にフィードバックすることができ、やる気を持続させることができます。

4. TOEIC® テストに出題されるレベルの良問を厳選

　出題傾向を TOEIC® テストに合わせているので高い実践力がつきます。また、すべてが 4 択問題なので、携帯電話を片手で持って、いつでもどこでも手軽に学習できます。

5．すべての問題に、学習効果を高めるくわしい解説を付す

すべての問題にくわしい解説をつけました。問題を解くだけでなく、解説をじっくり読むことで応用力がつけられるので、英語力の総体的な増強をはかることができます。TOEIC® テストで高スコアをマークするための英語力の土台づくりに貢献します。

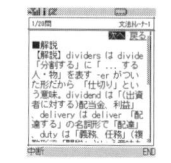

※何よりも、ゲーム感覚でトレーニングできるので、楽しみながら集中して学習できることが本製品の最大の特長です。

★問題数…560問。
　　　　　このほかに試用版として20問を無料で配信。
　　　　　140問＝500円（税込み525円）
　　　　　560問（全）＝1500円（税込み1575円）

★ご利用期間…ダウンロード時から3ヶ月

QRコードで今すぐチェック！

◆対応機種◆
【株式会社エヌ・ティ・ティ・ドコモ】
505i,506iシリーズ
FOMA700i,701i,702i,851i,900i,901i,902i,903iシリーズ

【KDDI株式会社】
CA24,CA25,CA26,HI31,KC31
（データ領域250k以上のJava対応機種）

【ソフトバンクモバイル株式会社】
J-SH53,V501SH,V501T,V502T,V601SH,V601T,V602SH,
V602T,V603SH,V603T,V604SH,V604T（256kアプリ）